U0483706

分享·理解·合作·发展

亚太地区原住民及少数民族高等教育研究

主编　陈·巴特尔
[美] Peter Englert

SHARING UNDERSTANDING COLLABORATION DEVELOPMENT

HIGHER EDUCATIONAL STUDIES OF INDIGENOUS PEOPLE AND NATIONALITIES IN ASIA - PACIFIC

Chen Bateer & Peter Englert

中央民族大学出版社

图书在版编目（CIP）数据

亚太地区原住民及少数民族高等教育研究/陈·巴特尔 Peter Englert［美］. —北京：中央民族大学出版社，2009. 8

ISBN 978-7-81108-712-3

Ⅰ. 亚…　Ⅱ. ①陈…②P…　Ⅲ. 少数民族教育：高等教育—亚太地区—文集　Ⅳ. G759. 3—53

中国版本图书馆 CIP 数据核字（2009）第 130306 号

亚太地区原住民及少数民族高等教育研究

作　　者　陈·巴特尔　［美］Peter Englert
责任编辑　白立元
封面设计　布拉格工作室·乌日恒
出 版 者　中央民族大学出版社
　　　　　北京市海淀区中关村南大街 27 号　邮编：100081
　　　　　电话：68472815（发行部）传真：68932751（发行部）
　　　　　　　　68932218（总编室）　　　　68932447（办公室）
发 行 者　全国各地新华书店
印 刷 者　北京华正印刷有限公司
开　　本　880×1230（毫米）　1/32　印张：13. 125
字　　数　320 千字
版　　次　2009 年 8 月第 1 版 2009 年 8 月第 1 次印刷
书　　号　ISBN 978-7-81108-712-3
定　　价　32. 00 元

内容提要

本书是2008年亚太地区原住民及少数民族高等教育南开论坛的论文集，是美国夏威夷大学资助的“21世纪初中国少数民族高等教育实践与政策”课题的成果之一。按照参会学者提交的论文主题，全书分为六编，共32篇论文。第一编共5篇论文，新西兰、加拿大、美国及中国学者从各自国家原住民及少数民族教育（高等教育）发展的历程与经验出发，对原住民及少数民族高等教育发展理念问题进行了探讨，内容涉及新西兰毛利人的教育哲学、加拿大基于土著文化与社区的印第安教师培训NITEP理念、中国少数民族教育发展理念、从盲目模仿到注重本土文化适宜性的演变和美国夏威夷民族教育的多元合作——Hookulāiwi理念等；第二编由5篇个案研究论文构成，他们分别是新西兰毛利人通过高等教育培养研究能力的个案、中国少数民族高等教育民族地区院校办学实践个案、中国少数民族高等教育民族学院模式个案及多民族多文化地区少数民族外语教育个案；第三编包括6篇论文，内容涉及中国、美国少数民族教育优惠政策、人口较少民族的教育公平问题、西藏少数民族高等教育的机会、过程、结果公平问题和蒙古族大学生的择业观问题；第四编的5篇论文聚焦于多元文化背景下的原住民及少数民族文化与教育的关系问题，在批判西方强势文化和本国主流文化的基础上彰显少数民族文化的本体价值和认识论意义，特别强调高等学校在传承原住民及少数民族文化中的责任与作用；第五编研讨的焦点是少数民族高等教育发展战略，共有6篇文章，主要论及区域发展战略中的民族高等教育发展问题、民族院校的特色化与国际化、文化多样性与少数民族高等教育的互动及民族地区高等旅游教育与少数民族文化传承关系问题等；第六编为各国原住民及少数民族高等教育的实践，主要论述了新西兰现代大学与传统毛利人高等教育的调和问题、加拿大城市原住民教育面临的课题与挑战、印度少数民族教育的“保留”政策及中国民族学院高等教育的组织特性及其演变问题等。

序

2008年2月28日—3月2日，由南开大学高等教育研究所、美国夏威夷大学中国研究中心和夏威夷族及原住民教育研究中心主办，南开大学民族研究中心、南开大学加拿大研究中心、新西兰毛利族大学、新西兰惠灵顿维多利亚大学Stout研究中心和Waitangi条约研究所协办的“亚太地区原住民及少数民族高等教育论坛”在南开大学成功举办。来自新西兰、墨西哥、美国、加拿大等国从事原住民及少数民族教育研究的10多位学者和国内来自北京大学、中国社会科学院、南开大学、中国人民大学、中央民族大学、云南大学、西北民族大学、吉首大学、云南民族大学、贵州民族学院、西藏民族学院、内蒙古师范大学、桂林旅游专科学校等近20所高校及科研机构的40多位专家教授和40多位研究生参加了本次论坛。我应邀担任本次论坛学术委员会主席，并在大会上做了主旨发言。本次会议的论文集就要出版，主编请我作序，我想结合自己参加本次论坛的感受和体会，谈几点看法，以此为序。

第一，本次会议的主题很好，而且极为重要。众所周知，高等学校具有知识创新、人才培养和服务社会的职能。对原住民和少数民族来说，高等教育对他们步入主流社会，获得社会地位，传承其本土文化尤其重要。因此，本次论坛从亚太地区原住民及少数民族高等教育入手，本着“分享、理解、合作、发展”的理念，就21世纪初全球化与一体化双重背景下亚太地区原住民及少数民族高等教育面临的问题及其对策进行了讨论，无疑具有重要的战略意义和时代眼光。

第二，参会的人员和研讨的内容具有广泛性。从参会人员来看，有国外的，国内的；有学者专家，学者专家型领导和实际工作者；有民族院校的，还有普通院校的；有民族教育学科的，有社会学、民族学的，还有普通教育学和外语教育学的；参会人员老中青结合，尤其是年轻的硕士研究生们，是民族教育研究队伍建设和民族教育学科发展的希望所在。从研讨的内容来看，范围十分广泛：有民族高等教育历史与发展、民族高等教育的现代化与国际化；有教育机会与教育平等、文化与语言教育、政策战略与发展；还有各国多元教育实践和民族教育的改革与实践、构建国际原住民及少数民族教育研究能力等。其中，少数民族及原住民高等教育中的传统与现代化的问题、主流文化与少数民族文化的边缘化问题；全球化、世界高等教育发展大背景下民族高校面临的机遇与挑战问题；新西兰毛利族大学、吉首大学、加拿大不列颠哥伦比亚大学、西北民族大学、贵州民族学院等的个案分析，引起了大家的关注。

第三，本次论坛为国内外相关院校和专家学者之间的交流与合作搭建了一个平台，这种作用与功绩是历史性的。过去我国的民族教育研究比较关注西方欧美的教育人类学和多元文化教育的相关理论，而相对忽视与国内许多少数民族处于同样社会境遇的国外原住民教育的研究。尤其对在世界上具有很大影响的加拿大印第安人控制印第安教育和新西兰毛利人语言复兴教育的关注不够，我国举办的少数民族教育国际会议也少有原住民学者参加。本次会议邀请的外国学者多数为原住民，他们分别来自美国、墨西哥、加拿大、新西兰，而国内的专家学者也以少数民族居多。与其他会议相比，本次论坛体现了多元文化的自觉性和当事人的主体性。就这个意义而言，本次论坛是世界少数民族教育学者自己的一次盛会，论坛起到了学术探讨的引领作用，相信论坛结束后，有许多团队，会在一个或几个领域内开展合作研究并取得成果。

第四，这次论坛为民族教育学科研究学风、研究方法树立了榜样。论坛中大量的个案分析，思路对、价值高，从一所学校、一个民族、一个地区、一个问题、一个侧面入手，展开全面深入的分析，具有民族教育研究方法论方面的创新作用。目前，我们国家由于没有建立全国民族教育数据库，在以往的研究中，提出全国性、整个地区的带有倾向性、政策性的建议往往没有针对性。因此，我建议民族教育学博士、硕士研究生学位论文选题要小一些，小题大做，特别提倡他们进行个案分析，这样，不仅容易把握主题，而且其产生的社会价值和应用价值会更高。参加这次会议的有不少是具有民族高等教育实践经验的专家型领导，这是非常可贵的。我们提倡理论工作者与实际工作者相结合、理论与实践相结合。这些同志既是学者，又是领导，他们思考问题较为全面，提出的对策研究具有可操作性，这是我们民族教育研究队伍中非常宝贵的财富。

总之，亚太地区原住民及少数民族高等教育论坛是亚太地区少数民族教育研究的一次盛会，大会实现了亚太地区相关院校之间、学者同仁之间分享经验、增进理解、开展合作、共同发展这样的目标，开启了民族高等教育研究国际化的新里程，具有重要的学术价值和现实意义。尤为重要的是中央民族大学出版社将会议论文集作为我校“十一五”民族教育学丛书来出版，相信此书的出版对提高我国民族教育研究质量、深化我国民族教育改革具有独特的作用。

全国教育科学规划领导小组
民族教育学科评议组组长　　哈经雄

2009 年 5 月

目　录

第一编　原住民及少数民族教育理念

第二编　个案研究

第三编　机会与平等

第四编　文化与语言

第五编 战略、政策与发展

第六编 各国多元实践

Contents

Session One: The Idea of Education of Indigenous People and Nationalities

Session Two: Case Studies

Session Three: Access and Equity

Session Four: Cultures and Languages

Session Five: Strategy, Policy and Development

Session Six: International Practices

第一编　原住民及少数民族教育理念

高等教育理念是人们对高等教育理想和信念的认识。人类文化的多源性和世界民族的多样性形成了全球各地各民族多元的高等教育发展理念及其模式。由于现代意义的高等教育发轫于西方，加上西方国家的殖民扩张，以西方文化为价值取向的高等教育理念被引入殖民地并逐步占据主导地位，从而把当地原住民的传统文化与本土教育边缘化；而多民族国家中的少数民族传统文化与教育同样处于被主流文化同化和整合的境地。因此，如何帮助原住民及少数民族进入主流社会，赢得社会地位，同时传承其宝贵的本土文化是现代原住民及少数民族高等教育的理想追求。本编共有5篇论文，新西兰、加拿大、美国及中国学者从各自国家原住民及少数民族教育（高等教育）发展的历程与经验出发，对原住民及少数民族高等教育发展理念问题进行了探讨，内容涉及新西兰毛利人的教育哲学、加拿大基于土著文化与社区的印第安教师培训NITEP理念、中国少数民族教育发展理念从盲目模仿到注重本土文化适宜性的演变和美国夏威夷族教育的多元合作——Hookulāiwi理念以及关于少数民族教育研究的反思。

1. 全方位的努力：重新构建和争取土著毛利人和其他少数民族高等教育的发展

Graham Hingangaroa Smith
（新西兰 Te Whare Wānanga o Awanuiārangi 毛利族大学）

导言：毛利人的个案研究

新西兰的案例研究主要针对20世纪80年代的新西兰。其间，新西兰的社会变革给毛利人的生活带来了一系列变化，其中有些变化甚至在当今世界仍具有影响力。或许更重要的是，毛利人的个案切合实际，因为它不是一个简单的脱离现实的想法。在考虑毛利人的个案时，我们必须搞清楚这场发生在20世纪80年代的新西兰的革命是一场什么样的革命。事实上，这场革命的实质并不是在语言复兴方面所做出的那些惊人举措（这是多数人对这场革命的理解）。在我看来，这些不过是一场更深刻的革命的表象罢了。这场发生在20世纪80年代的革命的实质是许许多多毛利人观念的转变——从等待别人帮他们做事情转变为自己的事情自己做；把重点从政治被动转变为政治主动；从消极动机转变为积极动机。这些转变可以描述为：从简单地谈论"非殖民化"（以殖民者为中心）转变为谈论"觉悟启蒙"或"觉悟提高"（以毛利人为中心）。这些思维方式，说明了觉醒的毛利人的想象力已经窒息和削弱了殖民化的进程。

在担负起更多的责任，改变自己的生存环境，从而摆脱主流社会的"生殖力量"这一角色的同时，毛利人获得了改变的动力。这是毛利人历史上非常关键的时期。特别是，这一时期他们要应对我称之为“政治的干扰”——这是一个被殖民者摆弄得成天忙忙碌碌的殖民化的进程——整天忙得脚不沾地，忙于响应召唤、账务结算、听从命令和辩解等琐事——这些是殖民者用来对付土著人的典型策略。殖民者的“逻辑”（尽管许多做法是无意识的，并且他们可能会说那些只不过是坏习惯而已）似乎就是：如果“土著人”成天忙于做一些琐碎的工作的话，那么他们抱怨或者反抗主流社会所造成的现状的时间就所剩无几了。此外，毛利人还有（不得不面对）一些本族内的各种各样的民心涣散问题。这种“自相残杀”的行为被 Antonio Gramsci（1971）恰当地描述为“权利之争”。“权利之争”（毛利人内部）是一种思维方式——当被压迫的群体全盘接受主流社会的思想和想法时，这些想法事实上就会有助于导致自己人压迫自己人，通常就会有“权利之争”。这是殖民者统治殖民地的终极办法：让被殖民者自己管理殖民地的人民。避免“权利之争”的办法就是土著人要提高觉悟，认真思考自己的真正需要、愿望和喜好。这就要求土著人释放出精力来设计和构思，因为殖民化的重要内容之一就是削弱土著人的能力，让他们无暇去想象自由或彻底摆脱压迫者的乌托邦式的前景。因此，革命的关键就是必须要为我们的理想——彻底摆脱统治者的精神禁锢而奋斗。

还有一个更关键的问题，就是许多土著人相信的都是所谓“非殖民化”的做法和程序。这是一个在许多方面与“觉悟启蒙”和“觉悟提高”这两个过程都不相同但却可以获得和它们相同结果的方法。然而，我认为这两个进程所授意和强调的内容大相径庭。我更倾向于使用后者，这是因为毛利人哲学中所体现出来的主动和积极的立场。“非殖民化”是一个被动的概念，它直接以殖民者和历史上的殖民统治为中心。在改革中，我们需要了解历史上的殖民统治，但我们必须把工作重点放在我们想要得到什么，如何设计我们的未来等问题上。

总之，新西兰毛利人的教训告诉我们，改革的成功至少取决于两个大的方面：一方面，要正确面对殖民者；另一方面，要正确面对“自己”。这就是我所说的从内而外的改革模式。从这个意义上讲，正如弗莱雷（Paulo Freire，1971）告诫我们的那样：“我们首先要解救自己，然后才有能力去解救他人”。

一、把改革放在首位的必要性

根据我们在新西兰所了解的情况，我认为我们必须在6个关键领域下工夫，以协助土著社区及社区的居民进行自我改造。

1. 必须正确理解土著社区和高等教育之间的鸿沟。这一鸿沟会使土著社区的居民从情感上不信任教育；没有机会接受更高水平的教育并取得成功；学习能力逐步下降，难以摆脱教育“自产自销”的不良循环以及社会经济边缘化。

2. 必须正确理解和应对殖民统治的新形势（对传统形式的殖民统治错误认识；必须正确认识新的经济变革形势；必须摆脱权利之争）。

3. 必须正确理解和应对“干扰政治”，不要成天忙于应对琐事，各自为政。因为这样会使土著人无暇顾及更深层次的组织结构等问题。他们必须根据自己的需要，采取主动，更加自主。

4. 必须明确自己的最终理想；有必要制订“赢得胜利”的计划；明确努力的方向、宗旨和动力；要看到在实现理想的道路上所取得的成绩。

5. 必须正确理解和应对在学术领域的奋斗目标；重新争取我们自己的语言、知识和文化的合法地位；确立我们的认知方式在培养社会精英中的重要地位。

6. 必须正确理解和参与政府的工作，争取让政府采取措施，鼓励国家机关在工作中要考虑到土著人的利益。

二、理论的紧迫性

毛利人所采取的一个重要举措就是在理论工具方面的战略再投资，以协助他们的改革。这不是一个盲目的举措，它涉及了解理论产生的政治背景，了解理论的缺陷以及过去和现在的学术研究工作。最重要的是，要积极创建土著人自己的理论。人们非常重视这一举措（积极创建土著人自己的理论），但不完全局限于毛利人的哲学与实践理论（Smith，1997）。

因此，在土著人（毛利人）看来，要成为“有用”的理论或学说，具备以下这些条件是至关重要的：

1．它必须是一种具有潜在的实用性，可以帮助我们积极主动地转变我们生活条件的工具。

2．它必须是一种这样的工具——亦即运用得当才有用，而运用不当就会有潜在破坏性。因此，责任完全在于选择使用它（或不使用它）的人，也就是要考虑其适用性和有效性。

3．它必须具备革新性。因为，目前多数土著人的生活环境并不理想，他们的社会、经济和文化条件都需要得到改善。

4．它必须避免把“斗争”看得过于简单化。因此，应该要意识到采取多样化的转变策略的必要性（有些策略是可以同时使用的）。

5．它必须对它所服务的社区负责（负有解释的义务）。“实践”和“行为研究方法”的观点在这里是有用的。

任何旨在造福土著人社区的改革理论无疑都必须包含以下这些要素：

1．要能够在权力上与殖民者在不平等的情况下，给自己争得一席之地。在这种情况下，不可避免地有人会提出这样那样的批评。比如，这些土著人的理论往往会和现有的人们普遍认可的认知、行事和理解方式产生矛盾和冲突等。

2．要能够在面对挑战的时候保持土著人理论的有效性和合法性，不论这种挑战是来自殖民者的需要，还是土著人内部的霸权势力。

3．要能够为土著人所有，并能为其服务。

4．要能够积极发挥作用，使土著人生活得更好。

5．要允许它所服务的人们对其进行不断检验和修订。

总之，这种改革理论能为土著人在学术领域争得一席之地，让他们得以发展和进步。它主要是：

1．能力培养：通过起用更多的土著学者（必要时要培养土著学者），来提高土著人的能力；

2．能力培养：通过提高土著学者的学术技能和领导水平，来提高土著人的能力；

3．培养本土学者进入学术领域：在学术领域担任领导职务；

4．大量培养土著知识分子：有民族自豪感和责任心的土著知识分子；

5．开发课程：开发和设计主要围绕使土著人产生兴趣的各种课程；

6．横向纵向平衡发展：在大学里，培养土著人在横向（可跨学院、跨学科进行学习）和纵向（土著人的研究计划首先要考虑土著学生）两方面平衡发展；

7．明确重申公平和公正：在面对新的自由主义经济霸权时，明确重申公平和公正，霸权主义反对为了公平和公正而采取补偿措施，赞成所谓的“公平竞争”，而这种所谓的“公平竞争”只会维持土著人的现状；

8．对土著学生要一视同仁：确保他们能和其他学生一样在“权利”、“参与”、“资源享用”和“取得成功”等方面机会均等。

三、来自新西兰国内的批评

尽管新西兰的教育政策曾经失败过，但是20世纪80年代却见证了政策给毛利人在教育和教学方面所带来的根本转变。这种转变并非源自为再现和延续白人（新西兰白种人）现状和主导地位而设计的教育和教学制度。这场发生在20世纪80年代的新西兰教育和教学的革命源自毛利人社区。他们担心毛利人的语言、知识和文化会消失，因而决定把命运掌握在自己手中，成立了自己的学习机构，包括学前教育、小学、中学和高等职业教育。最初的学前教育运动是仿效了一项由NZCER和高级研究员Richard Benton博士共同主持的研究计划。Richard Benton博士在1971年报道了令人震惊的消息：毛利人的语言正在死亡线上做最后的挣扎。正是这一发现最终把毛利人推到了开始考虑采取激进措施的地步。全国各地的毛利人社区都团结起来，捍卫自己的语言和文化。简单地说，毛利人语言巢（Te Kohanga Reo）启动了一系列由毛利人亲自参与的干预教育和教学的活动。这些活动一开始只被看做是一些“非主流”的想法，后来逐步发展成熟，成了“主流”对抗力量体系。这正是他们成功的原因之一——他们能够成功地实现角色转变——不再充当主流社会中主要的生育繁殖力量。很快，毛利语小学（毛利人浸入式哲学和实践的学校）、中学（毛利人浸入式中学）和大学（毛利人高等学府）相继建立起来。另外一个关键原因是，所有这些对策都是毛利人个人或社团发起的。为了自己的利益，他们随时准备采取行动，愿意不顾体制的约束来实现这个目标。人们所熟知的能说明他们这么做的正当理由的口号就是——我们所做的任何事情都不能比目前体制正在做得差，我们只有一个目标，那就是向上。毛利人的例子对其他土著人来说是一种经验和教训，极具现实意义。然而，我们在应用这些策略的时候，必须小心谨慎，切忌盲目和不假思索地照搬，必须充分考虑借鉴土著人这些策略的具体的文化背景，有些可能会有用，有些可能不那么重要。同样重要的是，要了解毛利人的政治背景——他们受限于1840年签订的毛利人部落与殖民者之间的协议。此外，还要知道所有毛利人只有一种语言，只是部落与部落之间有一些细微的差别。正是这两个因素使得毛利人更容易团结起来，跨越部落的界限，针对这些问题形成“民族统一阵线”。

四、毛利人的哲学理论

下面我要审视的是一整套毛利人新的教育和教学活动中所共有的转变因素。也就是说，从毛利人的学前教育到高等教育中始终存在着的抵制现象中所反映出来的这些对教育的干预措施，一直被看做是“转变”的核心因素。在支持这些普遍的干预活动的同时，毛利人能够从变革行动中总结出一些经验。这些经验有可能只适用于他们的社会，也有可能对其他的土著人有借鉴的价值。我们必须理解其中一个至关重要的因素，那就是毛利成年人和父母对教育的潜在作用有了崭新的认识并积极应变。对于许多为人父母的毛利人来说，能够忘掉自己上学时所受的伤害和侮辱，决定投资教育和教学，这是一种对教育态度的重大转变。由于他们的亲身经历，其中也有许多家长还是抱着疑虑、恐惧和对“白种人优势”的抵制。

人们认为以下这6项原则是毛利人教育实践变化的关键因素。他们在毛利人哲学（毛利人的哲学、世界观和文化原则）、毛利人教育实践和毛利人教育理论等各种文献中被广泛提及。这些关键因素（原则）可归结如下：

（一）自决或相对自治原则

这就是需要毛利人拥有越来越多的“掌控自己的生活和文化福祉”的权利。凡是在毛利人自己的老师教课、自己的决策者组建的学校里面，这方面都已有所收获。比如，在关于教学管理、课程设置、教学方法和毛利人的文化引入等这些教学方面的关键决策上，毛利人已经获得了更大的自主权。关键是，因为毛利人有了关键的决策权，他们就可以做出能够反映他们的文化、政治、经济和社会的取向的选择和决定。此外，当毛利人自己做出决定时，“引入”文化以及决策者执行计划的决心就更加肯定，并且更有保证。

（二）使毛利人的文化愿望和认同有效化和合法化的原则

根据毛利人的学校教育哲学观点，“保持毛利人的认同”是理所当然的。根本不用像大多数身处所谓的“主流教育”环境中的其他少数民族那样需要去证明自己的身份。在毛利人的教育哲学中，毛利人确立了自己的语言、知识、文化和价值观并使其合法化——这在学校教育中是一个“基本的”、“理所当然”的基础。毛利人的文化合法身份在这种教育环境中更有保障，在毛利人努力为保护自己的语言和文化的复杂的社会背景下，尤其如此。过去毛利人所忽视的一个普遍问题就是他们一直不够重视保持毛利人的文化和特性。基于所有这些因素，一种强大的情感和精神因素被引入到了毛利人的教学理念当中，这一因素纠正了毛利人在教学干预中所犯的错误。尤其是许多毛利成年人已经确信，学校现在可能有了一定的改变。因此，由于受毛利人浸入式教学理念的影响，许多毛利儿童的父母现在已经愿意送孩子去上学，而这些父母却曾经因为自己上学的不愉快经历而“厌恶”上学。

（三）结合文化取向的教学法原则

我们可以将教学环境、教学活动、毛利人社区的文化背景与生活环境（社会经济）密切、有效地结合起来。教学内容和教学活动的选择都取决于毛利人的文化取向。学校也同样采用其他的教学方法，包括普遍使用的教学法，以及借鉴一些跨文化的教学方法，例如，日本教学法——“算盘”数学方案和日语学习等。向亚太文化和语言靠拢这种发展模式是合理的，因为他们的文化和亚太地区的文化在某些方面非常相似，都具有南岛语族的共同特点。

（四）调解社会经济和家庭困难原则

毛利人教育哲学理念如此有影响力，涵盖情感和精神等各方面的元素，致使毛利人社区重视学校教育，把学校看做能够带来积极经验的潜在力量，尽管在外面更广泛的社区还存在着社会和经济的障碍。它不仅影响毛利人的观念水平，能够协助他们缓解不平等的权力关系，而且在社会和经济恶化的情况下，使毛利人优先考虑接受教育。在集体主义和大家庭理念的文化结构下，它可以减缓衰退的社会经济所带来的影响。换句话说，利用集体主义实践这一社会资本，可以阻止社会经济状况进一步衰退。

（五）提倡强调“集体”而非“个人”的大家庭概念的文化结构原则

大家庭结构支撑着先进的意识上所赢得的支持。它可以通过集体共同支持这一结构，来缓解和调解社会和经济困难、抚养方面的困难、卫生和其他方面的困难。这些困难并非存在于单个的家庭，而是存在于大家族和网络中。大家族观念采取的是集体责任、协助和干预等策略。虽然大家族观念可以为其中的个体成员提供一个支持网络，但个体成员也有相应的义务为大家族作贡献。这样，父母就会答应支持和协助大家族里的所有孩子接受教育。也许家族式管理和经营的最大优势，就在于它使许多曾经因为自己“不幸”的教育经历而“讨厌”教育的父母们重新认识学校教育。这就是毛利人在浸入式小学教育的一大特点——它让父母愿意重新投资子女的教育。

（六）共享和集体观念原则

毛利人对浸入式小学教育的理念有一个共同的见解，这一见解被写进了《毛利人浸入式小学教育理念导向》这一文件的正式章程中。这一见解指出了成为优等生的指导方针。也就是说，它指出了在毛利人眼里，良好的教育应当具备的条件。它同时指出毛利孩童所学到的关于白种人的文化和技能，可以让毛利儿童充分地在各个层次融入和参与现代的新西兰社会。毛利人浸入式小学教育理念是在毛利人学前教育中的浸入式的教学理念的基础上建立起来的，同时它又为毛利人的整个教育理念提供了参考。它的主要作用在于它能把毛利人在政治、社会、经济和文化等方面的愿望结合起来，这是一个诱人的前景，它能够激发毛利人的斗志，并为其提供动力、指引方向。

以上这些并不是全部，因为它仅提出了一些（6 个）关键要素。但正是这些要素成功地使新西兰学校教育和教育活动有了改观。总之，土著毛利人在为改变教育和教学的斗争中，他们的教育理论（见 Smith，1997）发挥了如下的功能：

1. 它增强了毛利人语言、知识和文化的有效性和合法性。

2. 它为毛利人争取了空间，使其可以对自己的语言、知识和文化进行合法的研究并保护它们（这不是对传统的毛利语知识的研究——毛利人的实践理论可以让毛利人用自己的语言和自己的方式对传统的毛利语知识进行合法研究）。从这个意义上讲，并不像有些人认为的那样（这些人显然没有读过现有文献，也没有参加过有关这一问题的讨论会）：毛利人的人生哲学和人生实践与传统的毛利语知识是不同的。

3. 它以毛利人为中心，但它同时也从跨文化的角度探讨了保护毛利人的语言、知识和文化的意义。

4. 它所关注的是毛利人的经济和结构改革。

5. 它试图去关注不平等的权力关系和主导与从属等政治关系。

6. 它以改革为目的。

7. 它试图挑战现有理论，并把这种挑战看做是文化和权利的载体。

8. 它鼓励毛利人利用现有的一切理论，只要它有助于毛利人的发展。

9. 它意识到毛利人的斗争，既不是各自为政也不是同时、均匀地展开，而是需要一种不同层次的、全方位的、并且往往是同时进行的努力。

五、变革实践

上文所述的关于加强毛利人的干预的内容是对改革实践的一种重要的理解，从广义上讲，是一种批判教育学。新西兰的毛利人所采用的干预战略是复杂的，同时也是对不同的压迫和剥削形式的回应。在应对新的形势和重新认识毛利人所受的文化压迫和经济剥削方面，这种大范围抵抗的办法是很有效的。也就是说，不同形式的压迫需要不同形式的反抗策略。从这个意义上说，毛利人的斗争形式既不是矩阵的也不是线性的，而且是没有外界援助的。

毛利人根据自己的教育理念对教育的干预，表明了毛利人想要把自己从“多重压迫和剥削中解放出来”的决心，并且他们的策略在不断完善。特别是针对“西方主导一切”这一现象，作为干预策略的毛利人的教育理念，批评和重构了与之针锋相对的“觉悟启蒙”、“抵制”、“改革实践”等不同概念。尤其是毛利人的“重新分配”概念并不赞同“任何一种概念都无法独立存在”的说法，也不赞同这些概念必然会遵循从“觉悟启蒙”到“抵制，”再到“改革实践”的线性进展过程这一观点。也就是说，一种状态的发展未必会导致另外一种状态的产生。因此，他们认为图 1 所示的这种大家认可的对变革行动的表述（基于西方最有影响的思维方式之上）需要加以批判：

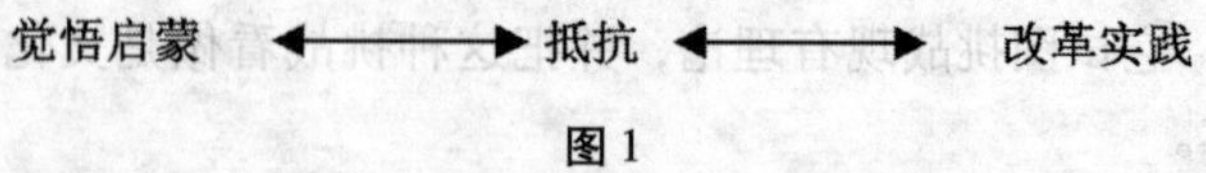

图 1

毛利人新的干预形式中所隐含的观点就是以上这些过程都同等重要，不分先后，并且需要同步进行。这一观点对其他土著居民可能有广泛意义。因此，这一观点可以描述为一个循环的周期(见图 2)。

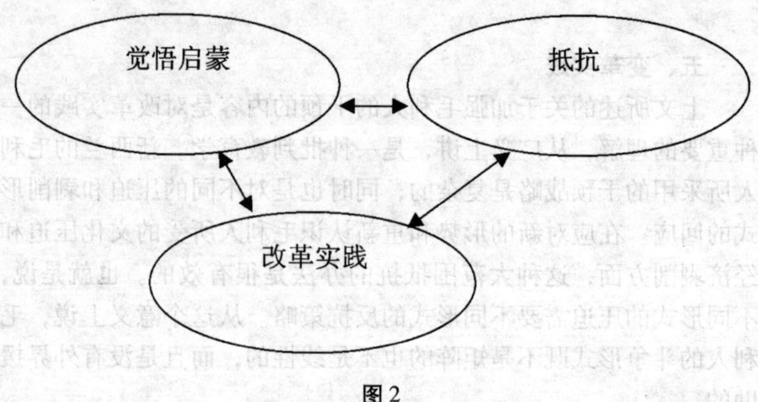

图 2

另外，任何个人或团体可以从任何位置进入循环周期，而不一定非得从“觉悟启蒙”阶段开始，换言之，个人无意中可能已经进入了改革实践阶段。比如，家长送自己的孩子去浸入式托儿所 Kohanga Reo 上学（因为它是镇上唯一的幼儿园)，这有可能导致父母后来对有关语言振兴问题有了新的看法，并积极主动地参与到抵抗运动中来。这对那些把它描述成一个“从觉悟启蒙到抵抗，再到改革实践”的线性进程的大多数人来说，是一个重大的批判。毛利人的经验表明：这些阶段可能以任何顺序出现，实际上还可能同时出现。同样重要的是，要清楚图表中的箭头可是双向的，这强调了几个阶段可能同时出现这一观点。循环图表也是对毛利人的斗争更全面的表述，其含义比隐含层次的线性模型更丰富。在周期图中，所有毛利人都可能处于图表的任何地方(有原地踏步的，有进步的，也有倒退的)。关键是，不论他们愿不愿意，也不论他们能否意识到，但事实是，每一个毛利人都参与了斗争。

在20世纪80年代和20世纪90年代毛利人有组织的抵抗行动中，最令人振奋的就是他们的抵抗方式明显有了变化，日趋成熟，并且所有毛利人自己都能理解和执行。现在，毛利人把重点放在了试图考虑结构问题（经济结构、意识结构和权力结构）以及文化反应（有关机构）上。毛利人的抵制行动涉及了一些重要的领域——经济、意识和权利的度等方面，而权利的度与白种人文化优势息息相关。

如果土著人的教育存在危机，那么本民族的教育工作者和教师就必须经过培训成为“改革的代理人”，来改变不和谐因素。他们必须制定一个“激进教学法”（改革的教学方法）。这种教学方法也必须结合自己民族的文化取向，并且要能反映他们的危险处境。本文就是要根据新西兰毛利人的经历来传递这一信息的。我相信其他的土著人也可以从毛利人的经历中得到更多的启示，尤其是重点应该放在“转变”上，放在积极的转变上。那么转变什么，又如何才能实现转变呢？要满足土著人的需求和愿望，我们需要不同的教育方法吗？谁在这个过程中获益？这些关键的问题，都涉及身为“改革代理人”的教师的工作。不仅要让我们的老师们了解不同的教学法，还要让所有涉及土著人教育的工作者都了解。此外，他们还必须确保能从他们所服务的社区那里借鉴一些东西。

最后，让我用这句话作为文章的结语：“如果旅途本身和抵达目的地一样重要的话，那么去争取‘民族自决’是不是也和‘自决权’本身一样重要呢？”(Smith, G. H. 2004年在加拿大不列颠哥伦比亚大学研究生会议上的讲话)。

我们每一个人都得用心去理解这句话的意思，但这就意味着艰苦的工作，意味着实际行动，意味着紧迫性，它要求我们不能搞花言巧语的革命。这场改变土著人现状的革命必将在我们不断的努力中取胜。我们必须看到所取得的每一次胜利并且要庆祝胜利，因为在振兴土著人未来事业这一伟大工程中，这些就是日积月累的基石。

参考书目

1. APPLE, M. W. (1979) Ideology and Curriculum. London: Routledge & Kegan Paul.

2. APPLE, M. W. (1993) Official Knowledge. New York: Routledge.

3. APPLE, M. W. Ed. (2003) The State and the Politics of Knowledge. New York: Routledge - Falmer.

4. FREIRE, P. (1972) Pedagogy of the Oppressed. Harmondsworth: Penguin.

5. SMITH, G. H. (1990) 'Taha Maori: Pakeha Capture'. In Codd, J., Harker, R. & Nash, R. (Eds.) Political Issues in N. Z. Education. Palmerston North: Dunmore Press, pp. 183 - 197.

6. SMITH, G. H. (1990) 'The Politics of Reforming Maori Education'. In Lauder, H. & Wylie, C. (Eds.) Towards Successful Schooling. London: Falmer Press, pp. 73 - 88.

7. SMITH, G. H. (1991) 'Reform and Maori Educational Crisis: A Grand Illusion'. Keynote Address to P. P. T. A. Curriculum Conference. Christchurch: Conf. Proceedings, pp. 32 - 40.

8. SMITH, G. H. & SMITH, L. T. (1990). In Marshall, J. et al. Myths and Realities. Palmerston North: Dunmore Press.

9. SMITH, G. H. (1992) 'Education: Biculturalism or Separatism'. In Novitz, D. & Willmott, B. (Eds.) New Zealand in Crisis. Wellington: G. P. Pubs. pp. 157 – 165.

10. SMITH, G. H. (1997) 'Kaupapa Maori: Theory and Praxis', Ph. D. Thesis, Education Department; The University of Auckland. Monograph, published by The International Research Institute for Maori and Indigenous Education; 1997.

11. SMITH, L. T. (1999) 'Decolonizing Methodologies: Research and Indigenous peoples'; London: Zed Books.

毛利语词汇表

Ako	教导，学习
Aotearoa	新西兰
aroha	热爱，尊重，同情
hinengaro	铭记，智
hongi	碰鼻子以示问候
hui	毛利人的正式会议
iwi	部落
kaiako	教师
karakia	咒语，诵经
karanga	仪式上的呼吁（表示欢迎）
kaumatua	老
kaupapa	哲学，实践
kaupapa Maori	毛利人的哲学和实践
kaupapa Pakeha	非毛利人的做法和习惯
kohanga reo	（文）（“语言巢”）沉浸式学前教育中心
korero	发言

kuia	老人（女）
kura	学校
kura kaupapa Maori	毛利人沉浸式小学教育哲学和实践
kura tuarua	毛利人沉浸式中学教育哲学和实践
mana	声望，尊严
manaakitanga	招待
manuhiri	游客
Maoritanga	毛利文化
marae	毛利人的正式会议场所
matauranga Maori	毛利人的传统知识
matua	父母
Mihi	问候
mohiotanga	实用知识
Mokopuna	孙子
Ngati Porou	部落，东海岸的北港岛
Pakeha	白种人，非毛利人，主要是欧洲的新西兰人
Papatuanuku	大地，地球
powhiri	欢迎仪式
rangatiratanga	酋长或首领的地位，控制
Ranginui	天空，天父
taha Maori	毛利人的洞察力、眼力、观点、看法
tangata whenua	人民的土地，土著人民
taonga	财产
tupa	限制，神圣
tauira	学生，学习
Te Aho Matua	毛利人沉浸式小学教育哲学指导思想

Te Moana Nui A Kiwa	太平洋
Te Tiriti o Waitangi	怀唐伊条约（签署于1840年）
Te Waka a Maui	毛伊岛南岛
tikanga Maori	毛利人的协议和习惯做法
tino rangatiratanga	自治，自决
Tohunga	专家，调解人，仪式
tupuna	祖先
waiata	歌曲
wairua	精神
waka	独木舟
wananga	高等学府，深入研究
whaikorero	正式讲话
whakama	保留，退休，害羞
whakapapa	家谱
whakataukii	谚语
whanau	大家庭
whanaunga	亲属
whare	房子
whare wananga	高等学府
whenua	土地

（译者：李秦松，男，白族，云南民族大学外语学院讲师）

2. 国际借鉴须重视本土文化适宜性

——中国少数民族高等教育政策百年发展经验的视角

哈经雄 常永才

(中央民族大学)

一、问题的提出

到20世纪中叶，中国民族地区学校教育极为薄弱，少数民族文盲率在95%以上，1952年中国广大的民族地区仅有11所高校，在校学生4475人。因此，许多民族甚至没有自己的大学生。经过半个世纪的努力，特别是由于近30年改革开放政策的促进，中国少数民族高等教育（后简称“民族高等教育”）取得了显著的成就。到20世纪末的1993年，全国民族自治地区有普通高等学校101所，为1952年的9.18倍，在校学生161103人，为1952年的36倍。尤其是世纪之交，少数民族高等教育得到快速发展，到2004年，全国高等学校少数民族在校生已达80.73万人。值得注意的是，上述发展不仅是量的增长，而且更有质的提升，那就是，少数民族高等教育在办学理念、办学体制、教师队伍建设、学科建设、课程开发和学生服务等方面，都更好地体现了中华文化多元一体的格局。

作为尚处于发展中的大国，中国为何取得上述成就呢？原因显然是多方面的。我们认为，最关键的一点是，当代中国政府和教育工作者在民族高等教育政策方面，不断探索，尤其是近20年来，吸取了历史上盲目模仿他国模式的沉痛教训，因而既坚持对外开放，又立足自己国情，从而使民族高等教育得到快速发展。对上述这一点，我们的研究较为薄弱，而今日全球化态势要求我们对此应有深刻认识。

绵延不断的悠久历史是中华文明的鲜明特点，我们重视以史为鉴的思维。因此，下面针对近百年来中国少数民族高等教育政策借鉴他国的经验教训，并结合中国文化传统与民族关系特点，谈点不成熟的观点，以抛砖引玉。

二、论题的界定及其普遍意义

从发生学的角度看，高等教育还可以分为两类：一类是指一个民族当其文明发展到相当程度时，必须通过各种方式高层次地传授和研习自己文化的形式；另一类是指文明程度较高民族的高等教育活动常常向其他民族传播。前一类高等教育可称为自生型高等教育；后一类高等教育可称为模仿型高等教育。

从上述发生学的角度看，所有发展中国家的高校绝大多数属于现代形式的高等教育。这种高等教育形式首先正式产生、成型和发达于西欧，并随着欧美现代文明的逐步强势而传播到世界其他地方，就是发展中国家自生型高等教育形式也已经受到该模式的影响，日益面临挑战。显然，要完全拒绝欧美高等教育模式的影响是不现实的，也是不明智的。中国的经验教训表明，真正需要解决的问题是：发展中国家高等教育如何在既保持开放的同时，又能立足本土的传统和国情。

三、中国的有关经验教训：百年回顾

(一) 中国现代高等教育发展历程中的借鉴与模仿

首先，我们简要回顾中国现代高等教育百年发展的历程，一定意义上可以说，这也是现代中国少数民族高等教育发展的历程。为何只说近百年？这是因为，1898 年京师大学堂的创立标志着我国近代高等教育的诞生，而 1998 年《中华人民共和国高等教育法》的问世，则标志着具有中国特色的中国高等教育模式正式明确化。20 世纪中国高等教育的历史，在某种意义上可以说是一部多方拜师求学、不断比较探寻，最终找到适合国情的发展道路的历史（周远清，2002）。

的确，在现代世界高等教育发展史上，恐怕没有哪一个国家曾像中国这样广泛而持久地师法别国高等教育发展的经验和模式了。这是因为现代中国高等教育是诞生于这样的背景：历史上长时间曾具有极为辉煌的文明，突然间意识到落后，近现代长期面对内忧外患的压力。

中国原有的本土性高等教育体系，是以官学性质的国学为主干，以主要属于民间性质的书院为辅助，重在经典传习和人文教化。19 世纪 40 年代，在列强入侵和西方异质文化的冲击下，它的过时、僵化和捉襟见肘，很快就暴露无遗。因此，向西方学习，“师夷之长以制夷”成为当时和后来长时间里中国教育政策的主导思想。在革新派的鼓吹、倡导下，后来被称为“洋务学堂”的西式学堂首先在沿海地区发展起来。值得注意的是，与此同时，外国传教士在中国也开设教会学校，尤其是 19 世纪 80 年代末提出了开设大学课程的计划。事实表明，教会大学在主观和客观上影响中国的士大夫阶层，并向中国的民众展示了与以往的儒家经学全然不同的西式教育。

因此，中国现代高等教育政策长时间里在很大程度上是对西方和日本高等教育的移植和模仿。1904 年公布的癸卯学制，即《奏定学堂章程》，是中国近代第一个正式实行的教育学制，也是中国教育由本土模式嬗变为西方模式的标志。它的指导思想是“中学为本，西学为用”。它以“明治维新”后迅速崛起并称雄的日本之学制为蓝本，张之洞等政府要员甚至聘请 2000 余日本教师在中国的近 20 个省任教（周远清，2002）。

1898 年创办的京师大学堂是北京大学的前身，其实质性的发展是 1917 年蔡元培出任北大校长时期。他倡导的学术自由、科学民主，显然有西方的影响。这不但使北京大学面目一新，而且影响全国高等教育的办学思想和实践。清华大学的前身——1911 年成立的清华学堂则是一所留美预备学校，后来仿照美国的教育模式办学，其高等科的毕业生全部被资助赴美留学。1927 年，当时的政府一度效法法国的教育行政制度，采用大学院制，但由于与国情不合、争议颇多而在 1928 年停止实行。从此，全国的高等学校基本按照英美的模式办学。

中华人民共和国的成立给高等教育的发展注入了新的生机并提供了广阔的空间，但是占主导地位的是借助前苏联高等教育的先进经验，特别是 1952 年的全国性院系调整，以及随后的专业划分与调整、课程设置与教材建设等，基本上按照苏联高等教育模式办学。由于缺乏经验，缺乏对中国国情的研究，由于迷信苏联“老大哥”，生搬硬套、囫囵吞枣的现象并非罕见。尽管 1956 年开始反思学习苏联的利弊得失，希望摆脱苏联模式的束缚，探索中国自己的建设道路，但由于当时“冷战”国际格局和中国锁国政策，后来一直到 20 世纪 70 年代末仍然受苏联模式的严重影响，以致“文革”期间发展为比苏联更“左”的办学模式。

“文革”结束后，以邓小平同志为核心的中央领导集体不仅引导中国各行各业进行改革开放，而且明确提出了建设有中国特色的社会主义的总方向，确立教育科技的战略地位，这使中国高等教育再次步入正轨，增强办学活力，跟上世界潮流。但这一时期一度出现了过分否定自己历史、崇尚和盲目引进美国高等教育模式的做法，这是导致 1989 年高校学潮的主要原因之一。

在上述背景下，中国政府在总结百年经验教训的基础上，总结出了一条适合中国国情、具有中国特色的高等教育发展之路，其标志是 1998 年出台的《中华人民共和国高等教育法》。这是近 30 多年来，尤其是近 10 年来，中国高等教育事业包括少数民族高等教育之所以实现空前发展、取得辉煌成就之最主要的原因之一。

综上所述，百年的沉痛教训使我们深刻认识到：现代高等教育不可封闭，但是他国成功的经验并不一定都适合中国的国情，模仿、学习别国终究不能代替思考与创造，因而任何借鉴必须立足自己国情，并本土化。

（二）中国百年模仿他国对少数民族高等教育的影响

上述表明，19 世纪中期以来，中国的高等教育始终在效法别国模式，从日本学制、法国的大学区制、苏联体制到美国模式。这种模仿对少数民族高等教育有何影响呢？我们对此说不上有深入的研究，下面仅粗略谈谈自己初步的思考，侧重谈谈有关的消极影响。

例如，在 20 世纪初，首先是机械地学日本与法国。这两国是单一的民族国家，日本现代高等教育模式实际上是从法国学来的。其高等教育模式都是集权的、划一的模式，具有严重的同化主义性质，忽视多样性和多元化。一定意义上可以说，这使得少数民族高等教育受到忽视。这是民国时期中国民族地区高等教育不发达的主要原因之一。

又比如，20 世纪五六十年代，中国向苏联一边倒，造成极“左”的模式和后来“文革”的十年动乱。当时受“大汉族主义”影响的极“左”思想以“民族问题已不存在”，“民族院校已完成历史使命”、民族院校是“封、资、修的大染缸”等为借口，10 所民族学院中有 8 所先后被撤销或停办，各校的校舍、图书资料、教学器材都遭到不同程度的损坏。许多教职人员横遭各种迫害。这导致民族院校 10 年中少培养人才 4 万人左右（哈经雄，2004）。

可见，不顾本土国情，盲目借鉴他国模式，对较为年轻、弱势的少数民族高等教育发展的危害更大。

四、进一步的分析：以近期对西方多元文化教育政策的借鉴

为例

如果说以前中国借鉴他国时，关注的是主流性的教育制度，今天，随着中国改革开放的深入和民族教育研究的发展，中国学者开始进一步关注他国有关民族教育方面的具体政策。那么，借鉴这种同领域的具体教育政策，是否需要本土化的思维呢？答案是肯定的。下面以西方民族教育中影响较大的多元文化教育政策为例加以说明。

多元文化主义者认为：任何文明都是历史的产物，有其内在和特定的价值体系，没有一种文明可以宣称比其他文明更为优越，也没有理由以主流文明自居，并歧视、否定甚至取代其他文明。在哈佛大学非裔美国人研究系主任亨利·路易斯·盖茨（Henry Louis Gates J r.）看来，多元文化主义理论的核心是承认文化的多元性，承认文化之间的平等和相互影响，打破西方文明在思维方式和话语方面的垄断地位（吴祠珍，2007）。

笔者认为，该政策有其时空上的进步意义。该政策有助于克服西方式现代化忽视文化多样性的弊病，尤其是医治殖民主义导致的种族关系恶果。但另一方面，中国民族高等教育政策不能盲目照搬该政策，否则可能导致文化适宜性方面的诸多失误。这是西方的多元文化主义思潮，该思潮是对欧美长期以来民族压迫、种族歧视和殖民主义的反映，而我国民族关系与此有本质的差异。

（一）民族关系分析：中华民族多元一体格局理论

中国民族关系历史地形成了一个显著的特点，正如费孝通先生所提出的中华民族多元一体格局理论，即主体民族——汉族和55个少数民族同属于一个层次，互相结合而形成更高层次的中华民族（陈连开，2002）。简要地说，中华民族文化多元一体格局的特点，突出地表现在以下方面：

其一，从起源上看，中华文化、中华民族的起源具有鲜明的本土特点和多元特点。整个中华民族与大多数中国的兄弟民族，从总体上看，皆是由起源于中华大地并继续在中华大地上创造历史的人们形成的。就连居住在黄河中游平原上被称为“华夏”的汉族祖先，也是不同族类共同融合而形成的。

其二，从历史发展过程角度看，自古以来，起源于中华大地的各民族反复会聚与辐射，历史将中国各民族越来越深地卷入到一个更大范围和规模的多民族社会和国家之中。同时，汉族在中华民族形成过程中，其文化的凝聚作用是极重要的。值得注意的是，纵观中国历史，分裂基本上是暂时的，而统一则是主流。固然在长期的历史发展中，民族之间有冲突、对抗甚至战争，但各民族之间的文化交流、经济互补以及政治上的相互接近，则构成了中国民族关系史上占主导地位的一面（马戎、周星，1999）。中华民族在作为自在的民族实体之基础上，最终成为一个休戚相关的自觉的民族实体。

其三，从地理分布上看，在长期的历史发展过程中，中国各民族形成了大杂居、小聚居，交错居住的分布格局。尽管少数民族人口主要分布在中国西部多民族省区，较集中聚居5个自治区、30个自治州和123个自治县（旗），但是在中国的县级以上行政单位，都有少数民族分散居住。

显然，中华民族文化多元一体格局与西方国家民族关系的不同之处是：①中华文化的起源与形成基本上是自成体系的，它有一个“自组织”的系统，其文化的进程与西方是完全不同的，因此，中华各民族文化是属于“交融型”或称“和合型”，是连续的。中华文化又是兼容并蓄的，其“内聚”和“外兼”是对立统一体。正是中华文化的这些特性造就了中华文化的丰富与长久生命力，也是中国各民族“你中有我，我中有你”的原因。②“文化吞并”思想从来没有成为统治中国的思想。尽管汉族文化的主体作用非常明显，但同时也兼容多民族不同的文化，不管哪一个民族成为统治民族，都是如此（马戎、周星，1999）。

（二）当代中国文化政策的基本态势：和谐互动

中华民族这种多元一体格局，在当代进一步得到巩固和发展。自从1949年中华人民共和国成立后，民族平等作为根本性政策写入了宪法，各民族语言文化受到其他民族的尊重，各民族团结互助、共同繁荣进步已成为全体中国人民的共识和奋斗目标。经过半个世纪的努力，尤其是改革开放后，各民族间的交往更加广泛，少数民族文化得到大力弘扬，这一切使得中华民族多元一体格局更为和谐。因此，新中国改变了历史曾经存在过的不平等的民族关系，更不存在欧美社会那种严重的种族歧视和文化的冲突。

建设和谐社会已成为未来中国社会发展的基本目标和方向。所以，中国政府明确指出：要承认和尊重文化的多样性，文化的多样性不仅过去存在，现在存在，将来也会长期存在。不同文化之间不应该互相歧视、敌视、排斥，而应该相互尊重、相互学习、取长补短，共同形成和谐多彩的人类文化（温家宝，2007）。

（三）文化观念分析：对待多样性的态度

更深层的一个原因是，中西方在对待文化多样性的不同态度。简单地说，欧洲文明由于二分法的思维，传统上对待异文化带有一种主客分殊的判断，其近代信奉的古典进化观，则暗含文明——野蛮的价值判断。而中国看待多样性民族文化的传统态度是，“修其教，不异其俗；齐其政，不异其宜。中国戎夷，五方之民，皆有性也，不可推移”（《礼记·王制》）。尤其是，“和合精神”是中华文化传统的精髓。两千多年前，孔子就提出了“君子和而不同”的思想。其实，根据张诗亚先生研究，“和”的甲骨文象形本意是“很多嘴一起吹竽”。竽是古代的一种乐器，我吹“哆”，你吹“咪”，其他人吹“唆”，同时吹出来便是“和”。虽然每个人都不同，但协调到一起就是“和”，就有了丰富与多彩。所谓的“和”强调的不是“同”，故有“君子和而不同”之说。“和”意味着保持自己的特色并参与到更为宏观的组合中，而“同”是丧失自己的特色（张诗亚，2006）。显然，中国在借鉴西方多元文化教育政策时，既要看到其历史进步性，又要看到其文化局限性，尤其要根据中国各民族多元一体格局的特点，来区别对待。此外，东西方在文化概念上也有显著的差异：西方传统偏重铁板一块的、匀质的、疆界分明的实体型文化概念；而中国各民族你中有我、我中有你的民族关系模式，使得人们能接受一种相互依赖的、彼此渗透的文化概念。

显然，中西方民族关系的生成、历史和现在格局，对文化的概念和对文化多样性的传统有着较大差别。因此，中国在借鉴西方多元文化教育政策时，既要看到其历史进步性，又要看到其文化局限性。

因此，中国民族教育采取的不是多元文化教育模式，而是多元一体模式，既传播汉族文化和现代文明，又重视各少数民族文化。使学生认识到：主体民族——汉族和55个少数民族同属于一个层次，各民族相互融合而形成更高层次的中华民族，从而树立健康的族群认同和国家认同观，从而实现各民族和谐共处、共同繁荣。

顺便要指出的是，西方有些学者已经开始意识到多元文化教育政策本身的局限性。多元文化教育重视保证处境不利文化的应有地位——这当然是非常正确的和必要的。那么，我们关注的是，西方社会历史上有尖锐矛盾，今天客观上处于不均势的各种文化间的人们，日常生活中如何切实和谐共处呢？这值得进一步探讨。

五、结语

综上所述，中国的经验教训表明：民族高等教育政策向外借鉴时不能盲目照搬，而必须重视本土文化适宜性。

目前，对该问题探索的需要更加迫切。当今时代，人类发展的一个显著特点就是：一方面，经济一体化与文化多元化同时并存；另一方面，由于全球化呈现史无前例的态势，一体化与多样性间的张力也日益突出。这一特点使高等教育，尤其是发展中国家高等教育政策的制定，必须明智地处理好上述问题。

可见，探讨发展中国家高等教育在坚持开放性、向他国借鉴时，如何确保其本土文化适宜性这一问题，具有较为普遍意义。

参考文献：

[1]. 费孝通等:《中华民族多元一体格局》，中央民族学院出版社，1989 年。

[2]. 周远清:《“21 世纪中国高等教育发展战略研究”总报告》，全国教育科学规划领导小组办公室：《全国教育科学“十五”规划项目成果材料》，第 8－12 页。

[3]. 哈经雄:《中华民族文化多元一体格局与少数民族教育》，文化多样性国际研究会主题发言，2006 年 6 月，中国北京。

[4]. 哈经雄、滕星主编:《民族教育通论》，教育科学出版社，“民族高等教育”部分。

[5]. 张诗亚:《位育之道——全球化中的华人教育路向》，《西南大学学报》(人文社会科学版)，2006 年第 6 期。

[6]. 吴祠珍:《美国职业指导文化取向的革新——以少数民族为对象》，中央民族大学研究生院 2007 年硕士学位论文。

[7]. 马戎、周星:《中华民族凝聚力形成与发展》，北京大学出版社，1999 年。

[8]. 温家宝. :《关于社会主义初级阶段的历史任务和我国对外政策的几个问题》，新华网北京 2007 年 2 月 26 日电。

[9]. 陈连开：《论中华文明起源及其早期发展的基本特点》，http://www.china10k.com/simp/history/1/11/11z/11z20/11z2002.htm

3. 加拿大英属哥伦比亚大学土著高等教育的改革

——土著印第安教师培训项目

Jo - ann Archibald&Lee Brown
（加拿大不列颠哥伦比亚大学）

一、项目介绍

NITEP - The Native Indian Teacher Education Program 于 1974 年作为一个学士培养项目在英属哥伦比亚大学教育学院建立。这个本科课程具有同步性，学生在学习教育课程的同时还可以兼修艺术和科学课程。课程的发起者主要是土著教育家，其中 Robert Sterling 是一位高度受尊敬的教育领袖，他在 1983 年成功地让印第安人民参与 NITEP 的决策，并设立了一个以印第安人为基础的课程。

土著人可以积极参与的计划和开发的项目已经取得重大成功。在这些成功中，我们的 NITEP 课程是最成功者之一。这个课程是由印第安人发起的，被印第安人所控制，而且其哲学符合印第安哲学，尽管此课程在英属哥伦比亚大学的课程监督之下。（Archibald, 1986, p. 33）

当 NITEP 计划开始时，在英属哥伦比亚省 23000 位教师里只有大概 26 个土著教师（约占教师总数的 0. 11%）。在 30 年后，有 31 位土著教师取得了 NITEP 的教育学士学位。尽管在此省内印第安教师的确切数目还不太清楚，但在英属哥伦比亚公立学校系统中，12 年级土著儿童占全体学生总数的 12%，而土著教师占教师总数不到 1%。增加在英属哥伦比亚省和加拿大中的土著教师数量已经成为许多土著教育机构、教育专业组织、联邦及州政府的重要议题。

在 20 世纪 60 年代，加拿大土著人通过组织强势的政治势力，以应对学校在提供平等、适宜的教育以及政府剥夺印第安人权利的企图。60 年代末期公共教育系统对印第安教育的失败程度从 96% 的印第安子女无法完成高中学业这一事实中可见一斑。土著民抱着“忍无可忍，无须再忍”的态度，使印第安教育的危机引发了全国性政治运动，促成了全国印第安兄弟会（现第一民族联合会）在 1972 年制定了倡导印第安人控制印第安教育（ICIE）的政策。ICIE 政策基于社区教育控制和家长责任的两个基本原则。这个政策也强调了印第安学生的文化和价值观的基础作用，以及拥有更多印第安人教师，加强非印第安教师文化敏感性的必要性。NITEP 项目的建立是加拿大 1972 年印第安人控制印第安教育政策（ICIE）得以实施的最早体现。

项目组织者选择了“雷文鸟”叼着太阳的图标作为该项目的标志（见图 17），其中隐含着传统的土著故事来为 NITEP 工作提供导向和视角。“雷文鸟”是土著文化中“油嘴滑舌”的代表，其经常因为不遵循好的文化教育而惹上麻烦，但有时他们也会帮助他人。在 NITEP 的故事中，“雷文鸟”同情生活在黑暗中的人们，并决定为他们寻找太阳，以求更好的生活。“雷文鸟”经过了很多努力，费了很多口舌之后，它发现了天空中的一个洞，并找到了太阳。它把太阳带给了地球上的人们。NITEP 就像“雷文鸟”嘴上的太阳。这个重要的故事提醒 NITEP 的教员、学生以及社区人员找到一个方法，让所有 K12 学校和其他教育背景的人可以在其中满足教育需要，特别是那些土著学生们。NITEP 的故

图 1 The NITEP 标志

事对其毕业生提出挑战，期待他们能用“土著的心和思想”来改革土著教育。

除了 NITEP 标志和其故事，整体学习模型是 NITEP 的另一个指导性框架（见图 2）。整体学习包括开发人类的精神、情感、身体以及智力四个方面的潜能。因为土著知识常常是有联系且相互依存的，上述四个领域被认为是独立且有关联的实体。相互联系的特性延伸到包含自身、家庭、社区以及更广大的世界的责任和交流环境之中。以下是关于 NITEP 怎样组成整体模型的例子。

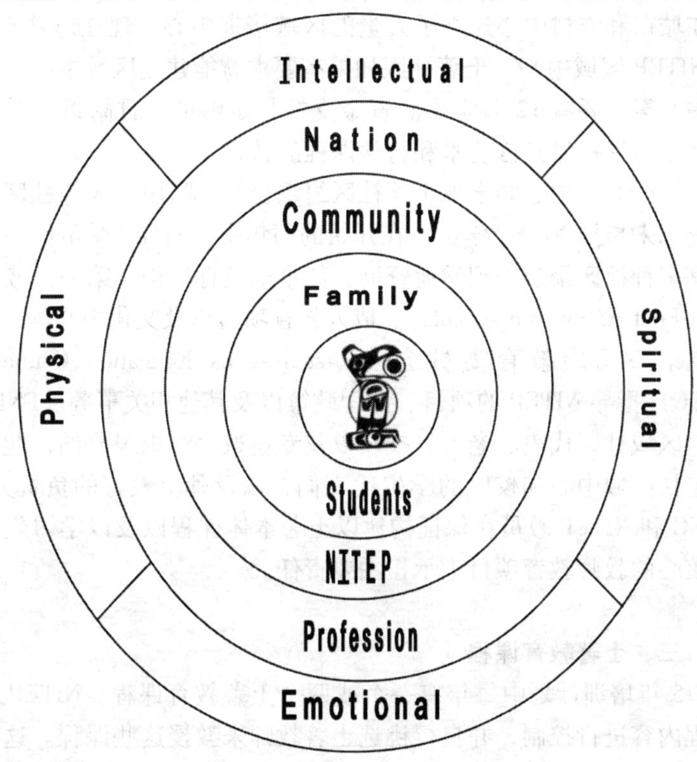

图 2　NITEP 整体性模型

二、基于社区的关系

NITEP 的一个基础组成部分是以社区为基础的关系及提供土著本地学习机会的区域中心，并通过两年期的分散于英属哥伦比亚（BC）各地的地区中心来建立和维持以社区为基础的关系。学生们就近或到有印第安社区强力支持及良好关系的地区开始接受教师培训计划，然后再到温哥华（Vancouver）的主校区完成剩余 3 年的教育学学士文凭学习。经过 33 年的实践，NITEP 已经在城市和农村中心建立了大量的区域培训中心。现在总共有 4 个 NITEP 区域中心。土著社区如果有要求就能建立区域中心，每个中心至少要有 12 名学生。资金支持是足够的，且附近的学院或大学可以提供必修艺术和科学课程的教育。

每个区域中心同本地土著社区组织合作，聘用老人等社区人力资源来指导 NITEP 学员。在开始的两年中，NITEP 学员们通常依靠多种社区渠道得到学业资助，如早期教育机构、第一民族学校（First Nation run schools）、成人教育项目以及文化中心等。

第一民族教育委员会（First Nations Education Council, FNEC）指导 NITEP 的项目、课程政策以及其他相关事务。FNEC 是由区域社区代表、老人、校友以及专业教育组织组成的，此外还包括区域中心和校区的学生代表们，以及师范教育的负责人。FNEC 和 NITEP 教员在保证构建以土著本体课程以及以学习经验为核心的教师教育项目中承担主要责任。

三、土著教育课程

5 年培训计划中每年有一个或两个土著教育课程。NITEP 对课程内容进行控制，并自行挑选土著教师来教授这些课程。这些课程包括一个关于加拿大和英属哥伦比亚土著教育调查的课程、一个土著文化研究课程、一个土著教育史和政策课程、一个土著课程论课程、一个高级教育史课程以及一个关于当代土著教育批判议题的高级综述课程。NITEP也在第一到第三年举办反映土著自身需求的教育研讨会。上面提到的NITEP整体模型是学生课程学习的一个组成部分。他们学习理解模型的各个维度，能否将其应用到日常生活以及教与学的过程中是他们面临的挑战。NITEP城市地区中心学生团体向土著教育改革家们表达了对于这些挑战的回应。

……意识到作为NITEP的部分真正意味着我们将在教育领域与众不同，我们在努力更加完善自己。怎样让初级和中级学校的学生们做最大的"改变"，是我们的任务。自我意识是至关重要的。我们明白作为土著人，我们有能力以超越同情的层次来看待土著学生。我们在整体上认同土著学生，同时也在学生的各个方面：精神上、物质上、智力上和情感上，认同他们（NITEP News，2007，p. 9）。

土著教师讲授土著教育课程，这是NITEP的另一个基本原则。关键的一步是专业建构及督导，让NITEP学员向已经取得了教育学士学位的土著教员学习是重要的一个方面。而最重要的是，让学生向具有批判殖民主义影响意识和教育改革哲学及实践的教师学习。在这一过程中，NITEP学员作为一个相互关爱的团队，有机会去探索和发展他们的文化认同；从寄宿制学校影响和公共教育系统同化所带来的代际间的创伤中得到复原；从而发展他们的教育理解力或胜任力和开发基于土著知识的具体教育资源。在前两年学习中，他们开发了一个交互学习的社区，在那里，他们可以相互学习、彼此质疑，既独立又合作地完成学习计划。在高年级，NITEP学员作为NITEP组织成员的工作机会减少了，但他们仍然在其研究中发扬这种团队精神。NITEP毕业生对这个项目有很深的感情，因为对于很多人来说，它帮助他们认识了自己的潜力，并且为其建立了一个使其离开后仍然能够享用的教育者——朋友的可持续的人际网络。

直到最近5~10年，我们才开始谈论在思想上去殖民化以及确实提高土著教育的方式的必要性。在NITEP，去殖民化始于提出关于学校、土著家长以及土著社区的权力关系的议题；关于教育政策的合理性，课程选择以及学校系统中所使用的教学法的问题；以及要求未来的教师发展基于社区的批判意识问题。那些拥有这种意识的人在不同的教育背景下担当了变革者的角色。他们的领导能力所引发的变革不仅仅局限于学校系统，而是延伸到高等教育，尤其是研究生的研究当中。

四、毕业生对于教育领域的影响

NITEP学员毕业后就任教师、校长、地区学校主管、教育部督导员、社区教育指导者和课程开发者。许多人致力于公立学校、第一民族学校以及政府层面上的机构改革。有些毕业生在学院和大学中工作。许多人继续攻读硕士学位，有一部分人正在研修博士学位课程。NITEP毕业生是改革的先锋。举个例子，他们在各省的教师学会中建立了第一民族教育专门小组，并致力实现一个公平机制让公立学校可以绕开学会繁文缛节来聘用土著教师。NITEP毕业生已经与NITEP合作，并担任地区中心指导员和教师等工作。NITEP毕业生还帮助建立了一个教育领导学的硕士项目。

参考文献：

Archibald, Jo - ann.（1986）. Completing a vision: The Native Indian Teacher Education Program at the University of British Columbia. Canadian Journal of Native Education, 13（1）, 33 -46.

Archibald, Jo - ann,（2004）. Proposal for the Indigenous Education Institute of Canada. Unpublished Document, University of

British Columbia.

Hawthorne, Harry. (1967). A survey of contemporary Indians in Canada, Volume 11. Ottawa: Queen' s Printers.

Kirkness, V., & Barnhardt, R. (1991). First Nations and higher education: The fours R' s - respect, relevance, reciprocity, responsibility. Journal of American Indian Education, 30 (3), 1 -15.

National Indian Brotherhood. (1972). Indian control of Indian education. Policy paper presented to the Ministry of Indian Affairs and Northern Development. Ottawa: National Indian Brotherhood.

Royal Commission on Aboriginal Peoples. (1996). Gathering strength: The report of the Canadian Royal Commission on Aboriginal Peoples. Vol 3. Ottawa: Canada Communications Group.

Smith, Graham, (2006) Sage: Supporting Graduate Student Enhancement. Unpublished Document, University of British Columbia.

Transformative Aboriginal educators: What does this mean? NITEP News, Spring 2007, Issue 26.

Young, A. (2001). The four R' s: Respect, relevance, reciprocity, and responsibility. Unpublished paper. Vancouver, BC: University of British Columbia.

（译者：陈·巴特尔，男，蒙古族，南开大学高等教育研究所副教授）

4. 合作伙伴、政治和积极主动性：Hookulāiwi 与振兴夏威夷土著人及原住民族教育

Margaret J. Maaka
（美国夏威夷大学马诺阿分校）

前言

Maka u wāwae.（**Pukui**，2001，**p.** 229）

Maka u wāwae 是句夏威夷土著名言“ ōlelo no eau”，可以大致译为“步履维艰”。Pukui 解释说：“说的是大便——踩上去很煞风景。”对大多数夏威夷人和其他原住民族来说，这句话简略描述了他们在公共教育方面的体验——举步艰难，凡涉足此领域，都会招来不快。

写文章来描述我们 Hookulāiwi[①] 合作伙伴振兴夏威夷土著人——原住民族教育这一尝试的实质简直就是一项挑战。比如说，这文章能不能引起我们所认为的合作伙伴协作、承诺和成就的核心——杰出人士的关注呢？因为我们的工作需要我们超越平凡并从我们的合作伙伴那儿得到非同一般的收获。我们感到，我们的成功并不在于我们的计划和倡议，而在于我们的合作伙伴。我们的工作支柱完全来自于信念，这个信念就是“世界原住民族有决定自己所有事务的权利，这种权利是与生俱来的。这种权利涵盖

① Hookulāiwi——一个有坟墓（祖先）和人（后裔）的地方 。它代表着夏威夷土著人和原住民努力在他们自己的土地上恢复他们应有的位置。Hookulāiwi 在土著教育领域中被公认为具有地方性、民族性、国家性的权威。

了建立自己的教育体系，从中反映了对该民族的尊重，原住民族的文化价值观、哲学、意识形态等方面的认同”（世界原住民教育会议国家组织委员会，1999 年）。那些属于我们合作伙伴的杰出人物为这一基本权利注入了活力，理解我们的合作伙伴就是理解我们的工作。Hookulāiwi 合作伙伴，Myron Brumaghim（2003）对我们的使命做了这样的解释：

我们希望我们的孩子为他们的梦想而活着。我们希望给我们的孩子有受教育的机会，并投入精力和资源去指导和资助他们走向成功的人生。我们要确保我们的孩子得到丰富多样的教育机会，为他们将来顺利地走向社会做好准备，并把他们培养成为思想健全、身体健康的好公民，让他们满怀激情地探索常规教育以外的知识，更重要的是让他们在这个成长的过程中培养起自己做主的意识。

背景：目前夏威夷人的教育状况

与此相反的是，现在夏威夷的孩子们没有哪一个能在智能方面超过他们的父辈。历史告诉我们，那些周边外来民族总是把土著民族作为劣势群体，在他们残酷的政策下无情地把仅有的一点土著民族文化同化。（高级首席 Mataio Kekuanaoa，教育部执行局主席，1862）

要讨论有关夏威夷公共教育的问题，特别是有关夏威夷土著人的公共教育，有必要回顾历史上的夏威夷土著人这一关键因素。1893 年，当时美利坚合众国的全权公使 John L. Stevens，曾参与了阴谋推翻女王 Liliuokalani 执政的夏威夷王国宪制政府。在富商和传教士后代 Sanford Dole 带领的叛乱分子的帮助下，John L. Stevens 得以让波士顿号军舰上的部队在檀香山登陆，所发生的这一事件简直就是耻辱！

被推翻前，夏威夷土著人是地球上最有文化的人之一。许多用夏威夷语报道的报纸再现了当时文化景象的丰富多彩和繁荣。夏威夷语是法院、学校、立法系统和其他政府机构的官方语言。政府被推翻后，夏威夷语在公立学校被禁用，说该语言的儿童被逮住后要受到严厉的体罚。除了禁用语言，还有夏威夷人认知及行为方式方面的压迫。这种压迫是多方面的且影响深远，涉及剥夺作为夏威夷人身份的基本标志：主权、祖传的土地、语言和文化知识。剥夺了这些标记，也就意味着夏威夷人的福利和关联性被剥夺了。夏威夷人只有相互关联才能蓬勃发展；相反，如果断开能辨别夏威夷人共享的意义、价值观念和信仰，他们会感到不知所措。

这是如今的情形。自 1893 年以来的这些时间里，英语语言和文化在夏威夷蓬勃发展。另外，夏威夷的语言和文化却成了这一民族和文化战争的牺牲品。同样，成为牺牲品的还有夏威夷人民。

背景：随后夏威夷人的教育状况

该课程绝不仅仅只是一个中立性组合的知识，不知为何却出现在一个民族的教科书和课堂上。它始终是一种选择性的惯例，是某个人的选择，是某些团体所谓正统知识的观点。它产生于可以组织和瓦解一个民族的文化、政治、经济冲突、紧张局势及妥协。(Apple，1996 年，第 22 页)

那么，这个文明使命通过公众教育取得的成果是什么？夏威夷土著儿童作为一个群体，学校的旷课率和转为特殊教育服务的比率，远远高出平均水平。夏威夷青少年最有可能因为不合格而被中学开除，这样也就致使青少年自杀率攀升居首。大多数夏威夷成人被关进监狱，他们的健康状况非常糟糕，而且这些人占需要社会帮助人员的 60%。长期无家可归是夏威夷的一种现象。

高等教育方面，夏威夷土著学生和教师人数不足（Au & Maaka，2001 年）。因此，看来仅通过英语语言与文化（以牺牲夏威夷语言和文化为代价）就能得到提高对于夏威夷土著人来说只是一个神话（ Maaka，2004 年）。这就是我们 Ho okulāiwi 合作关系为振兴①土著夏威夷人社区公共教育的工作背景。

Hookulāiwi 社区、学校和大学的合作关系

现在迫切需要改善夏威夷土著儿童的教育。这将通过优秀师资、管理人员、研究人员、教师培训员、课程开发人员的筹备才能更好地实现。这些人员能帮助儿童通过多种多样的教育机会获得优秀的学业成绩。特别是，教育质量的提高将进一步使更多夏威夷土著人成为教师和教育界领导人。（ Maaka，2001 年）

2006 年，夏威夷州州长 Linda Lingle 对合格师资的缺乏十分担忧，她认为特别是那些夏威夷土著儿童占多数的夏威夷公立学校，缺少合格师资正成为“一种影响学生成绩的负面因素”。② Linda Lingle 的言论对我们这些为夏威夷社区教育而工作的人来说并非是危言耸听！

教师队伍不稳定及有经验、有资历教师缺乏的问题已经困扰夏威夷教育部③（夏威夷 DOE）及 Nānākuli / Waianae 社区④的学校好几十年了。（ Kanaiaupuni，Malone，& Ishibashi，2005 年）

---

① 选择教育的“振兴”作为我们的目标（而不是“恢复”或“改革”）是出于我们的信念：一套夏威夷土著教育体系必须反映、尊重和拥护夏威夷的文化价值观、哲学、意识形态和做法。（见世界土著民教育会议国家组织委员会，1999 年）

② 州长 Linda Lingle（ 2006 ）在夏威夷檀香山举行的夏威夷国家教师协会立法会议上的讲话。

③ Nānākuli / Waianae 社区学校的教师队伍不稳定率在夏威夷州已居首位（夏威夷教育部信息系统服务办公室，2007 年）。

④ Nānākuli / Waianae 社区是一个离瓦胡岛怀基基海滩约 25 公里的大社区。

目前，由于“不让一个孩子掉队法案”（2001年）的颁布，除一所学校以外，其余学校都是处在“重组”状态。很多未获资格及未准备好的教师所组织的课堂教学不能满足夏威夷儿童的具体学习需要，为此，他们要负责任。另外，值得注意的是，尽管许多研究表明，儿童能够把新的学习和所熟悉的经验联系起来的时候，他们最善于学习，但课程里却没有涉及夏威夷的语言和文化，这妨碍了夏威夷土著儿童获得生活成功所必需的一些个人和文化的优势特征。那么，大部分夏威夷土著儿童在学校几乎找不到什么目标和意义也就不足为奇了。

另一个关键问题是缺乏能对教育成功起榜样作用的土著夏威夷老师和教育领域的领导。虽然土著夏威夷人大约占全州总人口的20%，但他们只占了公立学校老师[①]比例的9．8%。具有教育方面高等学位的夏威夷土著人将在有关教学、学校管理、应用研究、教师培训及决策方面起作用，而这种缺乏也说明夏威夷学校发展教育的政策和举措忽视了夏威夷土著儿童的需要。优秀且致力教育，特别是具有夏威夷土著血统的教师的严重缺乏，会直接导致夏威夷土著儿童在学校受教育期间难以获得成功（Au & Maaka, 2001年）。

我们Ho okulāiwi合作伙伴是一个主动和Nānākuli/Waianae社区结成一个强大联盟的振兴基础。通过强调职前和在职教师的专业发展、课程研究以及教育领导者的卓越才能，我们的目标就是使夏威夷土著人的教育水平得到提高。要做到这一点，我们的合作伙伴中的决策者应包括学生、教师、行政人员、工作人员、家长、夏威夷教育部工作人员、社区长者、其他社区成员、地方商人、文化专家及大学老师。通过把Nānāikapono小学（以夏威

① 在夏威夷13271位公立学校老师中，仅有1312位是夏威夷土著人（夏威夷教育部信息系统服务办公室，2007年）。

夷土著儿童为主的学校）和 Ke Kula Kaiapuni o ānunue（夏威夷语言沉浸学校）作为研究基地，试图证明夏威夷土著儿童的教育是否成功，以及其他“高风险”群体的孩子在受教育方面是否有效。我们希望其他夏威夷土著儿童占大多数的学校将从我们的研究结果中受益，因为，如果没有一个完善的教育水平，夏威夷社区要打破贫穷、失业和社会功能障碍循环是不可能的。

总之，我们 Hookulāiwi 合作伙伴将从多方面努力做好教育人才的筹备，特别是筹备——那些具有夏威夷土著人血统的优秀教师和教育领域领导的人才；那些具有夏威夷语言和文化深厚背景的教育者；那些精通英语和文化的教育者和那些拥有专业知识去研究和开发能满足夏威夷土著人学习需要的新理论、教学和课程的教育者——他们才是提高所有夏威夷土著人教育水平的关键。

四方振兴教育的合作伙伴

这是一种团结、共同参与并共同承担责任的意识；这是相互依存和相互帮助；这是情感上的支持、付出和接受；这是团结力和凝聚力；这就是爱，是一种忠诚。所有这一切是血肉相连的关系。（Pukui，Haertig，& Lee，1972 年，第 171 页）

我们的四方伙伴是独一无二的。我们中的大多数都有一个可以追溯到我们的人民大迁徙遍及现在称为太平洋岛屿的共同家谱。那些我们合作伙伴中不主张这种血缘关系的成员也包括在内，因为他们与我们一样有团结、参与和责任的意识——这才是合作伙伴的核心。

在过去的 15 年中，我们的四方伙伴包括：

▶老人、社区领袖、父母和 Nānākuli / Waianae 社区（Nānāikapono 小学所在地）的其他成员；

▶夏威夷教育部 Nānāikapono 小学和 Kula Kaiapuni o ānuenue 的管理人员、教师、职员、学生；

▶夏威夷大学 Mānoa 校区（UH Mānoa）教育学院土著夏威夷人及原住民族教育 Hookulāiwi 中心的教师；

▶夏威夷知识 UH Mānoa Hawaiinuiākea 学校及夏威夷语 Kawaihuelani 中心的教师。

已经广泛合作所建立 Hookulāiwi 伙伴合作的工作延伸至几个领域，包括职前和在职教师的专业发展（以夏威夷语和英语为媒介的情况）；研究和开发（地方、国家和国际领域的）；教育领导人；语言振兴；教育推广；教育政策的发展及原住民族教育。

与国家决策者一起工作

只要人类的差异和多样性存在着，民主就必须允许妥协、迁就、融合，并承认分歧。（Eugene McCarthy）

如前所述，除一所学校以外，Nānākuli/Wai anae 社区的所有学校在“不让一个孩子掉队法案”[①] 的颁布下正处于重组状态。Nānāikapono 小学也不例外。按照联邦政府及各州教育部门的要求，注重学生在阅读和数学上的高分。事实上，这是不切合实际的做法，这种做法只会把教学弱化为一种常规模式（借用西方教育的模式）。在专业学习期间，这种方法确实能够使学生的某些知识得到提高。然而，我们的合作伙伴认为：这种非专业化的教学模式，以及对西方课程的照搬照套，只会严重地损害夏威夷土著教育的思想、认识和教学。

Hookulāiwi 合作伙伴的工作就是解决这一危机。每年 Nānāikapono 小学和我们的其他合作伙伴学校的教学都有所提高；

---

① 2001 年颁布的“不让一个孩子掉队”（NCLB）这一法案，试图进行基于标准的教育改革，是布什政府联邦的立法，是一个不明智的举措。虽然该法的最初意图，是通过设置高“标准”来提高美国公立学校的教育质量，但现实是相反的。来自各色各样群体的儿童遭受了一个资金严重不足的实验，这个实验把他们的教育体验缩小到略多于日常技能的获取和测试的准备上。

在此成功的基础上，每年还要请求夏威夷大学对我们急需解决的工作给予优先资助。在2007—2009年两年间的预算中，能证明主要资助土著夏威夷人Hookulāiwi合作伙伴的并非基金，而是夏威夷本土、社区的支持。夏威夷大学优先资助引入美州教学团队的项目——这一临时应急的举措向Nānākuli / Waianae社区学校派遣了33位未受过训练的教学成员。[①] 尽管我们合作伙伴关系非常强烈地主张，夏威夷土著儿童需要与那些热爱并忠于职守的教师在一起的受教育经历，因为这些老师将会教导孩子们受教育就能走向成功之路，但还是发生了这种情况。我们关于夏威夷土著儿童不但需要最好的老师而且应该有最好老师的意见并未引起重视。

参议院1784法案：让夏威夷大学履行责任！

参议院1784法案拨付资金，在Mānoa校区建立夏威夷大学Hookulāiwi，土著夏威夷人和原住民教育中心，并与Nānākuli及Waianae社区、公立学校及夏威夷大学Mānoa校区的教师教育项目结成合作伙伴。该项目目的在于征聘具备合格的、有爱心、忠于职守，而且有良好的夏威夷土著文化背景等资格的教师，以满足Nānākuli和Waianae社区各公立学校不同学生的需要。（Maaka，2007年）

为了表示我们是自主的，我们Hookulāiwi合作伙伴关系对夏威夷大学的疏忽做出了反应。我负责撰写的条例草案，要求得到足够的资金（2007—2009年两年期），在夏威夷大学Mānoa校

① Kristen Wong，美国教团［TFA］成员，她这样讨论对教师职业及对Nānākuli / Waianae学校孩子的承诺：“我直接告诉他们我要去医学学校。”刚从达特茅斯毕业的Kristen Wong说：她今年秋季在夏威夷开通了新网站，“他们对此更喜欢。他们会挑选那些成为社区领导、制定政策、参与投票的人”。（http://www.cnn.com/2006/EDUCATION/06/17/teach.america.ap，2006年6月17日）

区建立 Hookulāiwi：Aha Hoonaauao ōiwi（夏威夷土著人和原住民族教育中心）。这项倡议不但非常耗时而且还有政治压力。参议院 1784 法案被称为“无赖条例草案”，因为它质疑大学的正式预算。正因为如此，我们的合作伙伴开始成为瞩目的焦点。在立法季节末，夏威夷国家立法机构划拨给合作伙伴关系 750000 美元（其中 375000 美元为固定 UH 基础预算）；夏威夷事务局划拨给 750000 美元。Kamehameha 学校承诺再资助 800000 美元用于教师上岗前培训。由夏威夷教育部门及 160 多个项目相关者支持的这次集体行动，发出了一个非常明确的信息：即 Hookulāiwi 合作伙伴需要得到优先资助，特别是得到夏威夷大学的优先资助。毫无疑问，我们的立法倡议最有价值的效果是：让我们的合作伙伴了解，只要是为了公益事业，民主进程就会成功——社区成员、学校管理人员、教师、学生和大学教师及学生都写信对我们的条例草案表示支持。

我们的资金使我们能够雇用 6 位固定教职人员、为中心提供可操作的预算、提供学生奖学金和助学金，并支持我们的以学校为基础的项目。对于我们的合作伙伴来说，这才仅仅是个开始。

迎接挑战：不让夏威夷大学说空话

2002 年在校长 Peter. Englert 的领导下，夏威夷大学 Mānoa 校区出台了《决定我们的命运：2002—2010 年战略计划》。该计划让我们的信心有了基础，有若干个战略上的当务之急，包括促进夏威夷语言、文化、教育的研究：

▶把招收夏威夷土著学生的人数比例提高到 15%；

▶大学应有尊重原住民和为夏威夷土著人促进社会正义的责任意识；

▶保持最高标准的诚信和操守。

Peter. Englert 执政期间（2002—2005 年），夏威夷土著人

的倡议得到了很大的支持，他们以前从来没有享受过这种待遇。这和近100年来的历届美国政府相比形成鲜明的对比，后者居然不清楚在对夏威夷土著人福祉问题上夏威夷大学该负什么责任。

2002—2005年，因为Peter. Englert划拨的资金，Hookulāiwi能够获得4个预备终身教职的岗位，这些岗位的获得很重要，因为它使我们能够与当地的夏威夷土著社区建立教育合作关系。遗憾的是，自Peter. Englert离任后，战略计划已成为空话，原因就是夏威夷大学实属一所坐落在割让土地①上的赠地大学，行政机关却对此不以为然。有夏威夷血统的人占Mānoa校区总人口的19%，有终身教职及预备终身教职的却只有3%，这对于该大学对夏威夷人民的承诺来说是意味深长的。所以，Hookulāiwi合作关系面临的最大挑战之一就是要向夏威夷大学宣传夏威夷人民的权力，使之成为他们的自觉行动。

甘当原住民族教育改革的先驱

那么，为了迎接这一巨大挑战，Hookulāiwi合作伙伴的责任是什么呢？值得注意的是，原住民族学者Linda Smith（1992）认为，这场为原住民族学术的斗争应该这样进行，即为学生创造更多的空间和条件，以便建立更真实更地道的原住民族知识及原住民族知识传统形式：

我们必须通过维权来为学生争取受教育的权利；争取追求知识的权利；教师应该教什么和如何教的权利；研究哪些内容、如何去研究以及怎样传播研究成果的权利。我们还必须为学生创造

① 土地割让指的是夏威夷君主的皇家土地，在美国军方的援助下，夏威夷君主被欧洲和美国人推翻，这些土地被美国联邦政府非法所得。夏威夷成为美国的一个州之后，土地权转移到该州。夏威夷大学当时就建在这些非法所得的土地上。在100多年的建校历史中，该大学没有因为使用这片夏威夷人的土地而支付过一美分给夏威夷人。

空间，创造使他们变得和过去不同的空间，创造让他们决策的空间，创造让他们形成自己的思想和开展学术研究的空间。所有这一切都是我们今后的努力方向，这才是重要的。(第五页)

如何做到呢？Graham Smith（2004 年）的文章：Mai i te maramatanga, ki te putanga mai o te tahuritanga：《从觉悟启蒙到转型》，概述了毛利人的背景、斗争、所取得的成就及未来的方向。特别令人感兴趣的是一系列改革措施，Smith 认为他们是变革因素，如果那些懂得教育潜在性能满足自己需要的原住民族接受了这些措施的话，这些变革因素会变得非常有效。这些措施反映在我们 Hookulāiwi 合作关系的工作中，它们是：

▶自主或相对自主权（原住民族对自己生活和文化福利加强管理的优化)；

▶文化志向和特性的确认（原住民族语言、知识、文化和价值观的优化)；

▶把文化纳入教育学首选内容（使教学、学习环境及实施有效地与原住民文化背景和生活环境密切联系)；

▶寻求解决社区挑战的方法（建立个人，家庭和社区之间强有力的联系，这种联系能认识到教育在迎接各种挑战中所起的作用，特别是在原住民族所面临的社会经济的挑战中所发挥的重要作用)；

▶强调结合集体而不是个体的文化结构（创建诸如家庭和社区这样的集体结构，使之在为自己的成员获得最有效的受教育经历的决策中发挥领导作用)；

▶共享集体的理念、哲学（主张为原住民族教育制定一套正规的教育章程作为指导。它包含西方和原住民族双方的教学方式和做法，不但清晰地表达了原住民族的愿望，而且还把这些愿望——政治、社会、经济和文化连接起来)。

我们 Hookulāiwi 合作关系同意 Smith 的观点：原住民族处于

教育危机之中，唯一的解决办法就是推选原著民族领导，使他们成为转变目前不良状况这一主要使命的改革先驱。原住民族只有在此基础上通过共同努力才有意义。当原住民族在诸如中国南开大学原住民族和少数民族高等教育研讨会、美国教育研究协会以及世界原住民族教育会议这些大舞台上寻求彼此之时，就意味着他们获得了相互支持、相互鼓励的国际性网络。此外，一个还待完善的倡议，即建立和联系关注当地和国际教育问题的原住民族研究机构的倡议，是该行动的一部分。Hookulāiwi 所附属的原住民族研究所国际联合会，其使命就是管理和宣传将给夏威夷土著人和其他原住民族的生活带来积极差异的研究、学识和理论。

Hookulāiwi 合作伙伴未来的方向

每一天对于发现生命的意义来说，都是一次令人难忘的经历。它是你这一天所做的每一件小事。或许是花时间与你的朋友一起跑步比赛，或许是仅仅凝视着磅礴大海——似乎它掌握着解开生活意义的答案。我宁愿出去享受这些简单的事情也不愿问那些我们可能找不到答案的问题，但是，那些我们在寻找答案过程中获得的知识才是更有价值的。（Joseph，Nānāikapono 小学，6 年级）

我们合作伙伴的未来是历史赋予我们的。我们的动议是多元和多面的，但它们都反映了每个参与者的梦想，那么把 Joseph 的话当做我们努力的方向是恰当的——不论未来可能会是什么。

参考文献：

[1] Apple, M. W. (1996). Cultural politics and education. New York, NY: Teachers College Press.

[2] Au, K. H., & Maaka, M. J. (2001). Teacher education, diversity, and literacy. In C. Roller (Ed.), Learning to teach

reading: Setting the research agenda (pp. 136 – 148). Newark, DE: International Reading.

[3] Brandon, P. R. (2000). K – 12 general – education teachers' voluntary resignations from Hawai? i Department of Education: Demographics, reasons for leaving, dissatisfactions, and suggestions for improvement. Honolulu, Hi: Hawai? i Educational Policy Center.

[4] Brumaghim, M. K. (2003, April). Teacher education as a site of struggle: Preparing indigenous teachers and indigenous teacher educators in Hawai? i. Paper presented at the Annual Meeting of the American Educational Research Association, Chicago, Illinois.

[5] Clark, R. W. (1999). Effective Professional Development Schools. San Francisco, CA: Jossey – Bass.

[6] Hawai? i Department of Education, Office of Information Systems Services Branch. (2007). Personal Communication.

[7] Kanaiaupuni, S. K., Malone, N., & Ishibashi, K. (2005). Ka huakai: 2005 Native Hawaiian educational assessment. Honolulu, HI: Pauahi Publications.

[8] Kekuanaoa, High Chief Mataio. (1862). President of the Board of Education.

[9] Maaka, M. J. (2001, April). Teacher education for a Hawaiian community: New directions. Paper presented at the Annual Meeting of the American Educational Research Association, Seattle, Washington.

[10] Maaka, M. J. (2004). E kua takoto te manuka tutahi: Decolonization, self – determination, and education. Educational Perspectives, 37 (1), 3 – 13.

[11] Maaka, M. J. (2007). Senate 1784, 2007 State of Ha-

wai? i legislative session.

[12] National Organizing Committee of the World Indigenous Peoples' Conference on Education (1993). The Coollongatta statement on Indigenous rights in education. Coollongatta, Australia: Author.

[13] Pukui, M. K. (1983). ōlelo no eau: Hawaiian proverbs ad poetical sayings. Honolulu, HI; Bishop Museum Press.

[14] Smith, G. H. (2004). Mai i te maramatanga, ki te putanga mai o te tahuritanga: From conscientization to transformation. Educational Perspectives, 37 (1), 46-52.

[15] Smith, L. T. (1992). The dilemma of a Māori academic. Paper presented at the joint meeting of the New Zealand Association for Research in Education/Australian Association for Research in Education, Geelong, Australia.

[16] University of Hawai? i at Mānoa. (2002). The University of Hawaii at Mānoa strategic plan: Defining our destiny. Honolulu, HI: Author.

（译者：高霞，女，云南楚雄师范学院外语系副教授）

5. 做研究首先做人

——关于民族教育研究的思考

巴登尼玛

（四川师范大学）

在教育科学研究中，长期以来存在着一个问题：如何认识与利用前人的研究成果及理论；如何认定研究对象与定位研究者三方面的关系。虽然许多研究成果中没有直接提到这三者之间的明确关系，但却实际地从其成果的字里行间反映了研究者对这三个方面的认识与理解。对这个关系理解的水平和处理方式直接决定着研究层次或水平，本文将对此三者关系作较明确的讨论。

一、当前教育科学研究中存在的问题

多少年来，在教育科学研究中，总有人喜欢说："我是站在××科学家的观点上进行研究"或"我是基于××科学家的理论进行的研究。"但事实并非如此。人们的研究虽然借用了前人或他人的理论或学说，但其观点与研究目的总是由研究者自己的需要与目的来引导的。由此，我们在研究中总是存在着一些很难克服的问题，归纳起来，主要有下列几个重要方面：

第一，对教育这个概念的定义的不清楚直接影响教育科学研究的深入与教育学学科的建设。对教育概念下定义，实际上是对教育本质研究的高度概括，而许多研究仅仅是将前人的定义做一个总结、归类，再做一些评价和推理，然后便给出了自己的定义。按照这种方法自然就把教育本质的理解简单化了。教育研究无非就只能在"工具说"、"社会要求说"和"儿童自主发展说"这三种学说所限定的范围内思考教育，教育研究就自动地被囿于研究者所划定的牢笼中了。教育管理、教育发展、教育主体、教育客体、教育目的、教育方法或手段、学校教育的各方面、课程与教学、教育评价等等都自然地被画地为牢了。

这里略举一例，目前在国际上兴起的教育研究的一个很重要方面："多元文化教育研究"，在我国目前许多人只理解为"民族教育研究"。在上面思路的限制下，许多业内人士便一方面认为这是一个很重要的研究领域；另一方面又认为这不是主流研究，不需要有深厚的学术功底和坚实的理论修养，因而从事民族教育研究的人也就不在乎自己的研究与学科主体之间的关系了。我们可以简单地举几个例子：第一个定义："广义地说，民族教育是研究跨文化教育一般规律的一门学科。所谓的'跨文化'教育，也就是指对具有不同文化背景受教育者的一种教育，狭义地说，是指在一个多民族的国家里对少数民族受教育者的一种教育。"① 在这个定义的规定下，民族教育的主体便是多民族国家中的多数民族，而教育的客体便是少数民族中的受教育者了，如此而来，其教育目的、内容、方法、原则，以及学校的管理、办学思想、方针等都清楚了。第二个定义为："在我国，少数民族教育就其范围来说，是指对汉族以外的55个少数民族所实施的教育。"② 这个定义比第一个定义更简单，更明确地表明了在我国，民族教育还处于一种起步阶段。

第二，没有自己的研究方法。如果我们仔细分析一下众多的研究成果，无论是论文还是专著，我们都会发现，在其研究中除了简单地使用历史评价或资料整理的方法外，我们很难发现研究

① 孙若穷主编：《中国少数民族教育学概论》，中国劳动出版社，1990 年，第 12 页。

② 杨昌江：《民族教育改革与发展》，湖南师范大学出版社，1998 年，第 20 页。

者自己所拥有的独特的研究方法。这就使研究总是停留于浅层的批判、说教或简单的个人推理。这里所用的个人推理，是指研究者在个人理解或臆想的情况下的推演，而不是基于雄厚的科学研究理论所做出的结论，所以研究成果很难对学科建设或他人产生影响。这直接影响到国家民族教育事业的改革与发展，无论是国家有关的政策、法令所需要的评估性研究材料，还是关系到未来的预测研究都不能像内地汉族地区那样令人满意。当然，目前的研究也存在一些统计法和问卷法，但其数据统计还只限于学生入学率、辍学率或升学率方面，问卷的问题也多限于研究者本人对民族教育理解的范围之内。民族教育研究也同一般教育科学研究一样，可分为基础研究、应用研究和开发研究，但与之相适应的研究方法还没有建立起来。

第三，许多研究的目的与其说是为了探索规律，实际上是研究者潜意识中的欲望追求控制了整个研究，其研究成果就不得不受到社会的各种干扰。如有些研究者往往是出于为了迎合自认为能提高自己身价的人的口味；或完成发表或出版的任务；或为争取自己的地位；或发泄自己的不满等目的而发表研究成果的。大凡为了自己在奋斗生涯中获得管理部门或上级领导欢心，从而在仕途上获得地位的研究者，其研究目的自然受仕途这一目标的制约，其研究方向与成果主要限于对××伟人或领导的教育指示的解释和修饰。当然经过这些研究者们的解释和修饰，其伟人对教育的指示或语句会变得更加精辟，同时在整个教育事业中也起到宣传和推广的作用。对这种研究的优劣结果目前还不能做出评价，因为教育事业所导致的后果不是一下子就能表现出来的，一般要在接受学校教育影响的儿童成年后才能给出事实答案。为了完成发表或出版目的而研究者，实则为了增加成果数量，争得职称或学术虚名。在这种目的驱使下的研究也只能是低层次的，其研究的成果形式五花八门：一段时间可以是素质教育；一段时间又变为高等教育；一段时间又成为教学论研究；一段时间又是领袖教育思想研究的史学研究；甚至于有些人还抄袭别人的成果。

研究目的的浅薄自然导致研究质量的低下，这种情况长期以来制约中国教育科学研究的质量。尤其是当学术与仕途结合在一起时，科学只好让位于权力，科学研究便成了权力行使的助燃剂。当然，如果再加上千年来的封建专制意识与“教育必须为生产劳动服务，教育必须为政治经济服务”的目的论相结合，那么中国学校教育的任务就只能囿于政治与经济了，就很难将教育放在人类、国家、民族生存意义上来行使了，就很难接受教育是人类生存所必需的活动，其功能是保证人类的存在并不断改善和提高其生存质量的教育理解了。

二、研究者与前人的理论成果的关系

关于研究者与前人已有理论成果的关系，我们许多人认为自己是站在前人研究的基础上进行研究的。其实，这种说法并不全对。人文科学研究、社会科学研究与自然科学研究的差别也在于此。自然科学研究的对象是客观自然界的诸种现象及其规律的科学，而人文科学、社会科学研究的对象是人自己，要复杂得多。自然科学研究主要受制于客观事物的自然性，人类对这个自然性的认识是一代代积累起来的，这种积累更多地表现为公式、定律、定理等成果。所以自然科学研究者可以说自己的研究一定是在前人研究成果或理论的基础之上，面对自己所锁定的问题进行研究的。而人文科学与社会学除了了解和掌握前人的研究成果和理论之外，还受到研究者自身各种欲望的约束。

人文科学是主要研究人类的信仰、情感、道德和美感等的各门科学的总称，包括语言学、文学、哲学、考古学、艺术史、艺术理论以及具有人文主义内容和运用人文主义方法的其他社会科学等。

社会科学简称社会学，主要研究人类社会要素、结构及其运动规律的各门科学的总称，包括社会的政治、经济、文化、宗教、道德、历史等，与人文科学有极为密切的联系。事实上，许多人并没有明确地将社会学与人文科学作明确的区别。但有一点需要指出的是：人文科学更重视人性的研究，即重视研究如何理解人、重视人、尊重人等方面；社会学侧重以社会整体为研究对象，强调的是一般社会现象和“社会事实”。社会学研究对象还包括对个人及其社会行为的研究。①

三类科学中，自然科学的客观对象性最强，普通的研究者一般都将其研究对象完全作为客体，只有达到相当高度的研究者才开始领略到客观性之中仍然含有同人性一致的崇高的生命价值性。社会学的客观性仍然很高，研究者们往往把人类社会看做是客观事物的一种特殊形式，所以在研究过程中，研究者本身与研究对象的主客体界限非常明确，其研究仍然是冷冰冰的。人文科学研究对人性理解的要求最难，该学科划分出来的目的本身也是为了将人类科学研究中对人性提升与人的解放方面的研究明确出来，以提供各种科学研究之终极目的。

教育科学的性质决定了其研究首先要涉及人文科学，这是解决教育本质、教育观点、教育理念的基本要求，是理解人、理解教育功能、理解学校教育目的的基点，所以人文科学是研究教育最基础、最重要的起点要求。教育科学研究还涉及社会科学，这是解决教育与社会其他各种现象的关系问题，教育与政治、教育与经济、教育与法律、教育与管理等，这是教育事业顺利实施和发展的必须工作。教育科学还涉及自然科学，这是教育活动必须顺利完成人类文明成果选择与传递的工作，任何学科的研究成果

① 参见王康主编：《社会学词典》，山东人民出版社，1988 年；《中国大百科全书》（哲学卷）。

都必须经过教育来选择、组织与传递，自然科学就是这样积累与发展起来的。

虽然教育科学研究必须基于人文科学、社会科学和自然科学，但不等于现实研究就是完全是在前人研究基础上的叠加。由于教育科学的人文要求，所以其研究一定是先建立在研究者已经形成的带有对价值的基本判断和行动介入的领域之内，而这种判断的价值源头是研究者自己的需要所决定的。通常情况下，研究者受到下面几个方面的影响或制约：

第一，研究者所享受的文化制约着或影响着研究工作。每个人都是一定文化的产物。人的生命一旦产生，就一直面对着沸沸扬扬的文化世界，很难说胎儿在母体内没有受到本族文化的影响。母亲的起居习惯、情绪变化、食物结构、劳动强度等不可能对胎儿没有影响。人一出生就置身于现实的本族文化的包围之中，从襁褓而孩提，从发育及青春，从求偶到结婚生子，以至老年，都跳不出本族文化的异质外壳的笼罩。哺乳方式、成人礼、结婚仪式以及葬礼等无不是文化的具体表现形式。生活中的人总是受到各种赋有文化意义的基本训练，这样的训练难以言传，但却十分确定。文化模式熏陶下的每个人都在下意识里形成了这样一种意识：事情就该是这样的，一切都得像这样去想、这样去做。研究者也是人，当然逃不出自己成长并享受的文化影响。虽然研究者们总是力求避免自己文化对研究工作的干扰，但其文化所使然的信仰、由信仰所使然的价值、由价值所使然的行为无时不在，无时不有。研究者的视野、质疑的问题、预想的答案、假设的相关要素等都逃不出研究者个人囿于其文化的框架中。无论研究者接受了多么高的教育，但其终极判断水平总是由其心路在不同时期的教育所成就的价值历程所决定的。无论谁，不管其水平有多高，也不可能包容人类全部的文化智慧或生命价值的理解。所以，任何一位研究者的研究都只能是“在带有对价值的基本判断和行动介入的领域内"① 来进行的。这种情况在民族教育研究中表现得尤为突出。

第二，研究者潜在的目的与追求直接影响研究。文化模式出来的每个人所构成的由内在的价值到外在的行动之间的结构关系应该是这样的：

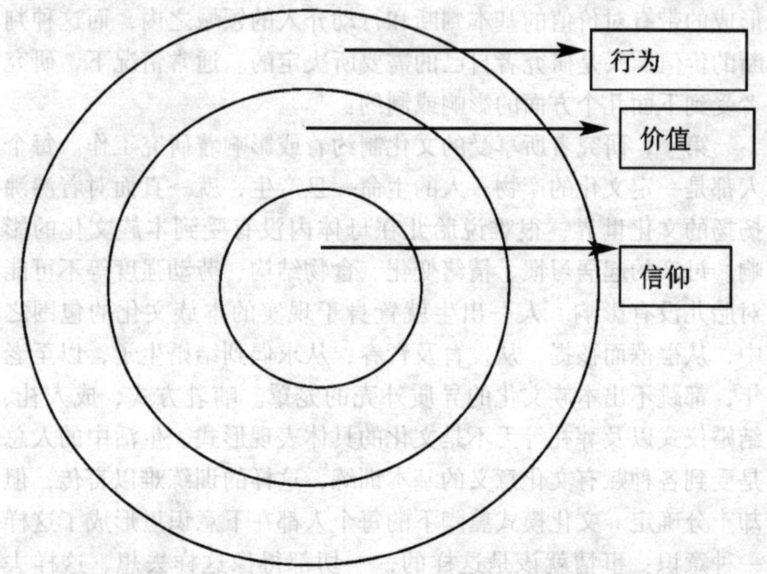

人的心灵深处埋藏的是这个人从小就为其民族文化所解答的对生命问题的答案，也只有这种回答人的生与死的答案才能称之为信仰。信仰的产生最早源于儿童六七岁时对死亡的恐惧所提出的问题："他或她死了后去哪里了？" 回答这一问题可能是直接的，也可能是间接的，但都是来源于儿童周围的由其文化所塑造了的长者或朋友。生命的答案告诉儿童的不仅是人死后的归属，

① ［瑞士］让·皮亚杰：《人文科学认识论》，中央编译出版社，1999 年，第 19 页。

更告诫了儿童“生命的意义”，由此便在儿童心灵里衍生出对外界事物“与生命需要相接近、满足或一致”的价值观念，再由此衍生出“真、善、美、假、恶、丑”等使用价值，并以此价值来指导自己的行动和评判事物。

研究者研究的目的与终极追求也是在其价值判断的影响下做出的，是受其自身文化价值的限制的，这种限制也许是显性的，也可能是隐形的、下意识的，但其目标总是指向其符合自己文化价值的方向。这就难免与研究对象所在的文化价值之间形成矛盾或不一致。

第三，研究者工作的视角制约其研究。研究者的视角往往来自于研究者所掌握的学科知识。学习自然科学的研究人员，往往用自然科学的方法来审视研究对象，把人的研究作为完全的自然客体，用公式和数据来表达、来判断、来结论，这样就掩埋了活生生的人性，或者说把充满情意的人类世界看做是冷冰冰的纯自然物的世界。人的希望、人的寄托、人的追求等都变得索然无味，人的关系也就只能是赤裸裸的物的关系、金钱关系或者是权力的等级关系了。民族教育的关系当然也就成了先进与落后的关系，施教与受教的关系、施恩与感恩的关系了。当然，在教育研究中不可否认要用到自然科学研究的某些方法，如统计、问卷、测量等，但这只能是在研究者对人的理解层次的基础上进行的。研究者人文修养或对人理性认识的高低决定着其对自然科学研究方法的有效选择与运用。甚至于自然科学教育教学的具体方法、课程制作等也都是在研究者对人的爱的基础上来展开的。

社会科学研究的对象决定了其在教育研究中主要针对如何提高学校教育的效益，如何使学校教育发挥其人类教育活动的最大、最优的功能。因为社会科学研究的成果和内容向研究者提供了人类社会中教育活动与社会诸要素之间的关系的认识成果，提供了学校教育实施过程中社会诸要素的制约原理，帮助研究者建立起教育在社会进程或发展中的地位和作用的基本观念。但如果研究者没有分清教育与学校教育，或者说自在教育与教育事业之间的关系，仅仅以教育事业来取代教育的全部内涵，那么就只能将教育置于社会的某个要素之下，或数个社会要素之下，这些要素包括：政治、经济、宗教、自然科学技术、法律等等。教育研究就只能在某个或几个社会要素所涉及的范围内进行逻辑思辨，其成果和教育事业也就不能上升到人在大自然中不断保持并改善或提高其种群的生存与生存质量的高度了。

教育研究的起点应该是人，研究的终极目标也是人，是人的生存与生存质量，所以，人文科学是教育研究的首要基础。从文学和美学中研究者了解人类对自己的批判，了解人类自身的追求和希望，了解人对完美的理解与求索。在历史学中了解人类的故事，知道人类自身的错误与遭遇，去分析、总结人的弱点与缺陷，并从中去领悟终极价值。人与自然的关系，人的生命价值、意义与人类在整个生命链中的位置等都是从人文科学成果中领悟的。就此而言，教育科学研究者的人文素养是其研究的基础，关系到研究的起点与目的，显性地或隐性地制约着研究者选择其研究方法，从而决定着其研究成果的科学价值。

第四，前人研究成果与理论是研究者所必须掌握的，但不是其具体研究的依据。不容置疑，每个研究者都是经过长期学习、训练的，经过不断的修养后达到了能够从事科学研究的程度。研究者在自己成长的过程中选择学习本学科领域内已有的研究成果，体会这些成果中所隐含的过程、理念、研究方法与条件，同时研究者也评价这些已有的研究成果之不足。在享受前人研究成果方面，相对于社会科学和人文科学，自然科学更为严谨。在许多自然科学领域，前人的研究成果是由定理、定律和公式来表达的，后人的研究是立足于这些已经攻克的成果基础之上的。这也是自然科学的特点，因为自然科学的研究对象是完全的客观自然物，与人类社会和人性理解方面的很大区别就在于自然科学的研究对象具有相对的不为人的意志所左右的客观性。

社会科学和人文科学相对于自然科学则更容易受到人的主观意志的左右，在人类历史上总是存在着话语权的现象。这种话语权要么是宗教，要么是政治权力，要么是金钱。当一个社会中这三种要素中的某个要素占统治或主要地位时，整个社会都受其影响，就有一批社会学、人文学的研究者为这个要素的统治地位寻找依据或歌功颂德，当然这个霸权要素也会专门寻找和培养自己的维护者。虽然如此，人类的生命基因中仍然含有自身的免疫或抗病机制，这就是那些人类的精英——追求真理、追求人道的社会科学家和人文科学家。这些科学家中外都有，他们的研究成果虽然也带有一定的历史烙印与局限，但毕竟代表了人类对自身理解与反省的成绩。从某种程度上说，这些思想与成果引领或规范着人类历史来到了今天。一代代科学家的研究所组成的正是人类文明的心路历程，其中隐含了多少酸甜苦辣与腥风血雨。他们的成果与理论是当代研究者所必须学习的，这个学习过程本身也是人研究自己的独特方式。研究历史就是研究自己，在这种研究中提高自己的修养，建立自己的人观、自然观、时空观。

教育科学的性质决定了其研究者必须具备在人文成果的学习中获得的对人类的理解与爱的基础上建立起的价值和观念，从社会科学和自然科学的学习中掌握到的研究方法和理论认识水平，然后才能选择有意义的研究对象，展开研究。那种声称自己的研究是站在前人的理论上进行的说法是不全面的。就教育科学而言，前人的研究是前人面临前人时代的问题，当代的研究是当代的问题，前人的问题与当代的问题可能有关系，但绝不等同。那种借用几句前人的语言就自誉其研究为前人研究之发展或深化的说法是荒谬的。

三、做研究首先要做人

教育作为人类的生命行为是人类生存并提高其质量的活动，这一性质决定了教育研究涉及人类生存的全部内容，是多层次多维度的，要求其研究者达到比单一学科研究要求更高的境界。这个境界不仅是一般的研究方法和对已有理论的了解，更重要的是对人类的爱与责任。所以，教育研究者的首要条件是做人，只有先做好人，才有好的研究。

研究者的目的源于对人的爱与责任。每个研究者都是带着自己个人的目的从事研究的，尽管人们已经发现这个问题，并提出了许多方法去避免研究者自己的小目的不要控制或干扰理想的“大目的”，提出了质的研究等方法，但事实上绝对解除研究者所携带的小目的是不可能的。笔者认为，研究者只有最大限度地理解人的生命，理解人的弱点，理解人的优点，理解人的终极目标，才能建立理想的教育信念。正如马克思在研究中首先要建立理想社会的假设——共产主义一样，教育研究者也需要建立理想的教育形态。尽管许多的研究者并没有在其研究成果中明确地指出这点，但事实上其研究总是在研究者所建立的教育价值认定的基础上进行的。同样也只有建立了自己教育价值的研究才算是自己的研究，否则，其研究不过是做文字游戏或帮助粉饰别人的观点，或者是对教育事业的某些感受而已。

从教育研究的历史发展来看，所有的教育科学家的研究或实践都是基于自身所建立的对教育理解的理想假设。赫尔巴特是这样、杜威是这样、陶行知是这样、晏阳初是这样、雷沛鸿也是这样。这些教育科学家或实践家都有自己的思想，这些思想是他们经过长期的学习和修养后形成的对人的理解。当然，他们的这种理解一方面要充分学习前人的成果与理论，但这种学习的结果最终必须内化为他们对人的信念与人类社会的观念。在这种内化过程中，自然有这些研究者自己所处时代的因素和他们自身生存空间和文化诸因素的作用，甚至这些因素起着做人基础的决定作用，告诉他们何为人的生命、何为人生的价值、何为人的幸福、何为理想的人类社会。当然后来他们从书本上或从学校中学习的经典理论或前人的研究成果对他们进一步提升或修正自己的世界观也起到不可或缺的作用，但没有其生存空间之文化的基础，即成为人的基本条件，就没有他们后面的成功理念。

做人是所有研究者成为教育科学家的基础。只有做一个好人；做一个理解他人、理解在不同环境中生存的人；理解人在整个生命链中的地位；理解个人与社会，个人与国家，理解个人思想的渺小与人类文明的博大之关系，理解传统与未来，理解个人万岁与民族永存的真与假；理解权利与平等；理解名利与幸福等，才能成为一个真正的教育科学研究者。

也正是这些建立在研究者充分理解与享受人类文明基础之上的做人理念，才有那些教育科学家后来的研究与成果，而不是简单地将前人或别人的理论或成果进行照搬的结果。同样，我们今天的研究也必须起步于研究者对人的理解的基础之上。没有对人的理解，其研究就是没有灵魂的研究。

研究者对已有理论的学习将进一步提升对人性的理解。前面已经提到，掌握前人已有的研究成果和理论是教育研究者所必需的，因为研究者在学习的过程中实际上是对自己原有的修养和水平的进一步补充，也会对原有的对人的理解的基础上进行修正和升华。学习的过程便是一个拓展视野，了解前人和他人研究领域、研究目的、研究的问题和成果的过程。在这个过程中，学习者便逐渐形成了与前人和他人相互沟通的思想过程，从而使自己的概念与大家公认的概念接轨，达到能与同行切磋、对话的境地。当然，也是通过学习，研究者逐渐了解到前人和他人的研究方法，并渐渐领悟这些具体研究方法后面的指导思想，并与自己的思想方法进行比较，检验学习内容，充实自己，制订出适用于自己所研究的问题的专门方法，从而展开自己的研究。这个过程是研究者自我修炼的艰苦的心路过程，是进一步批判自己并判断别人和前人思想的过程。

当然，现实中研究者常常引用前人或他人的研究成果或话语来充实自己的研究，用别人的话语来表达自己的理论或思想，以让读者了解本研究后面有雄厚的思想基础。但我们应该知道，无论研究者引用的话语是多么伟大的前人或多么著名的他人，但要表达的总是自己的思想，这些引用不过是佐证材料或表明自己思想的形成过程而已，决不是研究者就是完全站在被引用者已有的基础上的研究，更不能说明研究者就是比被引用者更加高明。同时，在研究者引用前人或他人话语时，不可否认地存在对前人或他人的话语的断章取义情况，这就是当前的研究者自己思想和研究目的驱使的结果。

所以，就教育科学研究而言，其研究水平的高低不是研究者引用多少名人或重要人物的语句，而是研究者自己思想水平高低的展示，是研究者对人理解的水平；对人性理解的水平；对人的善与恶的理解水平；对人类的爱并如何实现这种爱的方法理解水平。总之，所有的研究都展示着研究者的人类信念及其责任。

结论

怎么做人就怎么做研究，做人的水平决定研究的水平。人们都同意，研究是批判，是对人的问题的寻找与解决问题的方法的寻求。研究的批判是为了优化，不是为了攻击。研究的终极目标是人类质量的不断提高。如果研究仅停留于研究者物质需要所控制的个体欲望——名誉、地位、权力、金钱，那么这种研究就只能是自我牺牲，小肚鸡肠。研究者只有将自我置于人类生存的大我之中，研究才有价值。研究水平提高的过程便是研究者做人的水平提高的过程。

随着科学的进步，人们又提出了“质的研究”方法，发现“质的研究是以研究者本人作为研究工具，在自然情境下采用多种资料收集方法对社会现象进行整体性探究，使用归纳法分析资料和形成理论，通过与研究对象互动对其行为和意义建构获得解释性理解的一种活动”。① 这是一个很大的进步，但要将研究者本人作为研究工具，就必须知道在研究中是什么东西使研究者成为工具的。这个东西不是别的，就是研究者自己的人生观，自己做人的水平，自己对人类爱的理解和追求其实现的信念。正是研究者的这些修养程度将研究者自己在研究中确定其位置，确定其自己与研究对象之间的“间距”与“间性”。

本研究虽然列举了许多我国民族教育研究的例子，但实际上该问题并不限于民族教育，而是整个教育研究。本人衷心地希望，我们教育教学的研究要立足于人类而不是立足于研究者自我；立足于民族而不是立足于领袖；立足于民族、国家的命运而不是立足于权力；立足于文化而不是立足于某个要素。

---

① 陈向明:《质研究方法与社会科学研究》，教育科学出版社，2000 年，第 12 页。

第二编　个案研究

据不完全统计，世界上有2000多个民族，大多数国家是多民族国家。总体而言，这些国家的大多数少数民族和原住民，无论在政治地位上，还是经济条件上都处于弱势地位，他们的语言、文化及其传统知识濒临消失。由于各国的制度、历史发展、文化格局和民族关系各不相同，他们在发展原住民及少数民族高等教育方面具有很大的差异，即使是在同一个国家内部，各个民族教育发展的水平和质量也表现出很大的差异。这样一来，个案研究对于正确认识不同原住民及少数民族高等教育的发展问题，提出有针对性的改革建议就显得十分重要而珍贵。本编由5篇个案研究论文构成，他们分别是新西兰毛利人通过高等教育培养研究能力的个案、中国少数民族高等教育民族地区院校办学实践个案、中国少数民族高等教育民族学院模式个案及多民族多文化地区少数民族外语教育个案研究。

6. 通过高等教育培养研究能力
——新西兰毛利人的案例

Linda Tuhiwai Smith
（新西兰怀卡托大学）

在知识经济中构建研究能力是发展中国家、高等教育机构以及少数民族和原住民所面对的许多挑战之一。“经合组织”OECD（2001）认为：高深知识（用毕业率来衡量）会成为知识经济的推动因素。对于土著社区来说，融入21世纪的知识经济要求加速高等教育的发展，从而拓展他们智力的广度和深度，并为土著社区参与知识经济提供“制高点”（Gladwell，2001）。构建研究能力这一术语蕴涵于诸如知识经济、全球化以及我们经济的未来发展等话语当中。在新西兰背景下，构建研究能力被看成一项检验高等教育和科技改革的重要政策战略。由于意识到源于发展可导致经济利益，因而将知识创新、知识方法和知识体系置于更加需要和更有价值的位置，这一观点已经或者正在成为一种主导话语。这篇文章把构建研究能力以一套非常不同的规则置于新自由主义程序中，这套规则隶属或超越新自由主义框架，深深嵌入新西兰社会当中。本文陈述了毛利研究者在最近20年获得的关于培养毛利人研究能力的知识，指出了一些挑战和未来的可能性，以实用的角度论述了培养研究能力问题，并期待在进一步讨论中涉及多重张力以及关于知识的本质、社会中学术团体或本土的、少数民族知识分子角色的讨论。

一、向过去学习

世界各地的土著族群已经表达了他们对“研究和研究者的问

题”的担忧甚至愤怒。每个土著族群大概指向一个已经被该族群激烈反对的特定研究（或研究者）。对于研究的批评在20世纪70年代的西方主流社会十分盛行，同时土著政治激进主义也重申了自己的主张（Langton，1981，Eidheim，1997，Smith，1999，Humphery，2000）。从许多土著观点出发研究的历史深深根植于殖民化当中。它被认为仅仅是殖民化的工具而不是一个对未来的发展，尤其是重建基于我们自己知识、经验、表征、想象和认同之上的学术权力体系的潜在能量。对于土著和其他土著社区来说，研究根植于我们被西方科学和殖民主义视为原住民的历史当中。研究是一个辩论的场所，不仅仅在认识论和方法论的水平上，还在于其作为和权力紧密联系的有组织的学术活动这一最广的意义上。随着更多的土著和少数民族学者加入学术工作，参与研究方法论讨论和对社区研究的争论（Bishop，1998，Humphery 2001，Worby and Rigney，2002，Pidgeon & Hardy Cox，2002），随着土著社群和族群的全球流动以及参与全球化、教育系统、自治权和新科技发展等相关的话题，对研究的怀疑和反对慢慢地变化。

土著人也习惯了被研究，让他们的文化被“保存”或他们的人民接受外来者的“帮助”。这些外来者然后成为他们世界、历史和认同的学术权威。从这个意义上来看，可以说，非土著学术通过将土著知识系统及在其之上的土著权威体系边缘化，而统治了土著世界。最近，这种情况由于土著研究者的工作，有了小小的改变，其“不仅仅解构了霸权研究方式及其权力关系，还缓和以及重建了新的研究方法论和视角”（Rigney，1999）。这个转变是意义重大的，使我们自己从所有研究的被动的受害者位置，转而成为在研究领域反西方霸权的积极行动者。这一转变的情形已被人们熟知，而且它不仅仅针对土著族群，许多同样被边缘化的族群也有相似的对他们生活中的研究作用进行批判性发现的历史（Moraga and Anzaldua，1983，Mies，1983，Hill Collins，1991，Sedgewick，1991，Ladson – Billings，2000）。这一转变对于主流的科学研究范式的认识论基础提出了许多挑战，也预示着反霸权活动的发展。毛利和土著研究者在以原住民视角探索殖民主义、性别、种族、阶级差异的交叉领域以及反对殖民和压迫的体系方面发挥着重要的作用（比如 Trask，1986，Te Awekotuku，1991，Hau' ofa，Helu Thaman，2003）。

二、向去殖民化学习

"去殖民化"一词来自于第二次世界大战后前欧洲殖民地的政治上的去殖民化。然而，正如殖民环境下的学者们所言，去殖民化绝不仅仅限于改变政治制度——它必须推翻殖民主义带来的心理的、文化的、社会的和创造力方面的影响。去殖民化的研究最终是要为满足土著需要、提出和解决对土著社区有重大意义的问题。高等教育机构是产生研究能力的主要机构，所以高等教育的去殖民化是一项重要的工程。高等教育的去殖民化涉及不同场所的多个工作层次，包括在其新老体系中揭露和解构帝国主义和殖民主义，同时寻求主权独立，寻求知识、语言和文化的发展，以及寻求制度性社会、政治和经济问题的解决办法。高等教育的去殖民化与制度和政策的改革相关，需要我们与非土著研究者合作，发展出构建研究的战略手段，使研究为我们服务而不是反对我们。它需要土著研究者去工作、制作文本、领导和指导其他人去参与和分享。它强调并促成学术团体、多样化的土著社区和去殖民的大规模政治斗争之间的联系。但这并不意味这些联系已经曾经或将要变得十分和谐，何况所有的纷争都是为改善土著族群处境的改革议程提供了最好的可能性。土著研究也需要一个超越所有"琐碎事件"的议程。它能使更广、更内在的精神得到清楚地展现，为土著学生和社区从事自己的研究工作提供指导和可能性，达成不同形式的合作，保护批评和对现状质疑，也鼓励对认识、分析和思考问题的新方式进行质疑。

研究不仅仅是在一个较高的道德和文化水准上寻找知识。研究是一套复制特定社会权力关系的人类活动。去殖民化研究不仅仅是对研究方法论的挑战和改进，而且它是一个更广泛的和有目的的方案，用来改革研究制度、深层基础结构和既有的组织、执行和传播知识的途经。借用赛义德（E. Said）的观点，研究也可以描述为“合作机制”，这一机制已经做出了关于土著人的陈述，认为他们为我们的“观点提供合法性”、“描述我们、教育我们、使我们安定并统治我们”。这一合作机制及其认识论基础都需要去殖民化

三、构建研究能力：培养人

对于毛利人和土著人来说，问题之一是如何突破研究的主要障碍，这个障碍就是教育。尽管可以鼓励和提倡社区研究者进行社区研究，但是，“合作机制”是国家和政府感兴趣的并可能予以资助的研究。合作机制从学术机构特别是研究生中物色研究者。当我们新西兰毛利人和土著人学生中有很大比例的低学业成绩者时，我们就缺少了研究能力的最基本因素。也就是说，可持续发展的研究人力资源，是通过教育实现了从早期的研究学徒，到副研究员再到骨干研究者和小组负责人，然后进入领导者的职位。这一过程始终建立在由研究管理、基础设施、资助制度、激励和奖励制度、利益分配、课程发展和社会变革等构成的基础之上的支持。

（一）个案研究一：

在毛利人的教育中，尽管强调入学、过渡性课程和本科教育，但是在20世纪90年代，尤其是在Auckland大学，实行了一个重要的战略，就是将研究生教育摆在优先的地位（Smith,

Smith, Jones and McNaughton, 1990)。研究生教育占优先地位的原因是为了要培养一代学术领导者。他们可以指导、带领年轻的学生，做他们的榜样，甚至将他们领进大学。这一战略是违反直觉的，因为它与当时人们的普遍常识相违背。研究生拥有课程选择权，第三等级本科课程给学生一个信号，那就是在本科教育范围之上还有更高选择，并且告诉他们毛利人可以达到这个水平。在本科和研究生之间设有不同的教育策略帮助学生更好地过渡。其中一个重要的策略就是将学生们聚在一起，彻夜交谈，最近完成学位的硕士生跟本科生谈最近的研究并把论文给本科生看。当然，研究生要做的工作多一些，他们还要将其如何进入大学、怎么促使他们继续学习和在这条路上什么是必须具备的东西告诉本科生。这些真实的故事关系到许多其他学生的命运，并且使他们没有借口放弃他们的学位或者放弃继续深造。这些关于研究的故事达到了另一个目的，即说明教育能够改变人，使毛利人做研究成为可能，推翻了很久以来关于研究是需要天赋的，研究依赖于方法论，研究的重要性和相关性以及它对家庭和社会的影响这样一种消极说法 。在 1988 年，从 Auckland 大学毕业的研究生只有 6 个毛利人，到了 1999 年已经有 50 多名毛利人毕业于 Auckland 大学获得硕士学位，还有 6 个毛利人获得了博士学位。在今天的制度环境下将这一过程称作“前后辈制”（Tuakana - teina）或者“指导制”(mentoring)，但在20 世纪90 年代早期，它被称作“哲学实践”(Kaupapa) 或者“毛利哲学”(Kaupapa Maori)。这只是在当时制度环境下发挥作用的策略之一。但是在当时它是与人们的直观违背的、是策略上的，它在学术舞台上发挥了重要的作用。结果产生了一批学位论文、出版物、一项研究计划、一所研究机构和遍布不同学科领域的研究领军人。

（二）个案研究二：

Graham Smith 教授提出的第二个战略已经在 Auckland 大学开

始实施。这个战略已经成为由毛利研究卓越中心负责的全国性和国际性项目（Nga Pae o Te Maramatanga）。这是 MAI（毛利人和土著民）博士支持项目。这个项目使每一个毛利博士毕业生认识到他们将在社会和社区里扮演的特殊角色。目前高等教育的典型问题之一，就是来自于乡下和来自于部落的本科生通常在大学毕业之后就不再返回家乡。即便他们返回家乡，他们在很多方面有所改变，远离了当初的土著身份。这个项目的主要目的就是培养具有批判意识的毛利知识分子领导者，以推动社会变革，通过一系列策略把毛利学生聚集在一起，并且提供一个包括沟通技巧、写作能力、领导能力、组织能力和职业规划在内的并行课程。

这个项目支持不同学科领域的学生，同时使他们彼此相连，使他们和他们的社区相连。项目通常由一个土著学者领导，并提供相应的行政支持。学生们定期会晤，向同伴汇报自己的进步，增加身份认同，并在信息、策略、技能方面寻求团体的帮助。如工程学院的学生掌握着很强的电脑技术，能够像艺术设计专业的学生一样，很快教给大家如何去改进幻灯片制作技术。这在小组活动中经常发生。MAI 聚会在组织时倾向于契合毛利文化过程。它组织全国性论坛、讲座、年会以扩展他们的社会网络关系，让学生认识来自不同机构的土著学者，与兴趣相同的其他学生互相交流，还可以结识同部落、同社区的学生。MAI 项目的毕业生将步入领导岗位，拥有广泛的社会网络，具有厚实的文化背景，清醒地意识到自己应如何为毛利人的发展和新西兰社会做出贡献。

不是所有的研究生都会继续进行学术研究或是成为一名出色的研究者，但是对继续从事研究的人而言，需要一批研究生形成一个学术同行和批判者的团体。前 10 年里，多数毛利人研究进程使毛利研究者的团体，或者一大批具有批判意识的研究者得到成长，尽管他们来自不同的学科，采用多样的方法进行研究。所谓“毛利人理念”（Kaupapa Maori）项目一直在有目的地致力于培养毛利研究者和制订战略性方案，以挑选那些有利于毛利人实质性地发展研究潜力的领域，如毛利教育环境、毛利政策领域和毛利教育学。这一项目不仅仅局限于这些领域，并且提出，在这些毛利人认为理应是生活一部分的活动中，毛利人至少应该拥有一些学术权威。这一战略在健康和其他社会研究的领域内得到强化，受到毛利教育团体和毛利社会其他部门的支持。

四、建设研究共同体：进行对话

建设一个研究共同体是构建研究能力和研究文化的一个重要组成部分。研究共同体的目的是使研究人员之间进行沟通和辩论。他们形成一套系统使关于知识和研究的基本价值观在其中得到理解和认同，他们需要懂行的听众，他们需要领导和指导，他们需要奖励与赞扬，需要确信自己对知识的追求得到自己的家庭之外的至少一个团体的理解，需要培养学生和将新的研究带入社会系统，他们还需要知道本民族的基本文献和知识主体。换句话说，他们需要在知识、研究和学术活动中呼吸、谈论、吃喝。可以想象有这样一个共同体，一个土著研究者可以在其中就他们的思想和研究活动进行交流对话。这点为什么重要呢？试想在目前的环境中，如果人们希望在一个学术机构内就土著知识体系的某些方面用土著语言进行交流，有多少人可以参与到这种交流中呢？如果有人尝试打破机构和学科界限进行交流，那么参与的人数会增长吗？如果推介一些研究团体的专家，人数是否会增长，交流是否会在一些重要方面发生转变？

对于研究团体仍有争议的是应该尊重口头传统，还是注重对“表演”（performance）的高度敏感性，这或许是土著研究者关于研究的潜在动力、精神和智力的挑战性对话。但真正的挑战是使他们的对话能够超越单一话语，以多样的方式呈现在诸如学术期刊、书籍、报告、课程以及新研究人员和学生的工作当中。毛利研究正是在这一从口头到书面的转变中艰难前行。我们中的许多人都听过会议论文，甚至在会议中发表过精彩的演说，但却很难将其转化为出版物。

国际学术水准的严格氛围几乎没有真正顾及我们要求参与学术共同体发展的呼声，在我们无法呈交论文时，也很少有人理解这对我们来说的确是无法完成的任务。研究共同体不是写论文的团体，而是研究者应该在其中得到启发和肯定、鼓励和指导、批判和审视、反馈和归属感的共同体。进行研究对话是一种途径，使个人和小组都可以实现理念，对其进行检验和反馈；发现一种关于某个观点的新的思维方式。但是这些对话以微妙而重要的方式扩展了研究能力的构建，如作为学生论文主考、作为评审人员和裁判员、作为期刊编辑、作为会议组织者和作为研究的合作者等。

“科学共同体”是指一个尊重、理解并实施科学研究的团体，同时也是一个拥有核心知识体系、确认成就和制约其成员不规范行为的团体。这些共同体有的通过正规的道德行为准则和制度相联系，其他团体作为学术同行对学术刊物进行评阅，另一些则在编辑论文和合作项目中走到一起。所有的科学共同体在课程和对未来研究人员的培训方面都有既定的偏好。这些活动扩展了研究对话的概念。某些对话可能十分激进，而另一些则被视为对现状的简单复制。

本文认为土著研究对话将在跨学科和跨团体的研究者之间继续扩展。随着时间的推移，对话和辩论会影响其他方面的发展，这些发展能够在更广意义上维持土著人研究。

五、建立跟踪记录：培养领导能力

研究成果的发表是其完成的标志，也是评价其好坏的重要标准。能否给这个世界带来不同是其评价的一部分，但往往需要较长的一段时间。有益之处是否增多，也需要在较长时间内通过专利和技术转让来评定。

论文发表使学者们发出“要么出版，要么出局”的感慨。这是一个深植于学术制度的学术规则，并且极难改变。这个问题对土著研究团体来说，更多表现为在这个过程中我们应该如何预期，并制定战略，为研究人员创造获得研究经验和出版研究成果的空间。这通常意味着，高级研究人员需要发挥领导作用，他们招收学生，并在发表研究成果的过程中对其辅导。他们在政策层面上制定干预措施，以此来帮助土著研究，举办会议、研讨会和座谈会，并利用他们的人际网络增加土著研究者的机会。可惜的是他们必须继续作为一个活跃的研究者来表明其研究能够完成，并以能够激励年轻研究者赶上和超越自己的榜样和导师的方式进行研究。

很幸运的是，有一代毛利学术带头人依然在从事研究，发表研究成果。例如，Hirini Moko Mead 教授和 Ranginui Walker 教授即使已经退休很长时间，但仍作为作家和知识分子活跃在学术界。即使有些年轻毛利研究人员有时与他们意见相左，但老一辈的长者身份对他们是非常重要的。研究带头人来自于学者，他们在各自的专业学术领域内建立了跟踪记录。一个跟踪记录仅仅是对其表现的记录，通过出版著作获得基金、同行的尊敬、评议及研究成果来评定。它往往也被看做一个人能否管理研究预算、研究团队和主要研究项目后勤工作的记录。跟踪记录也是一个研究者经验的记录，它表明了作为一名研究人员所接受的学徒训练、在该领域或学科内建立的人际关系和对某一领域或学科乃至对社会做出的贡献。根据研究项目和研究跟踪能够展示一个研究人员已经完成的研究，并指出其研究指向何方。

表 1　构建土著研究能力的一些战略（L. T. Smith，2004）

构建土著研究能力的一些战略
教育、培训和辅导土著人成为研究者
聘用土著人作为研究者
鼓励土著人运用各种方法广泛参与研究项目
建立研究共同体和研究文化
优先发展战略
由研究团体提出研究问题
发展土著研究方法论
发展与研究团体合作的研究程序
帮助制定个人和团体研究的基础决策
培养研究领导力
建立土著研究机构
土著研究者向其他土著研究者介绍自己的研究
土著和非土著的研究人员和团体进行接触和交流
对优秀研究者进行奖励（如晋升和职业结构）
建立管理研究的业务流程
签订知识产权协议
发展知识转化机制
建立联系和机构间合作
研究成果向大众和社会转化

六、构建研究能力：研究基础设施建设

《去殖民方法》（Smith，1998）一书介绍了在大学里建立毛利教育的研究机构的情况。2004 年，以毛利研究为主的研究单位——包括大学、皇家研究机构、理工学院和毛利人大学——内外建立起来。在教育和卫生等领域毛利人的研究能力达到了相当高的水平，但它往往是脆弱的，并且分散在不同的机构里。例如

在教育方面，研究人员有着不同学科的优势，而且研究范围涉猎广泛，但如果骨干研究人员离开、生病或退休，他们的工作就难以为继。因此，在某种程度上，研究基础设施的建设比组织研究团队或发展研究共同体更重要。研究能力不为人知的另一个方面是保障研究顺利进行的研究体制和管理能力。研究机构应该把基础设施建设置于适当的地位。

表 2 研究基础设施的建设与支持（L. T. Smith，2004）

管理流程
规划进程
行政政策、程序、制度
法律和财政政策及程序
道德政策及程序
问责程序
项目管理能力
质量保证程序
职业激励如绩效和晋升政策
专业发展
空间如办公室和实验室
研究知识的途径，如图书馆
技术支持系统，如信息技术，实验室技术员

正在进行的研究活动中存在不同程度的复杂性，即使是一个较小的研究咨询业务也包含上述许多方面。长远的可持续研究和作为一项核心活动的研究都需要基础设施到位以支持人们完成任务。

探讨研究能力和研究才能时，我们实际是简单地考虑共同支持和维持研究的两个相互联系的系统——研究人员和研究基础设施。如果从社会或国家及政府层面上考虑研究基础设施，将会是一个比较复杂的问题。国家研究基础设施涉及一个民族的观念的战略方面，也是致力发展——用今天的话来说，是“创造财富”的战略。政府或国家研究基础设施与一国的社会、经济和政治目标与国力、教育系统及社会的本质相联系。比如在新西兰，政府是研究的主要资助者，通过高等教育体系，并通过研究、科学和技术体系来资助研究。在一些发展中国家，主要的研究基金机构——无论是私人，还是政府资助的——都是准备投资用于国家发展的，有一些关于研究及其对发展影响的方案。

这对土著研究意味着什么呢？从实用的角度来说，它意味着构建土著研究能力和才能在概念上几乎等同于建立人际网络、协同和合作，以及培养研究者和支持研究者在土著社区内外进行研究的体系。这将是一个巨大的挑战，最终会要求多个政府部门及可能更广泛的国际支持和投资。在新西兰，意味着要培养研究者和建立制度性系统以支持新西兰土著的研究发展，以及支持一个属于与土著世界相联系、往来期间并投身于其中的研究者们的学术共同体的发展。听起来这可能无法实现，但从日益增长的研究环境来看，在新西兰、澳大利亚和欧洲部分地区在发展研究途径方面出现明显的改变，甚至远远超出了所有的传统途径。例如，一些大规模的机构间的合作，把欧盟不同的国家联系在一起探讨诸如地球公民这类课题；在澳大利亚有研究群体和网络专门研究“荒漠知识”；在新西兰也出现了研究卓越中心、研究群体和研究单位。或许，与非土著的研究机构和部门建立协作关系是建设基础设施和构建研究能力的一个步骤。也许更重要的是培养可以引导未来的研究者与研究方案。任务似乎艰巨，但除了努力外别无选择，否则原住民将仍处在被非土著的研究者和学者统治及代表的地位。

参考文献：

Bishop, Russell. (1998). Freeing Ourselves from neo – colonial

Domination in Research: a Maori approach to creating knowledge. Qualitative Studies in Education. Vol. 11: 2. pp. 199 – 219.

Eidheim, Harald. (1997). Ethno – political Development among the Sami after World War II: the Invention of Self – hood. In Gaski, Harald. (Ed.) Sami Culture in a New Era. The Norwegian Sami Experience. Karasjok: Davvi Girji OS. pp. 29 – 61.

Hau' ofa, Epeli. (1993) ' Our Sea of Islands', in A New Oceania: Rediscovering Our Sea of Islands, eds. V. Naidu, E. Waddell and E. Hauofa. University of the South Indigenous, Suva, pp. 1 – 16.

Helu – Thaman, K., (2003) ' Decolonizing Indigenous Studies: Indigenous perspectives, knowledge and wisdom in higher education. ' In The Contemporary Indigenous, Spring, 2003. v. 15: 1, p. 1 – 19.

Hill Colllins, Patricia. (1991). Learning from the outsider within. In Fonow, M., & Cook, J. A. Beyond Methodology Feminist Scholarship as Lived Research. Bloomington: Indiana University Press. pp. 35 – 57.

Humphery, Kim. (2002). Dirty Questions: Indigenous Health and ' Weestern research. ' Australian and New Zealand Journal of Public Health. Vol. 25: 3. pp. 197 – 202.

Kaomea, Julie. (2003) Reading Erasures and Making the Familiar Strange: Defamiliarizing Methods for Research in Formerly Colonized and Historically Oppressed Communities. Educational Researcher, 32: 2 March pp14 – 25.

Ladson – Billings, Gloria, (2000) Racialized Discourses and Ethnic Epistemologies, in Handbook of Qualitative Research 2nd Edition, eds. Norman Denzin and Yvonna Lincoln, Thousand Oaks, Sage, pp. 257 – 278.

Langton, Marcia. (1981). Anthropologists must change. Identity. Vol. 4: 4 Winter, p. 11.

Smith, Graham and Smith, Linda, Jones, Alison and McNaughton, Stuart, (1990) ' Maori developments within the Education Department', in Developing Departmental structures to better reflect the needs of Maori students, A Report from HERO, University of Auckland.

Mies, Maria. (1983). Towards a Methodology for Feminist Research. In Bowles, Glora & Klein, Renate Duelli. (Eds.). Theories of Women's Studies. New York: pp. 117 -139.

Moraga, C & Anzaldua, G. (Eds.) (1983). This Bridge Called My Back. New York: Kitchen Table Press.

Pidgeon, M. & Hardy, Cox. (2002). Researching with Aboriginal Peoples: Practices and Principles. Canadian Journal of Native Eucation. Vol. 26: 2. pp. 96 - 106.

Rigney, Lester. (1999). Internationalization of an Indigenous Anticolonial Cultural Critique of Research Methologies. A Guide to Indigenist Research Methodology and its Principles. Wicazo SA Review. Fall. pp. 109 -121.

Said, E., 1978. Orientalism

Sedgwick, Eve Kosofsky. (1991). Epistemology of the Closet. New York: Harvester Wheatsheaf.

Smith, L. T. (1999) Decolonizing Methodologies: Research and Indigenous Peoples. London and Dunedin: Zed Books.

Te Awekotuku, N. (1991) Mana Wahine Maori. Auckland: New Women's Press.

Trask, Haunani - Kay. (1993). From a Native Daughter: Colonialism and Sovereignty in Hawai'i. Monroe: Common Courage

Press.

Worby, Gus. & Rigney, Daryle. (2002). Approaching ethical issues: institutional management of indigenous research. Australian Universities Review. Vol. 45: 1. pp. 24 - 33.

（译者：陈·巴特尔，南开大学高等教育研究所副教授）

7. 文化多样性视野下的少数民族地方高校发展问题思考

——以吉首大学办学实践为个案分析

游　俊

（吉首大学）

基于对20世纪六七十年代兴起的工业化和全球化浪潮而引起的单一文化倾向的反思，人们开始高度关注文化多样性问题，进而深入研究不同类型文化的差异性、合理性及其价值并进行文化选择。

文化多样性理论，蕴涵三个基本的文化理念：即文化平等观、文化差异观和文化整合观。确立文化多样性的视野，就是立足于文化生态多样性的“文化生态环境”，充分认识各种文化成果事项的平等地位和特殊价值，理解和尊重各种文化成果事项的差异特点和特色优势，推动各种文化成果事项的交流、比较与整合。在文化发展的历史长河中，高等学校的产生和发展当之无愧地被称作是人类的智慧之花和文化成果。在文化多样性的视角下，思考特定文化生存环境中少数民族地方高校的发展问题，要依循三个思维维度：即既要认识到文化多样性赋予不同类型高校的特殊价值，又要注意到文化多样性主张于不同类型的高校要走特色发展之路，还要看到多样的文化相互适应使跨文化对话成为高校发展的客观要求。从这三个维度去思考少数民族地方高校的发展问题，就是要充分认识少数民族地方高校的特殊价值，就是要推动少数民族地方高校走特色发展之路，就是要增强少数民族地方高校的跨文化对话能力。对此，我们结合吉首大学办学实践，谈几点认识。

一、树立文化多样性的平等观念，充分认识少数民族地方高校发展的特殊价值和作用

文化多样性理论认为：文化多样性对于人类社会就如同生物多样性对于自然界的作用一样，是构建文化生态环境的基本要求，是维护人类平衡发展的基石，是人类文化可持续发展的基因要素，体现人类存在的共同的文化禀性。在文化主体的层面上，文化多样性是延续民族历史、保护民族自尊心和激发民族创新生命力的重要的基本保证。从文化发生学上看，各个民族的文化都是各民族生存和发展中适应自然与社会的历史产物，同时也是各民族心智和生命力的表现，是民族历史本身。各个民族的文化对于相关民族的生存和发展来说，具有同等重要的意义和作用。因此，无论从人类的一般意义上讲还是从个别意义上说，文化多样性环境中的任何一种文化存在都是必需的，都有其不可替代的特殊作用，在维护人类的生存与发展中具有平等的地位。文化多样性的生成逻辑表明，"各种文化无所谓谁好谁坏，只有区别，一种文化被另一种文化所摧毁，正如一个现存物种消失一样，是令人不快的"。（拉滋洛）一种文化消失就意味着一个民族的消失，就像大自然物种消失一样，既是个体的悲哀也是共同体的悲哀。文化平等是文化多样性包含的基本生成观念和法则。

文化多样性具有历史性、民族性和地域性的共生特点。作为人类的智慧之花和文明之果的高等教育，是文化多样性的人类历史文明传承与发展的基本方式，同时也必然地反映了文化多样性的人类文明发展的基本特征。从古至今，不同国家、民族、地区任何一种高等教育形式的产生和发展都受到特定文化的历史性、民族性和地域性等环境和条件的制约，其产生和发展的道路、方式必然地体现特定文化生态环境的要求，文化的多样性决定了高等教育的多样性。在文化多样性的环境中，高等学校的属性、类别、层次等方面必然表现出因文化环境的不同而形成的种种区别，但这种区别不应有高低之分、贵贱之别，因为文化多样性的平等法则表明，立足于特定文化生态环境土壤里的各高等学校，在传承民族文化、促进民族社会发展方面具有不可替代的特殊作用，在地位上是平等的。

我国是一个多民族的国家，众多的民族、不同的生活环境和生计方式、悠久而多姿多彩的民族文化共同构建中华民族绚丽、丰富、稳定、和谐的文化生态环境。处于这一生态圈中的各高等院校，均有其自己生存的理由和发展的空间。尤其是少数民族地方高校，除了传播人类共有文明之外，还肩负着传承少数民族文化，保持文化多样性的特殊历史使命。为各民族人民群众提供满意的高等教育服务是学校办学的根本宗旨，为民族地区培养人才、提供科技服务和文化智力支持是学校的神圣职责，应当充分认识学校发展对服务民族地方的特殊价值和作用。

吉首大学位于湖南湘西吉首市，处于湘鄂渝黔4省（市）边区，是一所在西部民族贫困地区创办的地方综合性大学。其所处的地域具有显著的特殊性——“老、少、边、山、穷”。“老”——革命老区；“少”——少数民族聚居区；“边”——湘鄂渝黔4省（市）边远山区（离各省会中心城市均在250公里以外）；“山”——大山区（云贵高原东端的武陵山区）；“穷”——深度贫困区（全国18个贫困片之一）。办学的地域特殊性一方面使学校区位不利，基础弱势和竞争劣势的问题突出，生存和发展与发达地区高校相比较要面临更多的困难；另一方面，又对学校的生存和发展以及功能与作用的发挥提出了具体的特殊条件和要求。

以湘西吉首市为中心的湘鄂渝黔4省（市）边区，包括湖南的湘西地区、贵州的铜仁地区、湖北的鄂西地区、黔江地区，它们都远离各自省会城市250公里以外，这里山同脉（武陵山脉），水同源（沅水、澧水、黔江）、民族交错杂居，而相互间形成了一个具有整体关联特征的人文地理范围。在这个方圆14万平方公里，人口2500万人，52个县（市）的区域内，高校数量少、规模小、层次低、功能弱，而发达地区的高校很难直接地为该区域服务。长期以来，该区域经济欠发达，文化教育比较落后，科技创新能力比较弱。“百年匪患，十万大山，百万贫困”是这里的历史文化写照。但是，这一地区是土家、苗、汉、侗等民族聚居山区，历史上是沟通中原和西南的走廊，历史人文与自然资源独特而丰富，体现了多样性的文化生态特征。同时，这里广大的少数民族群众要求加快发展、摆脱贫困的愿望十分强烈，发展社会经济文化的任务非常艰巨。吉首大学处于这个特殊的文化与自然生态区域，是办在该区域唯一的一所综合性大学。通过学校发展增强办学功能不断满足该区域对人才、科技和智力服务等方面的迫切需要，切实帮助当地少数群众摆脱贫困，推动当地社会经济与文化教育事业的发展，成为学校义不容辞的神圣职责和历史使命，最直接地为民族地区经济和社会发展服务体现了学校与生俱来的特殊价值。

基于上述思考和认识，我们在学校的办学定位问题上，不盲目地模仿名牌大学，不一味地追赶重点大学，而是从所处的区域实际出发，立足于肩负的特殊使命，找到有自身特色的生存和发展道路。就办学价值而言，我们认为：北大、清华要解决的是“卫星上天”问题，吉首大学要解决的是当地老百姓的“脱贫致富”问题。我们在办学实践中鲜明地提出：吉首大学应该办成一所贴近民众、造福百姓、直接为当地经济建设和社会发展服务的“平民大学”。依据这种理念，我们把对学校的神圣使命和独特价值的理解认识具体落实在对学校发展的准确定位上。具体来说，我们将学校发展类型定位为教学型、地方性综合大学；将发展目标定位为：湘鄂渝黔4省（市）边区规模最大、质量最高、效益最好、特色鲜明的地方性大学；将人才培养目标定位为：培养具有人文精神、科学素养、创新能力和务实作风的应用型专门人才；将功能服务面向定位为：立足湘西，面向湖南，辐射边区，服务基层。这样，使学校的使命感内化于办学理念和办学实践中，进一步彰显了学校独特的办学价值。同时，我们通过人才培养、科学研究和社会服务的创新活动，不断增强学校履行特殊使命的功能，充分发挥直接为地方服务的作用。学校的发展特点是区域发展的特殊需要决定的。

二、把握文化多样性中文化差异性特点，努力探求少数民族地方高校的特色发展之路

文化多样性是人类文明的生态条件，而文化多样性又是以文化差异性为生成前提。以差异性为基础的多样性才是有机的整体，各个部分才能形成相互联系、相互依赖又相互区别的多样的有机统一体。文化整体中的各种文化都有自己独特的发展途径和方式，表现了人类文化普遍性与特殊性的统一。文化多样性理论认为，每一种文化代表自成一体的独特的和不可替代的价值观念，因为每一个民族的传统和表达方式是证明其在世界上存在的最有效手段。任何一种文化只有坚持自身的独特性，才能形成文化的差异性，从而最终才能维持文化多样性的存在，也才能在文化多样性的整体世界中凸现这种文化存在和发展的价值。

高等学校作为文化的重要载体和表现形式，基于民族的、历史的和地域的环境和条件的不同，其对社会发挥基本功能的作用过程中也必然存在区域、类型和层次等方面的差异。对少数民族地区高校来说，更应该正确认识和准确把握这种差异性，应该努力探求有自身特色的办学发展道路。

吉首大学办在湘西，处于湘鄂渝黔4省（市）边区，是名副其实的西部地方高校。长期以来，学校根据自己所处地域的历史文化环境，及时把握高等教育的发展趋势，并结合自身条件，认

真思考生存和发展问题，逐步形成了准确的办学定位，并以此来引导学校的建设与发展，比较成功地走出了一条具有时代特征、地方特点和自身特色的地方高校的发展路子。这就是“立足区域，面向地方，服务基层，坚定不移地走平民大学的办学之路”。具体说来，学校在充分发挥现代大学“人才培养、科学研究和社会服务”三大基本功能的基础上，坚持不懈地主动为民族地方经济和社会发展服务，起到了“三个不可替代”的重要作用。

1. 为地方经济和社会发展培养大批高素质适用人才的“不可替代性”

造成以湘西为中心的湘鄂渝黔4省（市）边区的贫困落后有多方面的原因，但最主要的原因是文化增长率落后，人口综合素质低。以湘西自治州为例，据1990年统计，全州每万人口中大学毕业生仅为全国平均水平的53．8%。过去，国家为解决这一地区高素质人才奇缺问题，采取“智力支边”、优惠升学等各种政策，虽然收到一定效果，但难以从根本上解决问题。因此，从现实情况看，提高民族贫困地区人口素质、培养更多的高级应用人才，最根本的办法是依靠当地高校。多年来，吉首大学以为湖南西部民族地区培养人才为已任，以地方经济和文化发展、科技发展和社会进步对人才的需求为宗旨，针对民族地区人才需求实际，加大专业调整力度，设置民族地区经济建设和社会发展急需的专业；在招生上，确保民族地区招生计划的落实完成，开办少数民族预科班，解决少数民族考生上大学难的问题。吉首大学的毕业生虽然遍布全国各地，但大部分像种子一样播撒在湖南西部民族贫困地区的广袤土地上，薪传文明之火，兴建富民之业。吉首大学对湘西民族地区培养高素质人才的贡献是有目共睹的。据湘西自治州2000年统计，近80%的初中教师、60%的高中教师、50%的党政干部、45%的医疗卫生人才为吉首大学毕业生，全州各类科技人才中，吉首大学毕业生占了65%。第十届和第十一届全国人大代表中，湘西自治州的代表全部为吉首大学毕业生。因为有了吉首大学，目前湘西州人口中大学毕业生所占比例接近全国平均水平，分别比周边的湖北恩施州、贵州铜仁地区高6.1%、26.4%。同时，我们坚持不懈地进行教育教学改革，创新人才培养模式，十分注意把时代要求、地方人文精神和学校办学传统整合成优质的教育教学资源，融入人才培养规格的内涵中，在培养过程中内化为学生的勤奋学习、努力成才、自立自强的精神动力和独特的能力与素质，使他们在校刻苦攻读，毕业后扎根基层，真心实意地服务西部民族地区的各项建设事业。吉首大学毕业生被地方誉为“下得去、留得住、用得上、干得好”的“永久牌”专门人才。

2. 为地方资源开发和产业发展提供科技创新支持的“不可替代性”

以湘西为中心的“边区”，自然与人文资源丰富，但由于交通闭塞、科技落后，因此，资源开发与利用程度低，产业发育缓慢，资源优势不能转化为产业优势和经济优势，以至经济落后，百姓贫困。对此，各级政府开展了多种形式的“科技扶贫”活动，山区外面高校也实施过“科技咨询”等项目，但是，由于这些举措难以持久，加之可进入性差，力度有限，所以它产生的实际作用是短期的、有限的，根本无法取代本地高校占据的天时、地利、人和的优势地位。多年来，学校坚持以推进地方资源的开发与利用和推动地方特色产业发展作为科技研究与创新的取向，主动服务地方经济建设，面向地方找课题，课题研究为地方。近10年来，学校教学科研人员把科研主攻方向瞄准湘西资源的开发和利用，在获得的400多项各级科研课题中绝大部分是面向当地资源开发的，这些课题的研究几乎涵盖了湘西地区经济社会发展的方方面面。其中社会科学研究主要以区域民族经济、民族文化、民族历史为重点，通过人文历史资源的发掘、整理、研究，弘扬民族传统，激发民族自信心，并通过这些研究寻找与经济发展对接的有效途径。自然科学研究主要以自然资源开发利用为重点，许多成果产生了广泛的经济效益，如“米良一号”美味猕猴桃，是经过学校科研人员近10年努力培育出来的高产优质品种，被评为“全国四强”之一，国家农业部、国务院扶贫办将其作为扶贫开发推广品种向全国推介，目前已被14个省市引种，仅湘西地区种植面积就达10万余亩，带动了10多万农民脱贫。研制的“果王素”，已成为国内知名品牌。另一项科研成果“湘西晒红烟一号”，通过鉴定达到国内领先水平，仅在大湘西地区种植面积就达10万余亩，每年为农民增加收入4000多万元，使数万农户摆脱贫困。这些研究直接给湘西地区的农民带来了实惠。近年来，吉首大学依托设在本校的“湖南省林产化工重点实验室”和“湘西州高新技术科技服务中心”将一批新的科研成果正迅速转化为生产力，从而为湘西及周边地区的农产品深加工、食品业、矿产业、中药业等支柱产业提供越来越多的科技支撑。总之，吉首大学通过自己不懈努力，为地方资源开发、经济发展、社会进步和老百姓的脱贫致富发挥了其他高校不可替代和不可比拟的重要作用。

3. 为地方社会进步发挥先进思想文化引领作用的“不可替代性”

吉首大学作为以湘西为中心的湘鄂渝黔4省（市）边区的思想、知识和文化的创新与聚散中心，拥有一个包括正副教授和博士、硕士的高素质人才群体和“湘西州经济社会发展研究中心”、“湖南西部综合开发研究会”、“湖南西部经济发展研究中心”等研究基地。其中一批学有所长的专家、学者成为当地政府的特聘专家、顾问，积极为地方的社会进步献计献策，主动利用自己的学术专长参与地方各项社会事业，发挥了直接的智力服务作用。吉首大学作为边远少数民族贫困地区知识创新和思想文化的聚散中心，对地方社会进步所产生的思想文化的传播辐射力不断增强。因为吉首大学的存在，不仅逐渐改变了湘西在外界人印象中的“匪蛮”形象，给神秘湘西增添了文明和美的色彩，而且随着学校声誉的不断提升，国际国内的交流及合作越来越多，外界因为了解吉首大学而更为客观地认识了今日的湘西。同时，学校加强了与本地区的互动交流，走出去，请进来，围绕地方需要开展各种沙龙、讲座、培训、演出等活动，依据学科创建各种形式的实践教学和创新实习基地，传授先进文化、科学知识和实用技术，推动了当地的社会文化发展。学校积极探求“文化扶贫”、“科技兴农”新路子，着力构建服务基层的长效机制，每年选派优秀的师生组成“三下乡”服务队深入乡镇农村，用科学文化知识直接服务农民群众，连续5年获团中央表彰；实施了“大学生村官行动计划”，选派优秀学生到村委会挂职，利用所学专业知识直接为村寨发展献计献策，为老百姓脱贫致富奔小康献智出力，受到了地方政府和干部群众的高度赞扬和充分肯定。事实证明，吉首大学在推动地方社会进步的过程中，确实起到了其他高校不可替代的先进思想文化的引领作用。如今，吉首大学已经成为大湘西地区思想文化的“高地”、知识创新的“摇篮”、地方形象的“名片”、区域开放的窗口和对外宣传的人文景观。

三、强化文化多样性中文化整合意识，不断增强少数民族地方高校的跨文化对话能力

在推进全球化过程的今天，文化多样性的发展同样要求世界各民族文化在开展平等交流、对话与合作基础上实现不断整合，建立人类文化多样性与统一性的新的平衡，从而促进人类文化的繁荣与发展。整合不是强制不同的文化达到一致和统一，而是指不同的文化在交流对话与合作中相互学习、借鉴、吸收，在促进各种文化的特色发展中不断培育和弘扬人类共同的文化特性和心

智精神，从而推进建设一个丰富多彩的和谐世界。从这个理论维度来思考少数民族地方高校的发展问题，就是要不断增强学校跨文化对话能力。具体地讲，要做好三个方面的工作：

首先，要不断提高办学水平，搭建高质量对话平台。少数民族地方高校虽然各有特点，但都是我国高等教育事业的重要组成部分，必须坚持社会主义办学方向，必须遵循高等教育教学规律，必须体现高等学校办学的一般特点和共性要求，必须努力提高教育教学质量和办学水平，这是高校的本质属性决定的，是增强少数民族地方高校跨文化对话能力的最基本条件。

近些年来，学校适时调整发展思路，明确提出了要由规模扩张为主向质量提高为主转变，紧扣增强服务功能和提高服务质量与水平来加强内涵建设，深化教育教学改革，探索不发达地区地方性综合大学的人才培养新模式，使教育教学质量明显提高。随着办学水平的提高，学校逐步搭建了越来越宽的高质量对话平台，办学实力不断增强。

仅“十五”期间，学校获得国家级和省级教学成果奖多项，学生素质与能力显著提高，多次获得全国大学生“挑战杯”一等奖，全国大学生数学建模比赛一等奖，全国大学生英语竞赛特等奖，全国大学生电工数学建模比赛三等奖，全国艺术院校学生舞蹈大赛表演一等奖、编导一等奖，全国普通高校体育专业大学生基本功大赛团体总分二等奖、理论知识一等奖、体育综合理论知识第一名、外语第一名、计算机技术第一名、专业技术二等奖等多项国家级奖项；每届毕业生一次性就业率高达90%以上，居全省高校前列；先后获得中央与地方共建特色优势学科实验室项目、国家实验教学示范中心、教育部“质量工程”等重大项目的立项资助；2007年获教育部本科教学水平优秀评估。

其次，要不断强化办学特色，积累优势话语资本。特色就是优势，少数民族地方高校要坚持从自身实际出发，把一般规格与要求同学校实际相结合，力求办学出特色，形成自身的办学优势，在功能发挥上呈现学校的独特之处，从而聚集学校跨文化对话能力的话语资本。学校坚持立足服务区域，力求在服务地方上培养特色，结合地方经济社会和产业发展需要培养人才，结合地方人文与自然资源开发和利用开展科学研究和科技创新，社会声誉日益提高。

人才培养与地方经济社会发展对人才的需要相结合。学科专业建设紧密结合地方经济社会和产业发展对专业人才的需要，优先发展和建设一批如旅游管理、工商管理、信息技术、师范类等应用型师范类专业。专业教学与地方特色相结合，依托地方建立一批实践实习基地和优质特色教学资源（民族乡土和本土名人特色融入专业教学和实践中），培养的学生深受社会欢迎。

科学研究与地方自然和人文等资源开发与利用相结合。例如，社会科学研究以区域民族经济、民族文化、民族历史为重点，发掘、整理、研究地方民族人文历史资源，传承民族文化，发展相关产业。一些研究成果已在国内外产生较大影响，如沈从文研究，接待了美国、日本、瑞典、韩国等多批国外学者访问，承办了沈从文研究院国际学术研讨会；土家语及土家语与汉语接龙教学研究，解决了纯土家语地区小学生跨语言教学障碍，被联合国教科文组织推介，并与中国香港、韩国等地区和国家的大学联合培养民族语言的硕士和博士生；凤凰历史文化研究使该县旅游产业异军突起，并且带动了湘西的产业结构调整，形成了新型产业。学校教授倡导和参与的湘西非物质文化遗产保护工程取得了多项研究成果，并使湘西自治州成为全国目前唯一的少数民族地区文化遗产保护示范单位。学科和专业建设发展引人注目，民族学、民族传统体育、音乐学、旅游学、生物学、语言学、舞蹈学、少数民族经济等学科和专业优势明显，得到国内外同行称誉和认可。

社会服务与地方经济社会文化项目开发相结合。例如，结合湘西自治州的扶贫开发、旅游开发、新农村建设、新型工业化等项目建设，学校组织专家先后开展了特困村扶贫研究、南方长城调查研究、酉水流域开发研究、旅游区开发规划制定、新农村建设试点规划等项目的研究和咨询。其他如民族学研究、民族经济、民族地区经济社会发展模式研究等被各级地方政府决策所采纳，省内外兄弟院校纷纷来校交流，寻求合作。

最后，坚持开放办学，建立长效对话机制。开放办学，参与竞争，扩大宣传，科学总结是培养少数民族地方高校对话能力的有效机制。吉首大学解放思想，更新观念，推进开放办学，加强对外交流、学习、宣传，形成了开放办学格局，跨文化对话环境初步形成，对话能力逐步增强。学校的办学成就和特色作用，得到社会各界的广泛好评和充分的肯定。近年来，省和中央的新闻媒体纷纷推介吉首大学，把吉首大学誉为“办在大山里的希望大学”；当地党委和政府指出：“湘西的发展离不开吉首大学，吉首大学的发展离不开湘西州”；当地老百姓把吉首大学称为“我们自己的大学”；湖南省委、省政府领导视察湘西和吉首大学时经常深有感触地说：“吉首大学解决了省委、省政府的西顾之忧”、“如果不办吉首大学，湘西会更落后。”学校先后获得了“全国民族教育先进集体”、“全国精神文明建设先进单位”、“全国民族团结进步模范单位”等荣誉称号。2001 年以来，党和国家领导人朱镕基、曾庆红、尉健行、曾培炎、陈至立、杨汝岱、罗豪才等及教育部领导周济、张宝庆、赵沁平、陈小娅、周远清等先后来学校视察，对学校的办学成就给予了充分肯定。朱镕基总理称赞“吉首大学是湖南省的骄傲”，曾庆红副主席充分肯定学校在服务民族地区经济社会发展中“具有特殊价值”。研究高等教育发展的著名专家潘懋元先生 2004 年 6 月来我校考察后，对学校的办学特色和服务成就大加赞赏，并撰专文推介。一些兄弟院校纷纷来校交流，校际合作成效明显；同时，国际合作办学、项目研究开启了新局面。加强高等教育研究，科学总结办学经验，积极推介办学的理论和实践成果。学校跨文化对话的舞台日益扩大，对话能力不断增强，国内国际的许多交流场合逐渐拥有了自己的话语权，并得到认可。声誉就是形象，形象就是活力。随着办校声誉的日益提高，学校的生存和发展环境得到优化。

8. 少数民族高等教育对中国多元文化的促进
——以贵州民族学院为例

唐建荣

中国是一个统一的多民族国家，除汉族之外的55个民族习惯上被称为少数民族。少数民族人口约占中国总人口的8.4%。少数民族聚居地方实行民族区域自治。中国有自治地方155个，其中自治区5个、自治州30个、自治县（旗）120个，自治地方面积为646.9万平方公里，占全国总面积的64%。在中国这个统一的大家庭里，各民族共同生活，共同创造了灿烂的中华文化，也创造了各具特色的少数民族文化，这就是费孝通先生所说的“多元一体”文化。中国是一个多元文化的国家，政府也倡导多元文化。中国政府认为，每一个民族，无论其历史长短，人口多少，都具有鲜明的民族文化特征，都对人类文化发展做出了贡献。世界各民族文化的多元发展，推动着人类文化的进步，中国各民族文化的多元发展，同样促进了中华多彩的文化繁荣。

文化传承发展离不开教育，包括家庭教育、社会教育和学校教育。高等教育是学校教育的重要组成部分。高等教育主要通过大学来实施。大学是知识集中地，是保存、传承、传播和创造先进文化的重要阵地。中国民族高等教育在这个阵地中扮演了重要角色，在中国多元文化的保存、传承、传播和创新中发挥了积极的不可替代的重要作用。

20世纪50年代，中国政府就充分认识到高等教育对多元文化的积极作用，创办了中国高等教育的特色模式——中国少数民族高等教育，并主要通过民族学院、民族班、民族预科等教育载体来体现。本着“教育平等、教育补偿、教育多元”的理念，政府采取特殊教育政策与教育模式，培养来自不同历史文化背景的少数民族受教育对象。通过这些受教育者水平的不断提高，形成理性的自觉，保护、传承、传播、发展和创新民族文化，促进各民族文化交流，让民族文化更具生命力。民族文化的生命力，主要表现为敢于并善于吸收先进民族文化的长处，并加以创新。没有哪一个民族不是在传承本民族优秀文化的基础上，借助外来民族文化来丰富自已的文化，进而促进传统文化的不断前进的，这就需要一大批文化自觉人。文化自觉指生活在一定文化中的人对其民族文化有“自知之明”，明白其来历、形成过程、所具有的特色及发展趋势。现代大学培养文化自觉是为了加强学生发展文化的自主能力，取得适应新环境，选择新文化的能力。

发展一个民族的文化，就是发展这个民族。文化是一个民族进步的标志动力，发展文化的首要前提是发展教育。经过50多年的努力，中国民族高等教育形成了包括民族学院、民族地区高校、民族班、民族预科在内的特色模式，成为中国高等教育中不可替代、不可缺少的重要组成部分。据2005年统计，中国高校中，少数民族学生比重达6．1%，总人数达95．32万人；全国有13所民族学院，民族自治区地方普通高校有155所。这些学校，为中国民族地区培养了数百万的各类专业人才。近期，中国政府还制订了大力培养少数民族高层次人才计划和实施方案，仅2007年就招收硕士生3000余人，博士生700人，按照有关协议规定，学生学成后回到本地区服务。

中国民族高等教育的发展，为改变中国民族地区的落后面貌，为民族地区全面建设小康社会，为中国多元文化的保存、传承、传播和发展提供了人才的支撑和智力的保障，这是举世公认的事实。本文以贵州民族学院为个案，侧重分析民族高等教育对多元文化的促进。

地处中国西南的贵州，总人口中有49个民族成分，世居民族17个，少数民族人口1470万人，占全省人口的38．8%，少数民族人口总量在全国居第三位，民族成分在全国居第五位。贵州具有多彩的民族文化，被称为“文化千岛”。积极传承和弘扬贵州少数民族优秀文化，培养具有时代精神和地域特色的各民族专门人才，是贵州民族学院这所地方民族大学的历史使命。学校立足贵州、服务民族地区、服务少数民族，奋发蹈厉、庄敬自强，在56年办学实践中培养了近5万名各类专业人才，在贵州民族地区政治稳定、经济发展、文化繁荣、社会和谐、民族团结中发挥了不可替代的作用，尤其在促进多元民族文化发展上做出了突出贡献。

贵州民族学院的目标定位中，就明确把学校定位为贵州少数民族优秀文化的传承基地。50多年来，这个基地发挥了积极作用，为贵州各民族多元文化发展做出了贡献，具体表现在以下几个方面：

第一，培养各民族各类专业人才近5万名，80%以上服务本地民族地区，从整体上提高了贵州少数民族人口文化素质，直接或间接地为贵州民族文化保护、传承、传播和发展提供了一支强大的人才队伍。从直接角度看，仅民族语言、民族学、历史学、民族音乐、民族美术等专业，就为民族地区培养了6000多名毕业生。他们当中大多数人成为教师、从事民族工作的公务员、演员、美术工作者、文化工作者，直接成为优秀民族文化的传播人，在传播中保存和创新了优秀的民族文化。如音乐专业毕业生韦祖雄（黔东南州歌舞团副团长）对多管芦笙的创新改造，被中央电视台海外节目专题播放。音乐专业毕业生王阿多（黔西南州歌舞团副团长）“苗族三姐妹飞歌组合”亮相中央电视台春节晚会，让全国和全世界领略了“苗族飞歌”的魅力。在校学生吴文梅等同学获第十二届全国青年歌手电视大奖赛原生态组银奖，让侗族大歌再现风采。在第六届中国荷花奖“大地之舞”

杯民族民间舞蹈大赛中，我校选送的苗族舞蹈《银项圈》获银奖。学生廖一璇获第二届全国大学生校园歌手职业组民族唱法铜奖。青年教师穆维平以仡佬族民歌《情姐下河洗衣裳》走上中央电视台青年歌手大奖赛，并获优秀选手佳绩。

发展一个民族，首先要发展这个民族的文化，发展民族文化的最佳方式是学校教育。没有较高人口文化素质的队伍，发展民族文化只是一句空话。贵州是一个欠开发、欠发达的省，是全国唯一人均 GDP 未达 800 美元的省份。经济的落后，导致文化教育的落后。据 2005 年统计，贵州大专及以上教育程度人口仅占全省总人口的 3．01%，比全国平均水平低 2．17%；2007 年，贵州高等教育毛入学率仅达 11%，比全国低 10 个百分点；而贵州民族地区的以上数据，又低于贵州平均水平，更低于全国平均水平。不难设想，假设没有贵州民族学院，贵州以上两个数据还会大大低于全国平均水平。

所以，举办贵州民族学院，从文化教育角度，完全符合贵州省情，符合贵州民族地区对人才的需求。这不仅是改变民族地区贫穷落后面貌的需要，也是保护、传承、传播和发展优秀民族文化的需要。

第二，成立具有鲜明特色的民族地域文化研究机构，加大保护、传承、传播和创新优秀民族文化的力度。学校充分利用地域和地域民族文化人才团队优势，先后成立了贵州民族文化艺术研究院、贵州民族经济研究院、西南夜郎文化研究院、西南傩文化研究院、水书文化研究院、贵州世居民族研究中心等研究机构，并与贵州省 8 个省级民族研究学会合作，让他们依托贵州民族学院，增强研究实力。长期以来，这些研究院所、学会，深入贵州民族地区村寨，对民族文化资源进行调研、抢救和保护，取得了丰硕成果。

在语言文化方面，先后出版了专著 50 多部，论文 600 余篇。

李锦平教授的《苗族语言与文化》、《苗语俗语小词典》，龙跃宏教授的《侗族研究》，陈世良先生的《简明彝汉字典》，吴启禄先生的《布依汉词典》，潘朝霖先生的《水族文化词典》就是其中的代表作。

在人类戏剧活化石——傩文化研究上，贵州民族学院也做出了突出贡献。学校成立的西南傩文化研究院，立足贵州傩戏，兼及海内外傩文化比较，召开国际傩文化研究学术会，建立了6个县级傩文化研究基地，研究成果丰富，影响遍及海内外。顾朴光教授的《中国面具史》出版后，《人民日报》、《文艺报》等多家报刊发表书评，被誉为“集古今面具之大成，填补了中国面具文化研究空白”的大作。韩国教育将该书列为50种“东西学术名著”翻译出版，使该书成为贵州社会科学版权海外交易的第一本书。

在水族水书文化（类似纳西族东巴文化）研究上，贵州民族学院是全国唯一开办水族语言本科和招收水族文化研究生专业的学校，具有独特优势。学校高度重视水书文化研究，成立水书文化研究院，并由水族文化研究领军人物潘朝霖主持该院工作。近几年，先后出版了30多部专著，论文100多篇，并有4项研究获国家级社科基金立项。2006年，珍藏1353件珍贵水书手抄本影印的《中国水书》正式出版，被新华社评为“水族传统文化史无前例的经典抢救与保护”，也是中国加入世界非物质文化遗产公约[①]后首项宏大的民族图书出版成果。该书导读由潘朝霖先生撰写。潘朝霖先生长期致力水族文化抢救，而且对抢救水族非物质文化遗产也做出突出贡献。由他策划牵头申报的水族卯节、水族端节、水族水书、水族马尾绣工艺荣获国家级非物质文化遗产代表作。中央电视台，香港凤凰电视台先后采访报道潘朝

① 高平叔编：《蔡元培全集》，第6卷，第455页，中华书局，1988年。

霖和他的水书研究，在海内外产生了较大影响。

除水书研究获国家社科基金立项外，学校近5年来还先后有20项涉及民族文化的课题被国家社科基金立项。这充分表明学校的民族文化研究水平达到国家级水平。

挂靠贵州民族学院的8个省级学会，定期出版《苗学研究》、《布依学研究》、《侗学研究》、《土家学研究》、《彝学研究》、《仡佬学研究》、《水家学研究》，形成了强大的民族文化研究团队，多层次、多方位、多角度地对贵州民族文化进行研究。这对民族文化的保护、传承、传播和发展起到积极推进作用。

在民族音乐和民族美术教学方面，学校坚守本土精神和民族传统，立足贵州少数民族民间艺术和乡土文化艺术，让师生广泛了解和吸收民族民间文化艺术营养，并以此为素材，创作艺术作品，弘扬民族文化。学校美术学院在这方面做了有益尝试。正如中国美术家协会常务副主席、中央美术学院教授吴长江为贵州民族学院美术学院学生作品集所撰写的序言中所说：“贵州民族学院美术学院是培养少数民族人才的摇篮，也是贵州美术创作的重要基地……在教学上他们以追求民族性为特色，注重现实生活的感受，开展民族民间美术教育，引导学生学习和发掘各民族的传统艺术，传承民族民间文化，把他们培养成为继承和传播少数民族文化、促进少数民族地区经济发展和社会进步的重要人才。”

美术学院师生没有辜负吴长江先生的评价，他们在国内、省内美展中屡次获大奖的骄人成绩，让国内美术界不得不刮目相看。在“贵州民族学院美术群体现象”中，王建山，孔阳、宋次伟、陈晓光就是其中的佼佼者。

第三、让优秀民族文化“四进”（进教材、进课堂、进校园、进头脑），成为大学生的精神营养，让优秀民族文化一代又一代在大学生中传承发展。优秀民族文化是民族智慧的结晶，凝聚着一个民族的感情、意志、追求，体现民族精神，构成该民族的要素，成为一个民族的标志，对民族进步和繁荣有着重要作用。优秀的民族文化是一个地域的灵魂，缺少优秀民族文化的地域，是无生命力的地域，是文化的沙漠。生命力鲜活的国家、民族，无不文化浓郁。

在优秀民族文化进教材方面，学校根据少数民族学生独特的心理和文化特征，结合贵州世居少数民族文化实际，自行编写了贵州世居民族文化教材、地方语言特色教材和民族语言文字工具书。如民族文化学院编写的《苗语》、《布依语》、《侗族》、《彝语》、《水语》等教材，成为专业学生学习民族语言的工具书。体育学院也把少数民族传统体育编入教材，纳入专业教学、公共体育教学和学生课外活动。音乐学院把芦笙演奏、侗族大歌、苗族飞歌编入教材，让专业学生学习民族音乐和器乐。

在民族文化进课堂方面，学校构建了具有民族特色的教学内容和课程体系，在各专业普遍开设民族理论与民族政策的基础上，根据相关专业需求，增开了具有民族特色的选修课和必修课。如美术学院开设了民族民间美术、民间刺绣、蜡染、蜡画、民间版画等课程；旅游学院开设民族文化与旅游、贵州少数民族村寨旅游等课程；音乐舞蹈学院开设了民族声乐、民族乐器、民族民间舞蹈等课程。

为丰富课堂内容，学校还让教师带领学生深入民族地区调研民族民间文化，在社会实践的基础上帮助学生全面理解少数民族文化，使他们形成多元文化的民族文化观念。

在优秀民族文化进校园方面，学校加强与自治地方政府合作，把校园主要道路景点以全省3个自治州、11个自治县名称命名，并在命名的道路景点建设代表当地民族文化的标志性建筑或文化景观。如历史文化名城镇远青龙洞的“状元桥”就移植在校园，成为学校一道风景线。学校还在校园内修建体现贵州少数民族文化的建筑或文化设施，如学校南大门体现的是侗族风雨桥，南大门后民族浮雕反映贵州主要少数民族风情，新建的教学综合楼前面的壁画反映多彩的贵州各民族景观，环绕中间大柱的文字为象形文字——水族水书和彝族的文字。学校还开展丰富多彩的民族文化活动，举办民族歌舞晚会、民族服饰表演、民族知识竞赛、民族体育比赛、民族节日庆典。如布依族“三月三”，苗族的“四月八”，彝族的“火把节”等传统节日师生都积极参与。学校还组织艺术团到民族地区采风，学习经典民族文艺节目，并传播到校园让大学生观看。学校打算在未来 10 年内让贵州主体少数民族经典节目通过学习合作协议方式成为贵州民族学院保留节目，让一代又一代大学生艺术团传承下去。学校还承担贵州省大型对外交流活动的礼仪、演出任务，成为贵州对外宣传文化的窗口。外交部常务副部长戴秉国在观看学校师生为中日贸易投资谈判团专场演出后，高度评价：“你们不仅是贵州民族文化对外宣传窗口，也是中国民族文化对外交流的窗口。”

通过以上“三进”（进教材、进课堂、进校园）活动，营造了良好的校园民族文化氛围，不断培养少数民族大学生热爱本土民族文化、热爱家乡、热爱自己民族的情感，增强学生的民族凝聚力和向心力，使他们树立为家乡民族服务的世界观、人生观、价值观和民族观，最终达到让优秀民族文化进入大学生头脑，使他们坚定不移地回到家乡工作，为家乡进步做出贡献。

第四，贵州民族学院保护、传承和发展民族文化一个显著特征是“双语”（汉语和少数民族语言）教学，培养更多的基础教育双语师资，这在贵州高等教育中是不可替代的。今天的贵州，1400 万少数民族人口中有 900 多万人以母语为交际工具，还有 500 多万不通汉语，儿童入学必须借助“双语”。贵州 1500 多所学校有 35 万小学生存在“双语”教学的客观需求，而且目前既能讲民族语言、又能说汉语的教师只占师资的 30%，仍有很大缺口。针对这个需求，在贵州省教育厅、省民委指导下，学校牢记服务宗旨，组织教师编写各民族语言教材和工具书 20 多种，定期开办少数民族“双语”教学师资培训班，为民族地区培养人才。所做工作受到民族地区欢迎，也得到政府肯定，学校因此被授予“贵州少数民族双语教学基地”。这个基地在贵州高校具有不可替代性，充分显示了贵州民族学院在传承和发展民族文化中的重要地位。

综上所述，民族高等教育的发展有力地促进了中国各民族多元文化的发展，贵州民族学院 50 多年的办学实践充分佐证了这一观点。当前，文化越来越成为民族生命力、凝聚力和创造力的重要源泉，是国家发展、民族振兴的重要支柱。胡锦涛同志在中共十七大报告中突出强调了加强文化建设，提高文化软实力的极其重要性。这意味着中国高等教育肩上的责任更加重大。中国高等教育只有在改革发展中才能承担这一历史重任，民族高等教育亦然。随着中国高等教育的改革发展，随着中国民族高等教育的深化改革和发展，必将会进一步加强中国文化建设的步伐，在社会创新文化发展上，在中国多元文化繁荣昌盛上取得更好的成绩。

参考文献：

1. 杨盛龙:《民族问题民族文化论集》，民族出版社，2004 年。

2. 赵世怀等:《中国民族学院论》，民族出版社，2001 年。

3.《贵州民族学院本科教学水平评估自评报告》。

9. 近代教育家与中国民族学的发轫

——以蔡元培为例

张晓唯

（南开大学）

1934年12月10日，蔡元培在南京中央大学发表了一个题为《民族学上之进化观》的演说。其中谈到："我向来是研究哲学的，后来到德国留学，觉得学的范围太广，想把研究的范围缩小一点，乃专攻实验的心理学。当时有一位德国教授，他于研究实验心理学之外，同时更研究实验的美学。我看看那些德国人所著的美学书，也非常喜欢，因此我就研究美学。但是美学的理论，人各一说，尚无定论，欲于美学得一彻底的了解，还须从美术史的研究下手，要研究美术史，须从未开化的民族的美术考察起。适值美洲原始民族学会在荷兰、瑞典开会，教育部命我去参加，从此我对于民族学更发生兴趣，最近几年常在这方面从事研究。"① 这段自述，勾勒了蔡元培中年以后治学的基本轨迹，同时告诉人们，他对民族学的兴趣老而弥坚，以至成为其暮年倾心研讨的一门学问。

蔡元培多年游学于德国和法国，深受欧洲民族学大陆学派的熏染，即使在其对美学和美术史发生浓烈兴趣之时，民族学（或称人类文化学）也始终作为一个密切的相关学科，在方法和材料方面为他研究美学理论和美术史起着辅助性作用。他的长篇论文《美术的起源》即广泛利用民族学的学术成果来论述美的起源问题。可以说，在蔡元培研究美术史的过程中，美学偏于抽象的理

---

① 高平叔编：《蔡元培全集》，第6卷，第455页，中华书局，1988年。

念，而民族学则提供了生动具体的实证，这或许是他晚年较多偏向于民族学问题的某种原因。1924 年，他在欧洲参加国际民族学会议，遇莱比锡大学同学德国民族学家但采尔，在但氏的鼓动下，他以年近花甲之龄进入汉堡大学，专门研究民族学。从此，民族学在晚年蔡元培的精神生活中占据了一个突出位置，他向国人介绍这门学科，并热心从事中国民族学的学科建设工作。

关于民族学的材料，不论是中国古代，还是古希腊或其他地区，均有大量的文字记载和文物资料。但是，民族学正式成为一门社会科学，则是在 19 世纪中叶。欧美等国家的许多学者为这一学科的创立进行了艰辛的理论探索，形成不同的学派。西方民族学著作首次传入中国，是1903 年由京师大学堂书局出版的林纾、魏易合译的《民种学》一书。该书原作者为德国人哈伯兰，英人罗威译成英文为《Ethnology》（民族学），林纾等据英译本转译为中文，而称“民种学”。次年，蒋观云又译称“人种学”。在一段时间内，有关民族学的定义既不固定，也不统一。在我国，正式提出“民族学”这一概念并使之沿用至今的，是蔡元培。他于1926 年 12 月在上海《一般》月刊发表《说民族学》一文，阐明“民族学是一种考察各民族的文化而从事于记录或比较的学问。偏于记录的，名为记录的民族学；举各民族物质上、行为上各种形态而比较他们的异同的，名为‘比较民族学’”。他详细考比了法文、德文、英文关于“民族学”这一名称的词义，并溯源到古希腊文的语义演变，说明自己提出民族学概念主要“是依傍德国语法”。① 其实，就广义而言，民族学属于人类学的一个分支，英美学者通常将民族学视为人类学，亦即相当于人类文化学和社会人类学。但在欧洲大陆，如德、法等国，习惯上将体质人类学称作人类学，而社会人类学则另有民族学（Eth-

① 高平叔编：《蔡元培全集》，第 5 卷，第 104 页，中华书局，1988 年。

nology）之称。蔡元培提出并确定民族学概念，显系源于德、法等国的学术传统。

在《说民族学》这篇文章中，他还着力从中国传统文化中挖掘有关民族学的资料，以证明这一学科在中国具有良好的基础，并非纯然的舶来品。他指出，《山海经》一书中有很多民族学的丰富记载，“例如《山经》，于每章末段，必记自某山以至某山，凡若干里，其神状怎样，其祠礼怎样，那都是记山间居民宗教的状况”。此外《史记》“匈奴”、“西南夷”等列传和后来史书中的这类部分，以及唐樊绰的《蛮书》、宋赵汝适的《诸蕃志》、元周达观的《真腊风土记》、明邝露的《赤雅》等书，都是记录民族学的专书。而《小戴记·王制篇》中则有颇为详明的比较民族学方面的记述。随后，蔡元培分别阐述了民族学与人类学、人种学、考古学、历史学、社会学、心理学等相关学科的关系。在他看来，尽管西方学术界有以人类学包含民族学的倾向，但现今民族学注重于各民族文化的异同，头绪纷繁，绝非人类学所能包容，实际上民族学久已脱离人类学而独立。这样，便使民族学在中国创立伊始，即与人类学脱钩，具有独立学科的地位。在这篇文章中，蔡元培还初步论证了“民族的文化随时代而进步”的观点，认为民族学的研究颇可补中国史前史若干方面的阙如，从而显露出他与欧洲民族学中进化学派的某种学术渊源。

《说民族学》一文，是20世纪初西方民族学传入中国以来，第一篇系统论述民族学的文章，它不仅确定了这门学科的名称和定义，还具体介绍了该学科在近代学术体系中的地位和作用，同时，又用中国固有的文献资料进行演绎，为这门新兴学科增大了可接受性。自《说民族学》发表之后，民族学作为一门学科开始在中国学林中得到了立足之地。

1928年国立中央研究院成立，按照蔡元培的设想，拟议创设民族学研究所，但由于经费和研究力量的不足，改在社会科学研究所内组建民族学组，蔡元培以院长身份兼任民族学组主任，并从事具体项目的研究。从中央研究院当年的文件记载可知，他的研究课题为：①各民族关于数之观念；②结绳及最初书法之比较研究。在30年代，年逾花甲的蔡元培在应付各类繁杂事务的情况下，始终没有降低对民族学的研究兴致。有文字可寻的，是他公开发表的两次演说词。一次是1930年5月，在中国社会学社成立会上所讲《社会学与民族学》。他概要论述了民族学对社会学的补助作用，指出，"我们要推到有史以前的状况，专靠考古学家的材料，是不能贯串的。我们完全要靠现代未开化民族的状况，作为佐证，然后可以把最古的社会想象起来。"他进而列举母系氏族制度和图腾崇拜等民族学方面的研究成果，论证中国古代传说的历史，使人产生耳目一新之感，从而推动民族学的普及并引起学术界的重视。[①] 另外一次，于1934年12月在南京中央大学所讲的《民族学上之进化观》。他讲道："民族学上的进化问题是我平日最感兴趣的……在民族学上，我觉得人类进化的公例，是由近及远的一条，即人类的目光和手段，都是由近处而逐渐及于远处的。"他从美术、交通、饮食、算术、币制、语言、文字、音乐、宗教八个方面阐发自己的这一观点。他说，就美术而言，"人类爱美的装饰，先表示于自己身上，然后及于所用的器物，再及于建筑，最后则进化为都市设计"。但他同时也指出"尚有不可忘记的一点，即此种进化的结果，并非以新物全代旧物，易言之，即旧物并不因新物产生而全归消灭"。[②] 蔡元培提出的这一"由近及远"的进化观点，被后来的民族学专家评赞为进化学说在民族学方面的"一个正确新解"，"此乃折中历史派与进化派的学说，以补旧进化论之偏"。这两篇演说词分别发

① 高平叔编：《蔡元培全集》，第5卷，第422页，中华书局，1988年。
② 高平叔编：《蔡元培全集》，第5卷，第455页，中华书局，1988年。

表在《社会学刊》第1卷第4期和《新社会科学季刊》1934年冬季号上，它们与《说民族学》一起，成为蔡元培民族学研究方面仅存的3篇文章。

不过，晚年蔡元培对中国民族学的贡献远非仅只这些。他的关于民族学的思想更多地体现在他所领导的中央研究院民族学组的工作方面。从1928年民族学组建立到1934年该组归入历史语言研究所的6年间，他悉心指导，大力擘画，推动民族学组积极展开调查、研究。蔡元培主张，民族学既是理论科学，也是应用科学，其研究工作既有学术性，又有实用特点，它与边疆地区的政治进步、教育普及和文化提高均有密切关系。研究民族学不应当一味地从现有典籍中搜讨间接的材料，而更应注重采撷大量生动的直接材料，即应当进行广泛实地调查。在他的主持下，民族学组确定了工作项目，计有：广西凌云瑶人之调查及研究；台湾番族之调查和研究；浙闽畲民之调查；松花江下游赫哲民族之调查研究；海南岛黎人之调查；湘西一带苗瑶人之调查；西南民族之研究；亚洲人种分类之研究；标本图表之整理陈列，等等。可以看出，其中实地调研占有较大比重。蔡元培还亲自指定、安排研究人员赴少数民族地区从事调查。从1928年开始，民族学组的研究员颜复礼、凌纯声，编辑员商承祖，助理员林惠祥，以及芮逸夫、陶云逵等均曾分赴边陲地区实地考察，所撰调研报告则在中央研究院有关刊物上公开发表。这是国人第一次有组织地开展民族现状调查。为了集中展示民族学的标本和资料，蔡元培还着手筹建中华民族博物馆，他特意聘请时任汉堡民族博物院非洲部主任的但采尔协理此事，经多方努力，有关文物标本和图片初具规模，但终因经费不足，只在中央研究院内设立了一个民族学陈列室。

在中国，民族学毕竟还是一门新兴的学科，但它对于中华大家庭这样一个多民族的国家来说，是不可或缺的。20世纪50年代，有关部门正式确认“民族学”为此一独立学科的统一称谓，从那时起，该学科已有了喜人的发展。然而，人们不会忘记蔡元培先生在中国民族学的早期发展阶段所进行的“开辟草莱”的种种努力，没有他那一代人的奠基性工作，中国民族学日后的发展和提高是不可想象的。

10. 多元文化背景下少数民族的外语教育问题

——以云南少数民族地区为例

李　强

（云南民族大学）

引　言

世界上的每一个民族都是通过本族的语言来表现自己独特的文化特征。每一个民族的语言都蕴涵着本民族的社会生活经验，反映出本民族的历史传承与文化内涵。美国人类学家格雷姆曾说过："我们的语言就是我们的历史。"（C. Grimm. 1977）任何一个民族对文化无一例外都是由本民族的先辈们在历史文化传承中，把个人和群体在劳动实践中积累的知识经验，以不同的教育方式，一代一代地传承下来，这是人类特有的记忆和产物，也是人类显示灵性的起点。随着全球经济一体化格局的形成，本民族文化的传承方法受到一定程度的影响。因为人具有社会性，社会也具有人性。社会需要根据人性随时调适自己，以维系人所生存的环境朝着生态健康的方向发展。可见，社会环境对教育的影响日益增大，教育能从社会中获得与社会极为和谐的关系，教育会表现出对社会的积极作用。

一、云南少数民族文化多样性特征

云南是我国少数民族种类分布最多的省份。全省土地面积为39 万平方公里，总人口 4300 万，其中少数民族人口为 1400 万人，占全省总人口的 35%，占全国少数民族总人口的 1/8。全省有 8 个民族自治州，29 个民族自治县。世居在云南省境内的少数民族有25个，其中15个为全国独有民族（含全国少小民族、稀有民族和跨境民族）。在这25个少数民族中，有8个少数民族使用着除汉语以外的9种不同的民族语言文字（特指既有口语又有文字的语言），分别是：彝文、纳西文、藏文、傈僳文、拉祜文、佤文、景颇文、德傣文和西傣文。云南少数民族语言文字分属汉藏、南亚两大语系，壮侗、藏缅、苗瑶、孟高棉4大语族11个语支，25种语言，5大地方方言区。如下表所示：

<table>
<tr><td rowspan="6">云南少数民族语言系属</td><td rowspan="5">汉藏语系</td><td>侗台语族</td><td>壮侗语支</td></tr>
<tr><td>藏缅语族</td><td>藏语支、彝语支、白语支、羌语支、佤语支、景颇语支、独龙语支</td></tr>
<tr><td rowspan="2">苗瑶语族</td><td>苗语支</td></tr>
<tr><td>瑶语支</td></tr>
<tr><td>南亚语系</td><td>孟高棉语族</td><td>佤语支</td></tr>
</table>

云南地处东亚亚热带季风区、南亚热带季风区和西藏高原三大区域之间，分别与缅甸、老挝、越南等东南亚国家接壤，与之相应形成了南亚文化圈、藏文化圈和中国内陆文化圈相交融的文化多样性特征，从而构筑了云南少数民族分布的特点：大分散、小集中、大杂居、小聚居。云南独特的自然地貌和区位环境，对少数民族的生产生活方式、人文生态环境和生物区系产生了巨大的影响，呈现出动植物南北东西交汇的奇特状况，因而形成全国独有并誉满天下的“植物王国”和“动物王国”的自然生态环境。在人文环境方面，云南有着距今170万年的元谋人的古人类化石文化；有唯一活着的象形文字（纳西东巴文）和人类较早使用图画文字记录下来的古乐乐谱；有保存完好、独具风格的古城建筑；有“苗族山头住，瑶族菁头住，壮族平坝住，汉族街头住”的民居文化；还有“火车没有汽车快，背着娃娃谈恋爱”的云南“十八怪”这样的民俗民间文化。这些民族文化传承无

不透出历久弥新，百味芬芳，沉淀出厚重的历史文化内涵。

二、云南少数民族外语教育现状评述

基于云南少数民族的分布特点和以“农耕文化”为主体的民族文化传承以及少数民族语言的“语言山”的现实存在背景，使云南少数民族地区的外语教育面临着特别多的困难和问题，同时又肩负着非常重要的历史使命。从语言教育理论的角度来看，习得一种民族的语言，就意味着习得该民族的文化。民族语言是民族的特征，要了解民族文化的历史传承和其内在的联系以及解读民族文化，首先就得从语言的教育开始。就外语教育而言，各少数民族的第一语言自然是其母语，汉语是其第二语言，外语的学习属于第三甚至是第四语言的学习教育过程。国内外大量的语言教育研究成果表明：语言学习者在学习两门语言体系时绝不会和平共处，而是不断地发生冲突，这种冲突不仅限于学习语言的这一刻，而是一直持续在储存新概念的过程中。第一语言（母语）在第二语言习得过程中会产生副作用，即母语会干扰第二语言的习得。研究结果还进一步说明：少数民族学生在外语学习教育中也有受不同文化和不同语言思维方面的差异因素的制约。这种差异具体表现在民族文化面向自身，以静为主，注重内向实践；西方民族文化面向自然，以动为主，注重外向实践。因此，在这样多元民族文化背景下，少数民族地区的外语教育就独具特殊性和存在着特别的困难和问题，具体表现在以下几个方面：

第一，受制的教育条件。由于云南少数民族地区的社会历史、地域、经济结构、社会发达程度的不平衡，少数民族学生从小生活在经济生产条件相对落后、科技文化信息闭塞、交通不便的偏远山区，初级教育大多都要经过“双语”（民—汉）的教育形式来完成，直到中学教育阶段才结束“双语”的模式。加之，受师资条件和办学条件的限制，有将近67%的民族小学没有条件开设“外语课程”。大约75%的民族中学生在中学阶段学习英语时，从未曾听过英语国家本土人士的标准口音，更没有机会接触外国人，与外国人士交谈。因而在外语学习的最基础的语音学习阶段往往形成“顽音”，带有浓重的方言口音，非常难以矫正，这对今后的外语学习产生一连串的“不良”反应和循环。

第二，语言文化的冲突。在云南民族文化多样性背景下，实施外语教育还会不可避免地面临语言文化的冲突。这种冲突主要体现在母语文化的传承与保护同目的语文化（外来语文化）的直接冲突。众所周知，当一个民族的母语逐渐消失，或被外来语取代时，就意味着该民族的文化也就淡化、消失。换句话说，如果某一民族的语言出现了濒危现象，如果不能有效地进行拯救和保护，那么随着时空的变化和推进，该民族的文化也就会逐渐消失。尽管这与国家的语言政策和语言规划的目标宗旨不一致，但是最为关键也是最棘手的问题是：一方面，我们在唱响弘扬民族精神、振兴民族文化主旋律的同时，我们又面临巨大的挑战和困惑，即全国上下都在进行推广普通话教育，少数民族学生与汉族学生一样，升学、就业、工作、生活等各个方面的社会活动都只能使用汉语这一主体的语言工具，民族语言文化自身的教育空间十分有限；另一方面，作为面向世界未来的发展要求，外语作为重要的交际工具和出路，也同样地赋予了巨大的教育发展空间。因此，在很大程度上，就使民族地区的外语教育与汉语教育、母语文化教育产生了多维角度的冲突。要树立目的语文化（外语文化）意识实在是困难不小，问题不少。

第三，有待更新的外语教育理念。外语教育的根本目的就是培养具有不同文化背景的人们进行顺利交际的人才。在一定意义上讲，外语教育也是一种文化教育，一种外来语文化的教育。文化是人类生活的环境，文化决定人的存在，包括自我表达的方式、情感流露的方式、思维方式、行为方式、解决问题的方式，等等。毋庸置疑，一个人的语言能力会影响到他理解现实世界的思维模式和行为方式。语言的物质反映了一个概念世界，语言决定了人对客观世界的认识。基于语言教育的本质，特别是外语教育的理论依据，我们理当更新外语教育理念，在外语教育过程中克服传统的外语知识教育，积极导入文化背景知识的教育，因势利导，减少学生在外语教育中的语言距离和社会距离，树立积极的目的语文化意识。人类社会的发展与进步，必然推动语言的发展，语言的发展离不开语言的教育，语言教育更要涉及人文地理、宗教习俗、历史传承等文化因素的实际内涵。因此，少数民族地区外语教育，一定要坚持语言的本质，回归语言教育的工具性，集语言知识教育与文化实践活动为一体，既能保护和发扬优秀的民族文化，又能树立目的语文化意识，充分发挥本族语文化的优势，促进和推动民族地区的外语教育事业的发展。

三、基本对策

大量的研究结果表明：人们通过语言认知过程去解读文化，通过语言教育树立目的语文化意识，实现跨文化交际的目的。因此，研究和总结少数民族地区的外语教育的特点与规律，有助于积极推动边疆民族地区的经济文化建设所需外语人才培养的进程。从少数民族地区外语教育的实际出发，笔者认为针对现存的问题和困难，应采取相应的措施和对策逐步解决这些问题。

第一，积极开展科学研究，推进国家语言政策与语言规划及相关政策在少数民族地区的贯彻落实，研究成果能为国家语言政策规划决策提供参考依据。

第二，加强外语教学实践研究，发挥少数民族学生多语文化背景的优势，提高少数民族学生的语言认知潜力和多语比较能力。在少数民族地区应从初中开始开设外语课程，不宜在小学阶段过早开设外语课程，而应加强母语文化和汉语文的教育。因为对于少数民族学生来说，语言学习关键期与语言迁移的认知能力，在多语文化背景下的情形同以汉语为母语的汉族学生或以英语为母语的学生情形完全不同，这就是特殊规律。

第三，加大外—汉双语教育师资的培养力度，创造条件和机遇为少数民族地区培养高素质合格的双语教学骨干教师。

第四，组织力量，编写地方特色外语教学精品教材，增强少数民族地区外语教学的针对性和实效性。

第五，在外语师资配置、教学内容、教学方法、教材建设、课程设置方面加大改革力度，因势利导，挖掘潜力，发挥优势，突出特色，不断地提高外语教育的质量和水平。

结语

语言是初始的文化，文化是一种历史和社会的现象，不同的文化要通过不同的语言表现出来。世界上任何民族的语言都承载着该民族的心理状态和思维习惯，记载着该民族历史文化和社会生活中延续不断的思想意识形态表现，既反映出民族的发展历史，同时又规范着民族对客观物质世界的认知方法和对一切现象的解释方法。多年来的教学实践与经验证明：在少数民族地区实施外语教育，要特别关注少数民族外语学习者的个性心理素质，要以母语对第二语言习得的“干扰”程度和表现来研究分析少数民族学生对外语的认知能力特点，更好地调适外语教育的对策，探索少数民族外语教育的有效途径和方法。

参考文献：

1. 戴庆厦:《藏缅语族语言研究》，云南民族出版社，1993 年。

2. 郭 净:《云南少数民族概况》，云南人民出版社，1998 年。

3. 李 强:《文化多样性与英语教学》，中国社会科学出版社，

2003 年。

4. 王宗炎:《语言问题探索》, 上海外语教育出版社, 1985 年。

5. 刑公畹:《语言学概论》, 语文出版社, 1992 年。

6. 张正东:《外语教育学》, 重庆出版社, 1987 年。

7. 俞理明:《语言迁移与二语习得》, 上海外语教育出版社, 2006 年。

8. Samovar, L & Porter, R. "Intercultural Communication" Walsworth Press, 1998.

9. Zdenek. Salzmann, "Language, Culture and Society — An Introduction to Linguistic Anthropology" Westview Press, 1998

第三编　机会与平等

在多民族国家当中，保证少数民族及原住民的教育公平，保证他们平等享受受教育的权利和机会是现代社会追求的理念之一。随着社会的进步和人类的发展，少数民族教育机会与平等的内涵与外延有了很大的变化，已经从早先的单纯追求入学机会平等变为更加注重教育过程的公平和教育结果的公平。本编的 6 篇论文内容涉及中国、美国少数民族教育优惠政策、人口较少民族的教育公平问题、西藏少数民族高等教育的机会、过程、结果公平问题和蒙古族大学生的择业观问题。

11. 西藏高等教育公平问题刍议

陈　玲　王学海
（西藏民族学院）

教育公平是指每一个社会成员都具有享有公共教育资源的权利，且享有公平公正的教育待遇。教育公平包括教育机会公平、教育过程公平、教育结果公平。对教育公平的关注，可追溯到20世纪。随着经济文化、科学技术的发展，以及民主意识的崛起和社会观念的转变，人们对教育公平问题越来越关注。由于高等教育在促进社会进步、人员流动、提高个体社会地位等方面的作用，高等教育公平问题日益得到重视，其中少数民族地区高等教育的公平问题，在整个高等教育公平的讨论中具有举足轻重的地位。西藏是我国唯一一个少数民族人口占绝大多数的省区，研究其高等教育的公平问题，对西藏自治区经济社会发展和稳定具有特殊的重要意义，也对全国少数民族高等教育公平的研究有所补益。

一

中华人民共和国成立近60年来，随着中央和地方各级政府的重视，经济发展和社会进步，我国少数民族及各民族中的妇女、残疾人、处境不利人群等弱势群体在接受高等教育的机会方面有了很大的提高。我国有55个少数民族，他们中的大多数生活在西部边陲和经济欠发达地区，属于处境不利的弱势群体。在这些弱势群体中，少数民族的高等教育公平问题一直是一个重点。历史上和当前的许多重大热点问题和冲突，都与民族矛盾有关，处理好民族问题，也包括处理好高等教育对少数民族的公平问题，这对全世界来说仍是一个重大课题。

1959年民主改革后，尤其是从1978年改革开放以来，在中央和全国各省区的大力支持下，经过西藏自治区政府的努力，西藏的高等教育事业得到了很大的发展，截至2005年年底，西藏已经有高等学校4所，普通本、专科在校生18979人，研究生230人，网络本、专科学生2285人,[①] 每10万人口高等学校在校生人数达到年1139人，超过青海（905人）、云南（904人）、贵州（838人）、广西（993人）、河南（1119人）、海南（1133人）、安徽（1110人），与全国平均1613人差距不大。[②] 根据西藏自治区教育厅的统计，到2006年年底，西藏高等教育入学率已经达到16%，达到高等教育大众化的初级阶段。[③]

虽然西藏高等教育的发展成绩巨大，但是西藏高等教育的发展是不平衡的，还存在许多问题，尤其是在少数民族高等教育公平方面还存在不少问题。据《西藏统计年鉴》提供的数据，到2005年西藏自治区人口为267．55万人，其中藏族254．9万人，汉族10．5万人，其他民族2．15万人，少数民族人口占西藏总人口的96%。农业人口224．12万人，占总人口的83．9%，非农业人口43．13万人，占16．1%。[④] 少数民族特别是藏族人口占绝大多数，农牧民人口比重大，经济文化还比较落后，基础教育质量还不高，高中阶段教育还比较薄弱，高等学校办学水平较低等现象的存在，致使西藏高等教育的公平问题仍然是一个未能完全解决的问题。主要问题表现为：西藏少数民族在高等教育入学机会方面基本上达到了较高的公平程度，但是在少数民族接受

---

① 西藏自治区教育厅：《西藏自治区教育事业统计资料》，2005年12月。

② 中国教育年鉴编辑部：《中国教育年鉴》，人民教育出版社，2006年。

③ 中国西藏新闻网 西藏教育：实现“十一五”良好开局 http：// www. sina. com. cn 2007年2月3日.

④ 西藏统计局：《西藏统计年鉴》，中国统计出版社，2006年8月。

高等教育过程中和高等教育结果上的不公平现象仍然比较严重。

二

西藏目前基本实现了对少数民族和汉族高等教育机会的均等和高等教育权利的平等。从表面数字上看，西藏高等教育起点还不够公平。根据《西藏自治区教育事业统计资料》提供的数据，2007—2008 学年，西藏高等学校各类在校生达到 32549 人（不含网络生），其中少数民族 20197 人，西藏高等学校中少数民族学生约占在校生总数的 62%。① 表面上看，汉族只占全区人口不到 4%，汉族学生却在西藏高校中占了近 38%，与少数民族在西藏总人口中占 96% 的比例看，以藏族为主的少数民族学生只占西藏高校学生比例的 62%，在校学生中少数民族学生的比例明显偏低，似乎表现出高等教育机会对少数民族的不均等。但是，西藏高校每年在内地省区招收一定数量的汉族学生，2007 年在内地河北、山西、陕西等 15 个省招生 1150 人，目前共有 5215 名内地学生在西藏高校学习；② 同时内地高校也在西藏招收很多少数民族学生以及内地西藏班的毕业生，2007 年内地高校招收西藏学生（含西藏班）3210 人，2007 年年底西藏在内地高校学习的学生有 16147 人。③ 因缺乏具体资料尚不知道其中少数民族的比例，但是从西藏班基本上是少数民族，以及招生时执行的照顾政策来看，估计少数民族至少占 70% 以上。同时还应该看到，影响高等教育机会均等的因素要比影响基础教育的因素复杂得

① 西藏自治区教育厅：《西藏自治区教育事业统计资料》，2007—2008 学年，2007 年 12 月。

② 西藏自治区教育厅：《西藏自治区教育事业统计资料》，2007—2008 学年，2007 年 12 月。

③ 西藏自治区教育厅高校毕业生就业指导中心：《西藏自治区 2008 年普通高等学校毕业生就业工作手册》，2007 年 12 月。

多，确定高等教育是否公平不能简单地和基础教育类比。

首先，接受基础教育的学生在文化程度上基本可以是零起点，只要政府或者社会团体认识到少数民族教育公平的重要性，积极采取有效措施，可以很快地解决少数民族教育机会均等的问题。但是接受高等教育的人则必须具有一定的文化基础和心理条件。联合国教科文组织在《21世纪的高等教育：展望和行动宣言》中指出："根据《世界人权宣言》，能否被高等院校录取应根据那些想接受高等教育的人的成绩、能力、努力程度、锲而不舍和献身精神，……不分种族、性别、语言、宗教，也不分经济、文化或社会地位或是体残均可接受高等教育。"我们过去比较重视这段话的后半句，即"不分种族、性别、语言、宗教，也不分经济、文化或社会地位或是体残均可接受高等教育"，而往往有意无意地忽视了前半句"应根据那些想接受高等教育的人的成绩、能力、努力程度、锲而不舍的精神"来决定能否被高等院校录取。没有完整的基础教育支撑，盲目追求高等教育机会均等，是不符合教育规律的。确定高等教育入学机会是否均等，不能只看各个民族在总人口和高校在校生的比例，主要看在达到同等知识水平和能力标准的人中，是否无论哪个民族都能保证有同等的入学机会。目前西藏对少数民族进入高校具有比汉族更为优惠的政策，在各个批次录取时，对少数民族考生有七八十分至一二百分的优惠，可以说在高等教育入学机会公平等方面，西藏已经对少数民族充分给予照顾。

其次，现行的高考制度在实际录取学生时所采取的是分省定额录取的办法，让学生在省区内、在大致相同的条件下进行竞争。省区内招生录取分数线的不同和录取差异，是对教育落后地区或弱势群体的政策性补偿，可以有效降低教育机会的不公平性。从部属高校在各省份入学机会的绝对公平指数（高考录取率）看，西藏等少数民族地区在高校入学机会分配中占有突出优势。在全国31个省份中，相对与人口分布状况而言，部属高校入学机会最有利的是西藏等西部少数民族地区。国家民族政策和西部开发战略是西部民族地区拥有部属高校入学机会优势的根本原因，有利于西藏等少数民族高等教育的机会公平。

2006年各省市、自治区部属普通高校入学机会绝对分布状况①

省市、自治区	人口数（万人）	占人口比重（%）	高考报名人数	部属高校招生计划人数	部属高校计划录取率（%）
北京	1493	1. 15	110259	11970	10. 86
天津	1024	0. 79	85073	8488	9. 98
河北	6809	5. 24	557600	14284	2. 56
山西	3335	2. 57	320000	9520	2. 98
内蒙古	2384	1. 83	174382	7813	4. 48
辽宁	4217	3. 24	238273	14282	5. 99
吉林	2709	2. 8	172000	12711	7. 39
黑龙江	3817	2. 74	219235	11102	5. 06
上海	1742	1. 34	113800	15665	13. 77
江苏	7433	5. 72	495000	24329	4. 91
浙江	4720	3. 63	352000	13508	3. 84
安徽	6461	4. 97	463498	12480	2. 69
福建	3511	2. 70	279000	11524	4. 13
江西	4284	3. 30	353278	9625	2. 72
山东	9180	7. 06	800000	25430	3. 18
河南	9717	7. 48	780503	14785	1. 89
湖北	6016	4. 63	533000	27524	5. 16
湖南	6698	5. 15	476522	15885	3. 33
广东	8304	6. 39	517400	10162	1. 96
广西	4889	3. 76	274904	7352	2. 67

① 乔锦忠:《优质高等教育入学机会分布区域差异》，《北京师范大学学报》，2007年第1期。

续表

省市、自治区	人口数（万人）	占人口比重（%）	高考报名人数	部属高校招生计划人数	部属高校计划录取率（%）
海南	818	0.63	41000	3536	8.62
重庆	3122	2.40	175173	12369	7.06
四川	8725	6.71	600000	20650	3.44
贵州	3904	3.00	193979	6092	3.14
云南	4415	3.40	181374	6109	3.37
西藏	274	0.21	13678	920	6.73
陕西	3705	2.85	373157	16099	4.31
甘肃	2619	2.01	248000	7483	3.02
青海	539	0.41	40000	3421	8.55
宁夏	588	0.45	54144	4076	7.53
新疆	1963	1.51	150000	12841	8.56
其他				55935	
合计	129988	100	9386232	427970	100

但是，我们同样可以看到，由于西藏等落后地区学生在高校中的高入学率，使“高考移民”考生利用省际间录取分数的差异，通过非正常户口迁移，在分数较低省份获取报考资格和较多录取机会等现象近年来也在西藏自治区屡有发生。高考移民侵占了少数民族地区的既有利益，在很大程度上也影响了当地对高等人才的培养。他们的学成不归，也会造成当地投资效益的流失。庆幸的是，教育行政主管部门针对这一现象，已经出台了相关政策和法律对“高考移民”限制，加大对“高考移民”的查处力度，以保护当地考生的利益，从而保障了教育机会和权利的公平性。

最后，在我国社会主义发展的现阶段，优质高等教育机会的区域分布存在着一定的差异是不可避免的，也是现实的。对比高等教育机会公平与否，不能简单地比较汉族和少数民族人口在高等学校的比例，因为各个民族都有生活在城镇和农牧区的人口，都有来自贫困家庭和富裕家庭学生。简单地强调为了提高少数民族在高等教育中应有的比重，进一步降低少数民族高考录取分数，增加更多的可能是少数民族城镇学生的人数，限制的可能是汉族贫困家庭的学生的入学机会。我国汉族大学生中的大多数来自城镇和经济条件较好的农村，来自广大贫困地区的大学生人数较少，而贫困地区的汉族人口在全国人口中的比例相当高，其绝对数量也是很大的。因此，看少数民族是否获得高等教育机会的平等，应该将居住在同一地区的少数民族与主体民族进行对比。在中国，考虑到存在城乡二元社会的差别，还应分别对照城市和农村各自的比例才能得出正确的结论。西藏的汉族人口绝大多数居住在拉萨和各地区行署所在地的城镇中，与生活在这些城镇的藏族和区内少数民族比，由于国家对藏族和区内少数民族在高考录取时的降分优惠，藏族和汉族录取比例的差距实际上是很小的，并不存在高等教育机会区域分布的过度不均衡。由此可看出，西藏对少数民族和汉族高等教育机会的均等和教育权利平等目前在城镇地区已基本实现了。

三

西藏少数民族高等教育过程的公平尚未实现。在享受优质高等教育的资源上，西藏高等学校与内地同类学校相比还存在着不平等现象。

虽然政府和教育主管部门在政策、经费、人事上加大对西藏高等教育倾斜力度，但由于教育经费不断上涨，教育资源总量不足、配置失衡等，导致西藏高等学校的办学条件、教育质量与内地同类型、同层次的高校相比还有较大差距。加之西藏高校本身定位不够准确，缺乏特色专业和核心竞争力，社会认可度欠佳等，导致无论当地还是外地优秀考生更多地愿意选择内地高校，从而使西藏高校与内地高校相比，无论从生源、教育资源、教师、毕业去向等诸多方面都处于弱势地位。

少数民族在接受高等教育的结果上存在比较突出的不公平现象，主要原因还是少数民族生源的质量不高所致。根据统计，西藏汉族历年高考录取分数线本身就低于绝大部分省区，而区内少数民族录取线比汉族的还要低得多。下表所列的是西藏自治区2000—2007 年高考录取分数线。

西藏高考采用的是全国统一卷，可以和同样采用统一卷的冀、豫、晋、桂、滇、黔、甘、黑、吉、蒙、青、新疆等省区作对比。

通过列表可以看出少数民族在各个批次的录取线都比汉族的要低得多，特别是在对考生素质要求更高的重点批次上，差距都在 100 分以上乃至超过 200 分，而且差距还在不断拉大。拉大的主要原因是汉族录取线有较大幅度的提高，而少数民族录取线基本没有变化。少数民族分数线 8 年来几乎没有提高，除了西藏高校有较大幅度的扩招外，主要原因还是基础教育的质量不高和基础教育的结构不够合理造成的。根据 2006 年《中国教育年鉴》的数据，西藏 10 万人口中平均高等学校在校生 1139 人，高中阶段仅 1473 人，① 高校生和高中生之比仅为 1∶ 1．29，全国为 1∶ 1．90。高等教育的培养目标是高素质的各行各业的专业技术人才，达不到接受高等教育入学标准的学生，很难完成高等学校专业教育的要求，成为合格的专业技术人员。通过照顾勉强完成学业的，在就业和工作中也缺乏竞争力，实际上会陷于高等教育结果的不公平。

---

① 中国教育年鉴编辑部：《中国教育年鉴》，人民教育出版社，2006 年。

西藏高考分数线（2000—2007 年）

年度	批次	文史类			理工类		
		少数民族	汉族	分差	少数民族	汉族	分差
2000	重点本科						
	一般本科	300	390	90	210	320	110
	高职高专	215	290	75	200	270	70
2001	重点本科	340	440	100	305	450	145
	一般本科	283	350	67	210	300	90
	高职高专	255	325	70	200	270	70
2002	重点本科	335	450	115	305	450	145
	一般本科	273	340	67	235	340	105
	高职高专	255	320	65	200	270	70
2003	重点本科	330	450	120	280	440	160
	一般本科	250	320	70	210	325	115
	高职高专	220	300	80	175	250	75
2004	重点本科	350	490	140	300	480	180
	一般本科	250	320	70	210	325	115
	高职高专	220	300	80	180	255	75
2005	重点本科	350	490	140	300	480	180
	一般本科	250	320	70	210	325	115
	高职高专	220	300	80	180	255	75
2006	重点本科	355	495	140	300	505	205
	一般本科	267	352	85	225	370	145
	高职高专	235	320	85	200	300	100
2007	重点本科	365	515	150	303	515	212
	一般本科	280	370	90	225	370	145
	高职高专	240	330	90	200	300	100

根据西藏历年高考录取分数线整理

在一定程度上，高等教育入学机会的不公平是基础教育机会不均衡的延伸。由于西藏地区经济文化发展的滞后，宗教风俗习惯等的影响，基础教育相对薄弱，相当一部分农牧区适龄人口失学、辍学、肄业情况屡见不鲜，显然西藏高等学校的少数民族和汉族新生未能站在同一起跑线上起跑，西藏高校教育生源质量难以得到保障。这些必将导致西藏少数民族在参加高等教育入学考试中因自身知识能力不够而趋于劣势。于是政府和教育主管部门采取对藏族和区内少数民族在高考录取时降分优惠的补偿性政策，以向西藏少数民族考生实行高校录取倾斜政策。然而这里有个可操作性的把握问题，一个量与度的问题。单纯以降低西藏少数民族高考录取分数，以增加少数民族入学比例，致使大部分少数民族学生高考录取分数低于汉族，在校期间学习比较吃力，有的甚至放弃学业。

从客观上讲，西藏地区经济发展水平不高，经济结构对高等学校毕业生的需求不大，高级专门人才市场供大于求，高校毕业生就业压力逐年增大。对少数民族的照顾政策使少数民族学生入学时的知识水平和能力相对较低，用人单位更愿意选择名牌高校学生或区内高校的汉族学生，使藏族为主的少数民族学生对接受高等教育的意愿愈加降低，高校学习期间学习积极性不够，学习效果差、毕业就业率低，最终形成恶性循环。从主观上讲，虽然由于政治上的原因和国家对少数民族的照顾，绝大部分少数民族学生还是能拿到毕业证书和学位证书，但是他们的理论知识水平和实际动手操作能力往往达不到专业要求，且缺乏有效的实习、实践和多种技能培训，最终导致西藏高等学校少数民族毕业生缺乏在就业市场上的竞争能力，只能继续靠政府的特殊优惠政策的保护勉强就业，从而失去了发展少数民族高等教育的原有意义。

各民族高等教育完全公平的理想是我们追求的最终目标，虽然教育不公是历史的沉积，离理想的教育公平还有相当遥远的距离，绝对的教育公平也是不存在的，我们只能努力接近公平的教育彼岸。但只要我们在高等教育公平问题上，循序渐进、积极作为，可让西藏少数民族更多地在我们所搭建的一个公平、公正的高等教育平台上成人成才，更好地融于社会。

12. 蒙古族大学生择业观调查研究及启示

苏　德　吴春燕
（中央民族大学）

在高等教育中，大学生的就业、择业问题一直是人们关注的焦点，择业观在其中起了重要作用。由于一直以来受计划经济和传统思想的影响，大学生在择业过程中一直希望能够找到一个稳定的可以终身依靠的职业。由于市场经济的建立，就业的体制已发生深刻变革，学校打破统招统分的模式，转变成国家宏观政策指导，用人单位和毕业生双向选择、学生自主择业的新型就业体制。就业体制的转轨，一方面建立了各地人才市场模式，一定程度上促进人才的合理流动，使人才真正成为一种资源并得到重视，有效地促进了我国社会主义市场经济的发展；但另一方面，它也造成了一些还未来得及适应体制变革的大学生在观念上的失衡。

以大学生择业观为研究角度，对内蒙古地区少数民族大学生特别是蒙古族大学生择业观进行教育探讨，则极具现实意义。为了让蒙古族大学生能够拥有一个健康、积极向上的择业观，我们必须开展系统的择业方面的教育，本着人文关怀的精神，引导他们树立正确的择业观、道德观、利益观，让学生能够以饱满的热情和乐观的心态来选择他们的人生道路。

一、研究意义与研究方法

目前，国内外有关民族教育和高等教育的理论与实践研究有很多成果，也有关于大学生择业、就业的专著和期刊，但综合论述少数民族择业观的文章却不多。纵观当前的民族高等教育研究，多是从理论体系角度宏观上考察民族教育的目的、意义、规律、内容等方面，而一般关于大学生就业的文章也是从政府、高校、用人单位、毕业生四个行为主体展开论述的。从目前的研究现状来说，单纯的把大学生择业观念做专门研究的论著还是很少，关注的话题比较集中于大学生就业指导、不良择业心理、面试辅导等方面，论述的角度倾向于经济学角度和心理学角度。而本研究突出现实性，以民族教育理论为基础，综合运用跨文化教育理论、多元文化理论的研究成果，针对亟待解决的大学生就业难问题，关注高校蒙古族大学生择业观，探讨蒙古族大学生如何利用民族特色，确定自己的职业选择，并力求在教育中有针对性地找到解决问题的方向。因此，本研究为民族地区的高等教育的人才培养研究提供了现实依据，在一定程度上丰富了少数民族高等教育理论的内容。

在研究方法上，本文主要采用了文献法、问卷调查法和访谈法。本项研究以内蒙古自治区高等院校的蒙授（用蒙古语言授课）大学生为调查对象，对他们的择业观进行调查，深入分析蒙古族大学生的择业观和择业现状，并结合访谈的情况进行分析。进行访谈，主要是在内蒙古自治区的几所高校以及用人单位进行一定范围的访谈工作。访谈高校老师，主要目的是了解高校毕业生就业情况和学校采取的具体措施，并获得有关的文献资料。访谈在校蒙古族大学生，是预先让访谈对象做一份调查问卷，再根据其答题情况针对性地提出问题，从而对大学生的择业观有更直观、更深入的了解。对已毕业蒙古族大学生进行访谈，目的是了解理想与现实的差距以及他们的就业状况和最终选择。对用人单位负责人进行访谈，是为了看人才需求标准，并请其对大学生择业提出建设性意见。

二、大学生择业观及就业现状

（一）大学生择业观的概念界定

要研究择业必须先要明确职业的定义。美国社会学家塞尔兹认为："职业是一个人为了不断取得收入而连续从事的具有市场价值的特殊活动，这种活动决定着从事它的那个人的社会地位。职业范畴的三个点是技术性、经济性和社会性。"① 也就是说，职业需要劳动者具备一定的技术或经验，在这个活动中，劳动者能取得经济收入，还能展示劳动者的社会化状态。对于职业的定义，不同的人有不同的看法。笔者认为，职业是一种谋生手段，是人们为了获得生存和发展所从事的具有特定类别的社会劳动。

择业，就是选择职业。具体来说，就是择业主体根据自己的理想和能力，从社会上许多职业中选择其中的一种或几种作为自己所从事的职业。在择业过程中，择业者不仅要考虑个人的需要、兴趣、个性特征和能力等因素，还要考虑社会发展的需要，而且由于每个人都具有不同的动机和价值取向，所以不同择业主体对职业的选择也会不同。

对大学生择业观的阐述有多种表述。有学者认为，大学生择业观应定义为："大学生对于职业选择与发展的目的、意义、途径等比较稳定的根本看法和态度的体现，是其人生观、价值观的综合反映，具体表现为大学生对职业选择、职业价值、职业道德与权益维护及其终身职业活动所持的基本观点。"② 也有人认为："大学生择业观是大学生在读书学习和社会实践过程中形成的，

① 王希永、李晓珍：《大学生事业生涯设计与发展》，中山大学出版社，2001年。

② 陈志华：《我国当代大学生的择业观教育研究》，《华中师范大学学报》，2003年第8期。

对选择某种社会职业所持的比较稳定的认识、评价、态度、方法、心理倾向和指导思想，它既是大学生职业理想的直接体现，也是大学生人生观、价值观的最直观表达。”①

这两种观点大同小异，也比较具有代表性。我们认为，大学生择业观是关于大学生对选择某种职业的需求、认识、态度、理想、途径等比较稳定的根本看法，它能反映择业者的职业理想，也能体现择业者人生观和价值观的综合取向。择业观属于择业过程的心理层面。大学生择业观的形成是一个漫长、复杂的过程，是大学生在学习、生活、社会实践等活动中逐渐形成并成熟的。每个学生都有属于自己的择业观。

（二）大学生择业观的时代特点和构成要素

大学生择业观具有鲜明的时代性。大学生择业观随时代的发展变化具有不同的内容。不同时期的社会有不同的特点和需要，因此不同时代的大学生就有着不同的择业观。20 世纪 70 年代末的大学生有自己的择业意识，但毕业时必须服从国家分配，国家利益高于一切。90 年代前期，大学生就业时追求“第一职业求稳定，第二职业求发财”。90 年代中期至今，“能够发挥专长”成为大学生择业的首要标准，大家试图在个人价值和社会价值之间寻找最佳结合点，有些人还开始寻找创业途径。可见，大学生择业观表现出强烈的时代气息。

大学生择业观主要包括择业认识、择业心态、择业实现途径、择业理想标准、择业需求五个方面。这五个要素相互联系、相互影响，成为一个有机整体，共同对大学生的择业行为产生影响。

择业认识是指大学生在认识自己的基础上，对职业、对社会上与择业有关事物的基本看法。其核心是大学生对职业的了解，

① 李荣华：《大学生择业观理论探讨》，《中国青年研究》，2005 年第 6 期。

特别是对各种职业的地位、性质、职业规范和职业道德等内容的理解，有自己对职业独特的看法和评价。择业心态就是大学生在对待择业问题上所具有的态度和心理倾向，一般分为积极心态和消极心态，往往取决于他们如何认识和评价自我，以及对职业的认识等。而外界因素如家庭背景，周围同学、老师对职业的看法等也往往会影响他们的择业心态。择业实现途径主要是大学生对择业所必需的方法、能力和手段的认识，直接涉及与择业有关的行为。需要说明的是，具体的求职方法比如自荐求职、应聘求职、考试求职、推荐求职和网上求职等不作为本文讨论的范畴，而侧重于研究大学生用什么方法达到哪种自己看重的能力，以便为他们的择业打基础。择业理想标准是大学生在一定的世界观、人生观的指导下，面对纷繁复杂的职业为自己设定的理想择业规划，比如薪金要求、福利待遇、专业对口、地区选择、单位性质等方面都有自己的标准。每一个大学生在面对择业问题时，必须在权衡各种条件的基础上，明确择业的理想标准。择业需求则主要体现了大学生的一种个性倾向性。每个人的择业需求都不一样，上述择业理想标准就能反映大学生的择业需求。大学生的择业总是从一定的需要出发，从而产生动机并指向一定的目标，最后朝着目标努力。本文将重点讨论大学生在择业、就业问题上需要得到学校教育的哪些具体帮助。

（三）大学生就业难的现状

随着时代发展和社会进步，旨在提高人口素质的我国高等教育大众化阶段已经到来。但大学生“就业难”的问题却成为不争的事实。只要存在市场经济，劳动者的供需状况就不会是始终平衡的，其中也包括大学生的供需状况。高等教育培养人才需要一定的周期，因此，提前几年制定的人才培养规划可能等到大学生毕业时就会产生变化，出现了时间和空间的错位，从而有相当数量的大学生找不到工作或者暂时找不到工作的情况。所以，有效解决大学生就业问题，帮助他们顺利就业，已成为社会、学校、学生及家庭共同关注的焦点。大学生就业难状况可从高校毕业生增加速度的不断上升趋势加以证实：1999 年高校开始扩招后，我国高等教育进入跨越式发展阶段。2002 年全国普通高校毕业生总数是 145 万人，2003 年上升为 212 万，比上一年增加 46.2% 。到 2004 年、2005 年毕业生总数分别是 280 万、338 万，分别比上年增长 32% 和20.7%。而 2006 年更达到了 413 万庞大的数量，比 2005 年多了 22.2 个百分点。2007 年高校毕业生人数达 495 万人，又比上年增加了 82 万人。从这些沉甸甸的数字中不难看出，高等院校毕业生数量增幅较大，且呈不断上升趋势，大学生的就业形势十分严峻，竞争十分激烈，在社会整体就业岗位没有明显增加的情况下，大学生就业将会面临着很多问题与困难。

此外，还有一些不争的事实：传统观念影响及自我认同使女大学生就业更难；毕业生传统的就业渠道可吸纳人数下降；家庭对大学教育的高投入、高期望，形成就业障碍；高校之间就业信息不畅等。

虽然我们无法过多干涉用人单位的招聘、家庭对大学生就业期望值的影响和政府部门所采取的政策，但是我们可以利用学校教育影响大学生，积极地为他们的择业、就业创造条件，使他们确立良好、实际的择业观，从而可以更多地缓解就业压力。

三、蒙古族大学生择业观调查研究

蒙古族大学生作为具有民族特色的大学生群体，除了具有大学生群体择业观的普遍性外，还具有自己的特殊性。因此，为了深入揭示蒙古族大学生择业观的普遍性和特殊性，我们采用问卷调查和访谈相结合的方式，分别从蒙古族大学生自身角度、已工作的蒙古族毕业生角度、高校老师角度以及用人单位四个角度展开调查，探究择业观的细微内容并找出其中存在的问题。

（一）蒙授大学生择业观问卷调查的实施

问卷调查的目的是为了发现蒙古族大学生择业相关问题和掌握第一手材料，希望这些资料也能为其他研究者的后续研究提供参考。

1. 工具选择

在参考相关调查研究的基础上，结合本次研究目的，笔者主要采用自编问卷的方式进行调查。问卷形式有选择题、排序题和开放式问题，共 29 个题，内容涉及个人基本信息填写、择业认识、择业心态及影响因素、择业实现途径、择业理想标准和择业需求六个方面。

2. 调查对象

调查对象是随机抽取的内蒙古 5 所大学包括文、理、工、农、医等不同专业的蒙授大学生，男女比例基本相当，保持在 1.12：1，涵盖大一到大四全部年级。

之所以选取用蒙古语言授课的大学生，是为了使调查结果更真实地反映蒙古族大学生的择业观状况。

3. 问卷发放情况

问卷调查发放时间为 2006 年 9 月，共发放调查问卷 564 份，实际回收有效问卷 522 份，问卷有效率为 92. 6%。

（二）访谈实施情况

2006 年 4 月开始，陆续对高校老师和用人单位进行访谈，6 月和 8 月对一些已毕业大学生做了访谈。9 月在问卷调查基础上对几位在校大学生做了深度访谈。访谈内容除了自备访谈提纲外，允许一定范围内被访谈者的即兴发挥，有利于更全面了解蒙授大学生择业观和择业过程中存在的问题。

（三）蒙古族大学生择业观调查结果与分析

本次问卷调查侧重于发现问题，并利用结果结合访谈情况，找到学校教育的不足和择业观教育的方向。通过调查，可以重点从5个方面进行总结：

1. 择业认识

每个人都有自己理想的职业，形成时间也会不同。在“大学期间”确定理想职业的人数占到总量的68.8%。在对职业发展是否有明确的设计和规划方面，只有145人选择的是“有，很明确”，仅占27.8%。教育的目的就是要帮助他们认识职业，明确自己的职业选择。学生接受就业指导的状况不容乐观，有70.3%的人选择“没有”，这就是学校教育的不足，亟待改进。正是因为教育工作不到位，才会出现许多学生择业认识不明确、不清晰，存在迷茫的状态。在职业问题关注度方面，有41.2%的人不太关注和2.5%的人表现出了漠不关心。同样，在就业政策问题上，仅有6.7%的人选择很了解。除了在宣传就业政策存在力度不够的情况外，教育的不足就是没能调动学生自己的主动性和积极性深入社会、了解国家政策，这必然成为他们未来盲目择业的隐患。

在后续访谈中，蒙古族大学生们普遍认为在自身方面，还存在社会经验不足、个人能力有限因而无法胜任岗位的因素，还有的人认为大学生素质都在普遍下降。整体趋势表明，蒙古族大学生的择业认识是向好的方面发展的，但也需要学校建立科学完备的择业观教育体制。

2. 择业心态及影响因素

面对就业，人们的心理状态都不大相同。在此问题上，有61.9%的人拥有自信、平静的心态，这说明择业整体心态呈现乐观的一面。但是，也有8.2%的人选择冷漠、麻木，5.6%的人存在侥幸心理，还有16.3%的人面临紧张、烦躁的状态，3.4%的人自卑，13.8%的人在观望和等待。这需要在心态引导中，侧重提高学生的自信并让他们积极努力，拥有健康的心态。因为在心态研究方面很多人都做了翔实、细致的研究，本文不做深入讨论。

在确定理想中的职业时，心态很容易受到外界因素的影响。调查显示，大学生们受“社会舆论”的影响最大，所占比例为41.4%。其次为家庭、地区和学校。

在看待所属的民族特色对选择职业的影响时，每个人的考虑都不大一样。认为有一些影响和影响巨大的人占调查总人数的63.2%，具有一定影响力。理由主要可分为两部分：正面理由，蒙古族学生要为自己的民族争气；民族地区机会多，可以实现个人价值；负面理由，因为汉语表达能力不强，个别用人单位和专业有“重汉轻蒙”的现象。这实际上说明，我们的双语教育还有很大的空间可以发挥。也正是因为对自己和自己民族特色的了解，蒙古族大学生择业时才会有种种心态反应。我们需要挖掘心态背后的原因，找到问题突破点才是最重要的。总体说来，还是反映了蒙古族大学生积极向上、奋发进取的优点。

3. 择业实现途径

职业选择的确定和不断细化会推动职业理想的实现，学生观念中认可的择业实现途径比如个人能力的提升则会决定他们为未来职业所做的准备，也意味着一种能力和水平的积累。个人自身条件不同，对择业观也能起到很大影响。

个人能力参考指标主要考察的有8项基本要素，经统计和分析，学历是他们最看重的，其次是专业和学校声誉。对用人单位的访谈结果也揭示用人单位很重视这三项，所以蒙古族大学生看重的要素也基本反映了用人单位的考察指标。接下来是性格与证书。影响最小的是获奖情况。

很多人都能认识到社会实践的重要性，认为参与社会实践能培养适应未来职业能力的人占到94.4%。在后续的访谈中发现，很多人正在积极努力为能进行社会实践打基础。而且，这种愿望也十分迫切，特别是大二、大三的学生。只是苦于没人指导，摸不到门路。他们也期待学校给他们提供更多的实践机会。

4. 择业理想标准

当问及“在选择职业时的重点考虑”时，主要列出了6项备选答案，分别为：发挥特长、工作环境及地点、薪酬、福利、专业对口、单位性质和职业发展前景。大家的回答相对较分散和均匀。其实，无论重视哪方面，都是大家具有个性化的选择，都应该得到尊重。

在就业地区的选择上，选择“中小城市”的人数最多，有49.4%，将近总量的一半。还有15.9%的人是选择“非当地生源到中西部省区”。这就证明他们考虑问题越来越现实，会尽量避开竞争激烈的大城市，到中小城市和中西部省区寻求个人发展机会。但也有11.7%和14.8%的人分别选择了“沿海沿边城市”及“到北京、上海等大城市”，其中，低年级所占比例较高。在后续访谈中发现，有很多人相信自己有实力与其他大学的学生竞争，但低估了竞争的残酷性。有许多低年级学生选择了这两项，理由多是城市干净，表明他们的择业观多停留在理想或幻想层面，带有较多盲目性，没有认真考察当地社会职业和就业状况。另外，有8.2%的人选择到“农村牧区”，有些人希望为自己的家乡出力，但另一些人也有避免竞争的考虑。

在最低薪金要求方面选择“1000～2000元”的人数最多，占43.7%，可见，大多数学生对工资的选择还是很符合地区实际收入水平的。但也有7.1%和8%的学生分别选择“3000～4000元”和“4000元以上”，这些绝大多数都是低年级学生，他们对工资有着过高的期望值。

在“首选的就业单位”方面，排在前三位的是“行政机关、事业单位”、“高校、科研单位”以及“国有企业”，这三项占总量的82.2%，说明大家在单位性质选择上都还比较重视传统的就业渠道，期待具有较高的社会地位和工作稳定性。

在问及是否有自己创业的打算时，2/3 的人都表示有此打算，理由是工作自由，可以展现自己的实力等。选择不打算创业的人认为创业风险大、需要大量资金，自己条件不好、贫困等。性别差异明显，男生选择创业的占到 82.2%，也是由男性独特的特点决定的，说明男性较女性更喜欢具有挑战性、独立性、冒险性的工作。

5. 择业需求

这一部分主要调查大学生希望学校能为他们的求职做哪些工作。在求职过程中他们最需要学校提供的服务列为前三位的是发布各种招聘信息、择业技巧培训课和召开校内招聘会，剩下的是举办择业专题报告、政策宣传与解释和择业心理辅导。无论哪一项，我们都应该加以重视并努力做好。

在访谈中，蒙古族大学生渴望学校多给他们提供实践机会，让他们尽快适应社会，同时也希望请来一些专家讲讲择业技巧。低年级学生普遍对“择业问题”没有太深的感触，觉得没有必要进行择业指导，而高年级学生却由于低年级时对择业问题了解得少从而表示出了迫切需求。有的蒙古族大学生还希望国家有一些对少数民族就业有利的优惠政策，减少他们的就业压力。

另外，有一个问题很值得重视：很多低年级大学生缺乏应有的思想准备，没有或者很少思考自己事业发展的方向，不关心就业形势，不了解就业政策，面对大众化的高等教育和大众化的就业形势，茫然无措，常常被舆论所误导。进行择业观教育，就要使蒙古族大学生充分了解就业形势与社会环境，并在客观的基础上评价自我，对适合自己发展的生活空间做出及时、准确的判断和亲身考察，其中包括对生活环境，如地区、城市等各方面的了解和考察。从低年级起加强择业观的教育和引导是很有必要的，能让他们在以后的人生道路上擦亮双眼，少走弯路。

四、对蒙授大学生择业观的调查及访谈启示

前面的调查结果，主要是从当代蒙古族大学生自身角度出发，分析了蒙古族大学生在择业认识、择业心态及影响因素、择业实现途径、择业理想标准和择业需求的种种观点及其存在的问题。但仅从这一个角度进行调查是远远不够的，还需要从其他角度剖析蒙古族大学生的择业观。深度访谈主要涉及访谈几位参与问卷调查的蒙授大学生、已毕业蒙古族大学生、高校老师和用人单位。通过访谈，揭示出的内容可以综合出以下4点启示：

第一，蒙古族大学生亟须提高主动性，培养社会实践能力

离校已工作的学生认为自己在上学期间社会经验太少，导致毕业求职时四处碰壁，由于大学期间太依赖学校提供机会，总是埋怨学校给他们提供的实践机会少，自己空有理论而没有实践能力，缺乏社会实践的相关引导，消极等待而不是自己主动寻找，所以没有很好地锻炼自己的能力。他们建议在校大学生应提高自己的主动性，不要一味依赖学校，要自己多去人才市场感受就业形势，寻找实践机会。高校老师认为他们工作任务重、压力大，不能为大学生寻找到太多机会，还需大学生自己确定目标积极进行社会实践。用人单位渴望社会经验丰富的大学生，认为现在的大学生动手能力差，很多能力需要培养和训练，有些用人单位非常重视工作经验，对应届毕业生不予考虑。因此，应该在择业观问题上引导大学生发挥自己的积极性、主动性、创造性，鼓励他们参加各种社会实践，不断丰富自己的人生体验，从而为未来的就业做好前期准备。

第二，加强对社会的了解，明确理想与现实的差距，降低期望值

无论是已毕业的大学生、高校老师还是用人单位，都反映说在校学生普遍存在期望值过高的情况。问卷调查在理想职业标准

方面也反映了低年级学生存在不切实际的幻想。针对这个问题，学校应该加强学生与社会的沟通，比如可以请已经工作的大学生回到学校和在校大学生进行座谈，讲讲求职前后观念变化和求职经历，有利于让在校大学生明确形势，降低期望值。除此之外，还可以请用人单位开设讲座，让大学生更加明确社会需要。也可以开办内部报刊或在校园网上开辟专栏用以刊登大学生优秀的社会实践体验的文章，相信对每位学生都是一种鞭策和激励。可以让他们在借鉴别人经验的同时，努力提高自己对社会职业的了解和认识，避免不切实际的高期望心理。

第三，加强知识储备，促进能力迁移，培养多方面兴趣特长

很多在校大学生一个共同的情况是仅熟悉书本知识，且内容仅局限在很小的一个专业领域，思维较狭窄。新型人才需要博览群书、博采众长，需要广泛阅读不同领域的书籍并大量积累知识财富，这样才能灵活变通，把学习能力和思维能力迁移到不同领域。除此之外，还应该发掘自己的兴趣特长，并努力培养使这种特长达到专业水平，这样才能开拓自己的职业选择面，提高自己的竞争力。比如，喜欢计算机但不是计算机专业的学生可以选修计算机双学位，加强动手和操作能力并刻苦钻研，同样可以在第二学位领域打开自己的一片天空。

第四，加强双语教育，端正观念，树立自信

蒙授大学生双语教育背景使他们在择业时既有优势，又面临更多的机遇和挑战。在访谈中，高校老师反映有一些蒙古族大学生因为汉语水平不够而不敢和其他民族同学正常交流，存在害怕、自卑的状况。用人单位也反映一些蒙古族大学生不够自信，不敢用汉语勇敢表达自己的实力。已毕业大学生指出自己班上有一些同学由于受到社会负面新闻或消息的影响，过分迷恋权威和“人际关系”，不能端正认识，总想靠关系解决自己未来的就业问题，最后耽误了正常就业，失去了很多机会。针对这些情况，

我们要在思想上加以重视和积极进行正面引导，让蒙古族大学生了解自己民族的传统文化以提高自信，多从提升自身素质和能力入手，在保持民族特色的同时加强汉语和外语水平，而不要崇拜不正当手段谋取利益或存在自卑心理。要让他们知道，每一份辛苦耕耘都能得到回报，是金子总能发光，要相信自己，相信社会总是向好的方向运行和发展，只有凭借自身实力才能拥有美好的未来。

参考文献

1. 周建民、陈令霞：《浅析我国大学生就业政策的历史演变》，《辽宁工学院学报》，2005 年第 1 期。

2. 戴树根：《大学生就业难的原因分析及对策探讨》、《湘潭师范学院学报》（社会科学版），2005 年第 4 期。

3. 教育部师范教育司：《教师专业化的理论与实践》，人民教育出版社，2001 年。

4. 孙若穷主编：《中国少数民族教育学概论》，中国劳动出版社，1990 年。

5. 梁方正：《大学生就业指导工作的现状与对策》，《广西财政高等专科学校学报》，2004 年第 1 期。

6. 谢安邦主编：《中国高等教育研究新进展》，华东师范大学出版社，2003 年。

7. 程广友：《走出教育的一个误区—— 与“ 先就业，后择业” 商榷》，《教书育人》，2005 年第 1 期。

8. 张秀萍、夏薇等：《发达国家高校毕业生就业机制及启示》，《 辽宁师范大学学报》（社会科学版），200 年第 5 期。

9. 范向前：《高等师范毕业生就业路径的转变》，《淮北煤炭师范学院学报》（哲学社会科学版），2005 年第 1 期。

10. 谢维和、王洪才：《从分配到择业——大学毕业生就业状况的实证研究》，教育科学出版社，2001 年。

11. 苏德：《多维视野下的双语教学发展观——论蒙古族双语教育研究的几个问题》，海峡两岸教育理论与实践研讨会，2004－08－08。

12. 联合国教科文组织国际教育发展委员会编著：《学会生存——教育世界的今天和明天》，教育科学出版社，1996 年。

13. 苏德：《采用民族语言授课，培养民族教育师资》，《民族教育研究》，2001 年第 1 期。

13. 教育公平与人口较少民族和谐发展研究

闫沙庆

我国是统一的多民族国家，人口在10万人以下的民族有22个，统称人口较少民族。由于历史、地理和自然条件等原因，人口较少民族地区经济社会发展总体水平比较落后，在现代化进程中还面临着诸多的困难。我国政府历来高度重视人口较少民族的发展问题，2005年5月，国务院审议并通过《扶持人口较少民族发展规划（2005—2010年）》；2005年8月，国务院召开“全国扶持人口较少民族发展工作会议”，这在我国民族工作史上还是第一次，为民族地区特别是人口较少民族的发展，提供了前所未有的历史机遇。它标志着我国政府扶持人口较少民族发展工作已进入全面实施的新阶段。我国“科教兴国、人才强国”战略，突显教育的重要作用，教育在经济社会发展中具有基础性、先导性、全局性的地位。民族教育是教育事业的重要组成部分，也是民族工作的重要内容。扶持人口较少民族发展，加快民族地区现代化建设，必须优先发展民族教育，促进教育公平，全面提高人口较少民族科学文化素质，实现经济社会又好又快地发展，这是“以人为本”科学发展观的根本要求。

目前，国内学术界对我国人口较少民族和谐教育研究尚处于起步阶段，特别是针对聚居在东北、内蒙古的鄂伦春族、鄂温克族、赫哲族、俄罗斯族教育公平与教育均衡发展研究甚少。如教育改革与发展对人口较少民族构建和谐社会的影响及对策研究、教育的公共性问题、处境不利人群的教育、发展现代农业与培养新型农（牧）民等，需要认真研究并提出相应的对策。上述民族大都分布在偏远地区，经济不发达，教育基础差，人口素质有待提高。民族教育发展滞后已严重制约了人口较少民族聚居地区的发展。因此，探寻教育公平与人口较少民族和谐发展的相互关系及其规律，为政府部门决策的科学化、民主化提供依据，进而采取特殊的政策措施，帮助东北、内蒙古人口较少民族加快发展步伐，走上共同富裕道路，对进一步增强民族团结、维护边疆稳定，构建社会主义和谐社会，实现全面建设小康社会的奋斗目标，具有重要的特殊意义。

一、东北、内蒙古人口较少民族教育现状

（一）基本情况

东北、内蒙古地区主要聚居赫哲、鄂伦春、鄂温克、俄罗斯等人口较少民族。据2000年第五次人口普查统计，全国赫哲族4640人、鄂伦春族8196人、鄂温克族30500人、俄罗斯族15600人。其中黑龙江省有赫哲、鄂伦春、鄂温克、俄罗斯4个人口较少民族聚居地区，共有11622人，人口分别是3910人、3871人、2706人、265人，约占全省少数民族总人口的0.05%，主要分布在佳木斯市、大兴安岭地区、齐齐哈尔市、黑河市等地9个民族乡（镇）的19个行政村；内蒙古自治区有鄂温克、鄂伦春、俄罗斯3个人口较少民族聚居地区，共有34794人，人口分别是26201人、3573人、5020人，约占全区少数民族总人口的0.006%，主要分布在呼伦贝尔市的鄂温克族自治旗、鄂伦春自治旗、莫力达瓦达斡尔族自治旗、陈巴尔虎旗、根河市、阿荣旗、扎兰屯市、额尔古纳市等8个旗（市）中的22个苏木（乡、镇）、61个嘎查（村）。

东北、内蒙古地区人口较少民族的主要特点：①经济社会发

展相对落后；②人口数量呈上升趋势；③人口流动加速，城市化进程加快；④民族交往频繁，民族关系复杂化；⑤民族文化处于内外文化碰撞、融汇、更新、发展的非常历史时期；⑥有些民族在不同的地区出现不同程度的边缘化倾向；⑦仍然保持着本民族的特征和宗教信仰，如举办“瑟宾节”、“乌日贡大会”、“巴斯克节”；⑧大多居住在边境线上，赫哲、鄂伦春、鄂温克、俄罗斯族均为跨界民族。

(二) 人口较少民族教育事业得到全面发展

多年来，东北、内蒙古人口较少民族聚居地区各级党委和政府认真落实党的民族政策，根据人口较少民族特点，有针对性地采取一系列特殊政策和措施，帮助人口较少民族全面发展，坚持“优先重点发展民族教育”方针，在经费投入、人员编制、校舍建设、师资配备、教师培训、招生入学等方面对人口较少民族教育做到优先安排，重点扶持，人口较少民族教育事业得到快速发展，办学条件不断改善，学校管理明显加强，教育教学质量不断提高。

1. 认真贯彻落实《义务教育法》等法律法规。内蒙古以抓“两基”工作为切入点，积极推动民族教育事业的发展，在农村牧区确定“以寄宿制为主，以助学金为主的公办民族中小学校的办学模式”即“两主一公”模式，促进了民族教育水平的整体提高。1999 年，鄂温克族自治旗率先通过自治区“两基”达标验收，成为呼伦贝尔市第一个实现“两基”达标的民族旗；2000 年，鄂伦春自治旗、莫力达瓦达斡尔族自治旗通过内蒙古自治区“两基”达标验收。2004 年，内蒙古在全国率先实行“免除书本费、杂费、补助寄宿学生生活费”政策即“两免一补”，有效保证了人口较少民族学生接受义务教育的权利。2007 年，鄂温克族自治旗小学适龄儿童入学率为 100%，辍学率为零，初中辍学率为 0. 11%；青壮年非文盲率为 99. 5%；初中毕业升入高中的入学率为90%以上；学前三年入园率平均达到70%以上，已形成幼儿教育、小学、初中、高中、职业教育等符合当地民族实际和特点的民族教育体系。2002年，黑龙江省大兴安岭地区对鄂伦春族学生在义务教育（含高中）阶段学杂费全部免交，并享受助学金发放政策，对鄂伦春族学生发放助学标准高于省规定标准。2007年，呼玛县白银纳鄂伦春族乡中心校小学适龄儿童入学率为100%，升学率为100%，辍学率为零；初中入学率为100%，该校1998年"两基"通过省验收合格。同江市街津口、八岔赫哲族乡1996年"普九"工作通过佳木斯市教育局的评估验收，被授予"实现普及九年义务教育，扫除青壮年文盲教育乡镇"，1999年通过"两基"国家检查，2003年通过"两基"巩固提高国家验收。

2. 加大民族教育经费投入。黑龙江省大兴安岭地区塔河县和呼玛县各有一个鄂伦春族乡。1997年以来，由省、地、县投入资金近800万元，为两个鄂伦春族乡中心校新建教学楼及微机室、实验室、图书室和安装多媒体教学设备等，学校硬件建设在大兴安岭地区中学校处于前列。塔河县十八站鄂伦春族乡中心校设有鄂伦春族寄宿班，现有学生48名，县政府每年拨付10万元经费，用于寄宿班学生支出。内蒙古呼伦贝尔市在教育经费投入、资金项目引入等方面重点向民族地区倾斜。从1998年开始，该市每年从市本级财政中拿出50万元作为民族教育专项资金，专门用于民族学校的发展和建设。在国家第一期"义务教育工程"项目中，呼伦贝尔市将鄂温克族自治旗、鄂伦春族自治旗、莫力达瓦达斡尔族自治旗列为项目旗。3个自治旗获资金2939.3万元，其中国家投入781万元，内蒙古自治区投入766万元，市、旗两级投入1392.3万元；在"国家寄宿制学校建设工程项目"中，3个自治旗均为项目旗，争取到4276万元资金用于民族中小学宿舍和食堂建设，为农村牧区落实"两主一公"办学模式起到了关键作用。从2004年开始，呼伦贝尔市加大对所辖14个民族乡中小学校的投入力度，努力改善其办学条件，民族乡中学配备理化实验室设备及多媒体教学设备，民族乡小学配备自然实验设备和多媒体教学设备。现在，呼伦贝尔市所辖民族乡（苏木）中小学校的办学条件普遍优于同类学校。

3. 制定有关条例，保障民族教育优先重点发展。2003年《鄂温克自治旗民族教育条例》颁布以来，人口较少民族教育步入快速发展的新阶段。2004年鄂温克旗通过内蒙古“两基”巩固提高验收，并被授予“两基工作先进旗”；2007年鄂温克旗再次通过内蒙古“两基”巩固提高复查。2003年鄂伦春旗制定《鄂伦春族大中专学生和其他少数民族特困优秀学生助学奖励实施办法》，规定“凡是在鄂伦春中学就读的鄂伦春族学生，其学习生活费用全部由政府承担，考取大中专院校的猎民子女享受全额学费奖励，普通职工子女享受50%学费奖励，其他少数民族学生同样享有助学金”。2002年，黑龙江省大兴安岭地区决定“全区普通高中招生实行鄂伦春族考生全部录取”政策，实验中学（地区重点高中）招生，对鄂伦春族考生降50分录取。黑龙江省呼玛县对考取大中专院校的鄂伦春族学生给予一次性奖励政策，考上大学奖励3000元、考上大专奖励2000元、考上高中（中专）奖励1000元，寒暑假往返费用由乡政府资助；在大中专院校学习的鄂伦春族孤儿学习和生活费用，全部由县政府承担，已提供资金26万元。黑河市政府《黑河市贯彻黑龙江省民族教育条例实施办法》规定：“在鄂伦春族乡工作的教师工资向上浮动二级，鄂伦春族考生考入大中专院校的学费由所在地政府承担。”有关地区以立法的形式，保障“优先重点发展民族教育”，人口较少民族教育开始走上规范化、制度化、法制化的轨道。

4. 加强师资队伍建设，提高民族教育质量。人口较少民族地区教师进修学校，注重加强师资水平提高和办学条件的改善，使中、小学教师培训及继续教育工作得到有效保障。目前，内蒙古自治区鄂温克族自治旗、鄂伦春族自治旗、莫力达瓦达斡尔族自治旗的中小学师资队伍整体水平明显提高，学历合格率小学达到90%，中学达到70%。黑龙江省同江市街津口、八岔赫哲族乡共有中学专任教师20名（街津口乡学校9名），16人为本科学历，占总数的78%（街津口乡学校7名）；小学37名专任教师（街津口乡学校21名），中专以上学历占100%，专任教师学历全部达标。大兴安岭地区共有两个鄂伦春民族乡中心校，教职工96名，教师学历达标率均为100%。

5. 职业教育稳步发展，培养大批合格人才。内蒙古鄂温克族自治旗职业高中面向牧业、面向牧区、面向牧民办教育，被列为内蒙古重点职业高中。目前，该校开设畜牧、计算机、财会、汽驾等专业，有18个教学班，408名学生。畜牧专业是学校的优势专业，实习基地有兽医门诊、实习牧场、巴彦托海奶牛村等。建校20年来，已培养合格毕业生3000多人。黑龙江省在人口较少民族地区注重为每个家庭培养掌握实用技术的“明白人”，以适应经济发展的需要。现在，东北、内蒙古人口较少民族地区职业技术学校专业设置比较齐全，教育规模逐年扩大，培养出大批适用型人才，基本符合当地经济与社会发展的需要。

6. 普通高等院校招生规模逐年扩大，为人口较少民族学生提供了更多的学习和深造机会。自1977年恢复高考以来，众多的人口较少民族学子升入专、本科高校，并且涌现出一部分研究生和博士生。黑龙江省规定：“在省属普通高等院校招生录取工作中，对赫哲、鄂伦春、鄂温克、柯尔克孜、达斡尔、蒙古、锡伯7个少数民族考生照顾20分录取”；内蒙古规定：“属于内蒙古主体民族的蒙古族以及鄂温克族、达斡尔族、鄂伦春族加10分；在呼伦贝尔学院设立“四少”民族预科班（只招呼伦贝尔市境内的俄罗斯族、鄂温克族、鄂伦春族、达斡尔族）；在内蒙古民族大学招收户籍在呼伦贝尔市的达斡尔、鄂伦春、鄂温克三个自治旗的达斡尔、鄂伦春、鄂温克族考生”等。

(三) 义务教育阶段存在的困难和问题

东北、内蒙古人口较少民族教育事业虽然取得较大成绩，但与先进地区相比仍有较大差距，如教育公平与教育均衡发展不平衡，“两基”的标准较低，教育经费投入、办学条件、师资队伍建设等还存在一些问题，加快人口较少民族聚居地区教育改革和教育发展以及巩固提高“两基”成果任重而道远。

1. 义务教育阶段城乡、校际差距持续加大。人口较少民族地区受自然条件、历史等影响，教育基础薄弱，普及和巩固义务教育的难度较大，教育改革与发展进程缓慢。黑龙江省有 19 个人口较少民族聚居村，教育设施差、集中办学困难、师资水平低、教育教学质量较低，目前 19 个村都有小学校，但在九年义务教育过程中，初中阶段辍学的学生较多，导致上高中（中专）、大学的比例较低。例如，近几年内蒙古鄂伦春旗鄂伦春族学生高考录取率呈下降趋势（参见表Ⅰ）。

表Ⅰ：内蒙古鄂伦春自治旗 2005—2007 年鄂伦春族学生高考录取情况

年　份	上线人数	本　科	专　科	比　率
2005	20	10	8	90 %
2006	29	11	5	55. 2 %
2007	37	14	2	43. 2 %

资料来源：内蒙古鄂伦春自治旗教育局

2. 经济发展滞后，教育经费投入不足。一些贫困的民族乡镇（苏木）村（嘎查）教育经费缺口较大，校舍简陋，现代教学设备、体育、音乐器材严重不足等，成为民族地区教育发展的“瓶颈”。人口较少民族乡村学校大多地处边远，教师数量不足，师资培训迟缓以及结构不合理等问题十分突出，部分民族中、小学校的师资达标率很高，但很多教师没有接受过正规的师范教育，教学质量难以提高。例如，黑龙江省鄂伦春族学校受各种不利因素的影响，造成教师队伍不稳定，优秀教师外流较多，导致生源流失严重。有关数据显示："近年来，黑龙江省6个鄂伦春族乡、村转学或失（辍）学的中学生有近200名"。①

3. 撤乡并镇，对民族地区教育发展冲击较大。近几年，随着撤乡并镇，学校布局调整与人口较少民族居住分散、贫困家庭较多等相互影响，加大了人口较少民族学生上学成本。据调查，2005年在内蒙古牧区和半农半牧区人口较少民族家庭供一个小学生上学每年花费1500元左右，供一个中学生上学每年花费3000元左右。例如，呼伦贝尔市乡镇（苏木）与村（嘎查）路途较远，一般为100～200公里，大多数学生需要寄宿，由此带来上学难、租房贵、失学辍学等问题。《义务教育法》第12条规定"适龄儿童、少年免试入学。地方各级人民政府应当保障适龄儿童、少年在户籍所在地学校就近入学"。有些地方却执行不力，按照内蒙古"村不办小学，乡不办中学"的规定，2006年鄂温克族自治旗教育局采取"一刀切"的做法，先后撤销中小学校18所（教学点2个、嘎查小学7所，苏木小学5所、中学2所，城镇小学2所）。由于新建或扩建学校需要建设（扩大）校舍、图书馆、实验室等，造成教育资源的严重浪费。

4. 调查显示，现在仍有相当数量人口较少民族群众处于"家庭越贫困、越供不起子女上学，获得生产技能就越低，掌握科学知识就越少，生活就越贫困"的弱势地位，形成恶性循环，直接影响人口较少民族聚居地区各项事业发展。据调查，2005年黑龙江省19个人口较少民族村人均收入低于全省农民人均收入400多元；呼玛县白银纳鄂伦春族乡近几年已有8名鄂伦春族

① 资料来源：2006年黑龙江省呼玛县民族宗教局《关于我省鄂伦春族加快经济社会发展促进社会主义新农村建设的调研报告》。

学生，因家庭贫困而中途辍学，其中，未完成九年义务教育的5名，未完成大中专教育的3名；2006年内蒙古呼伦贝尔市贫困人口越来越集中在鄂温克、鄂伦春和俄罗斯等民族，其贫困人口分别占总人口的40．9%、41．1%、48．2%。人口较少民族贫困原因比较复杂：一些贫困户缺乏致富的能力，或者没有生产技能，或者不会理财等，深层次原因是民族教育落后。

5．人口较少民族聚居地区旗（县）级财政紧张，大多属于吃饭财政。例如，内蒙古鄂温克族自治旗为牧业旗，发展经济底子薄，财政总收入虽然位居呼伦贝尔市前列，但上划中央两税过高，可用财力大部分用于人员开支，属于典型的“吃饭型”财政。目前，农村牧区贫困家庭寄宿生生活补助一般由旗（县）级财政负担，因其财力紧张等原因，用于发展民族教育资金有限，致使一些寄宿制学校部分学生因家庭贫困而辍学，造成局部地区辍学率上升。

6．各地普遍存在挤占、挪用民族教育补助费或用有关部门提供的民族教育补助费抵顶正常教育经费现象。民族教育补助费，是国家对民族学校在与一般学校享有同样的经费之外另设的补助费。黑龙江省某市自1997年财政体制改变后，经常克扣、挪用该市鄂温克族乡民族教育经费或抵顶正常经费，甚至取消省政府有关“在民族聚居地集中办学的中、小学生享受助学金”的规定，至今未恢复。

7．职业教育和成人教育受各种条件的制约，发展差距较大。人口较少民族地区职业教育和成人教育一直是民族教育的薄弱环节，特别是农村牧区职业教育薄弱，不利于当地经济社会的发展。主要表现：一是“双师型”教师缺乏，师资队伍不适应技能型人才的培养；二是基础设施老化，办学条件差；三是经费不足；四是教育结构单一，职业教育、成人教育起点低、规模小、基础差；五是在教育结构、课程设置、教学计划、教学内容、教育制度方面实行“一刀切”，搞同步走，缺少为当地经济发展服务的办学思想，忽略了为当地培养实用人才，其效果不甚理想等。以上问题未能引起有关部门的足够重视，致使教育结构、人才培养及提高技能等不能真正适应当地经济社会发展的需要。

8. 黑龙江省民族乡、村的干部和群众普遍反映《黑龙江省民族教育条例》等法规中一些条款亟待修改、补充和完善，如“鄂伦春、赫哲、鄂温克、柯尔克孜、达斡尔族学生在义务教育阶段免缴杂费”等条款，显然不合时宜，因为“2007 年全国农村全部免除义务教育阶段学杂费”、“2008 年秋季，全国将实施城乡免费义务教育”等。需要指出的是，“内蒙古作为省（区）级自治地方至今没有出台《内蒙古民族教育条例》”，令人费解。

9. 改革开放以来，经济转轨、社会转型，各种利益关系的调整不可避免地反映到民族关系上来，一些原有的对人口较少民族优惠政策，现已难以执行或名存实亡，迫切需要制定新的相应的政策或修改完善有关政策、法规。2004 年，黑龙江省义务教育“一费制”规定每学年小学生交 170 元、初中生交 330 元，所在学校不得另行收费，目的是为了帮助贫困家庭的子女上得起学，但有些少数民族贫困家庭，恰恰因为一次性或根本拿不出这笔费用，使其子女无法完成正常的学业或辍学。例如，大兴安岭地区呼玛县白银纳鄂伦春族乡葛×（鄂伦春族），女，中学生，家境贫寒，父亲放下猎枪后缺乏农业劳动技能，承包土地路途较远，生活困难重重，生活来源主要依靠护林员工资、社会低保户救济等，根本无力负担其上学的费用，后经有关方面的资助，得以完成学业。目前，有关地区没有按照“特事特办”的原则，没有体现“优先重点发展人口较少民族教育”的优惠和照顾政策，对此人口较少民族群众反映比较强烈。调查显示，民族教育发展滞后已严重制约鄂伦春族地区的发展，与国内先进地区相比仍有较大差距，特别是近年来环境的恶化、生态的破坏、天灾人祸的存在以及产业结构调整不到位等，致使鄂伦春族贫困人口比例高，部分群众脱贫后又返贫，生活在贫困线以下，成为当地重点扶贫对象。现在仍有相当一部分鄂伦春族群众贫困状态依旧，发展差距持续拉大，边缘化程度日益加剧。这一现象应当引起社会各界的广泛关注并采取特殊的措施，帮助他们加快发展步伐，否则鄂伦春族地区全面建设小康社会将难以实现。

（四）高考招生呈现边缘化

1. 目前我国高等教育规模不断扩大，却未给人口较少民族带来更多的实惠。近年来，随着我国经济社会发展与变革，一些不当的政策和管理方面的失误，造成人口较少民族在变革过程中出现新的“边缘”。据调查，黑龙江省塔河县、呼玛县共有鄂伦春族486户，人口1106人，2000年以来，两县考上大学、中专的鄂伦春族学生中，已有19名学生因家庭贫困辍学；另有7名鄂伦春族大中专学生（含预科生）毕业时，因拖欠某校学费，没有得到毕业证或派遣证。某些学校收费过高，致使部分学生辍学，此举不利于人口较少民族高层次人才培养。

2. 有关省（区）在普通高等院校招生过程中差异性较大。内蒙古自治区规定：“属于内蒙古主体民族的蒙古族以及达斡尔族、鄂温克族、鄂伦春族加10分；华侨子女、归侨子女、归侨加10分；而自治区级（含）以上优秀学生、中等职业学校学生技能考核优秀、思品方面有突出事迹者及见义勇为者均加20分。”黑龙江省规定：“在省属普通高等院校招生录取工作中，对蒙古、达斡尔、赫哲、鄂伦春、鄂温克、柯尔克孜、锡伯7个少数民族考生照顾20分录取”。辽宁省规定：“对‘双语’教学的民族中学毕业的朝鲜族和蒙古族考生，录取时总分增加10分提供档案；喀左、阜新蒙古族自治县和新宾、清原、凤城、岫岩、宽甸、北宁、本溪、桓仁满族自治县的少数民族考生，录取总分增加5分按考生志愿投档；其他少数民族考生同等条件下优先录取。”如此内蒙古自治区把人口较少民族考生与蒙古族考生放在一个起跑线竞争，而每年内蒙古自治区考生（蒙古族）既可用双语参加高考，又有一定数额跨省交换生等，显然蒙古族考生处于绝对优势地位。黑龙江省与内蒙古自治区情况类似，对处于弱势地位的人口较少民族考生，缺少更加优惠和切实可行的政策，导致人口较少民族考生在普通高等院校招生过程中录取人数减少而呈现边缘化倾向。事实证明，仅仅依靠“普通高等院校降分招收人口较少民族考生”已不能解决根本问题。

3. 全国及有关省（区）重点大学来自人口较少民族地区的生源逐年递减，录取分数差别较大。主要表现：一是来自农村牧区的考生平均录取分数普遍高出城市考生，如北京、上海等地高考录取分数线远远低于西部省（区），考入重点大学的农（牧）民子女录取分数较高，否则很难进入重点大学，“分数面前人人平等”的高考制度与教育公平有着较大差异；二是人口较少民族学生高考录取率越来越低，近年来，中央民族大学、内蒙古大学等高校录取东北、内蒙古少数民族学生大多是蒙古、满、朝鲜等民族，来自人口较少民族地区的生源递减，鄂伦春族、鄂温克族、赫哲族考生主要由预科升入本科。例如，内蒙古人口较少民族考生上大学主要渠道是呼伦贝尔学院（“四少”民族预科班）及内蒙古民族大学（预科班），黑龙江省人口较少民族考生上大学主要渠道是省少数民族预科班。

4. 教育部“人口较少民族学生降低80分录取”的规定，实施难度较大。普通高等院校本科“预科班”录取分数线可放宽，“各有关高校提档分数线80分”录取，只是理论上的降分，在东北、内蒙古地区招生实践中根本行不通。经调查，2007年大连民族学院“在内蒙古招生文科最低分高出一本控制线18分，理科最低分高出一本控制线7分，预科生最低分甚至超出内蒙古本科控制线；在黑龙江省招生文科最低分553分、理科最低分562

分”。目前，人口较少民族学生很难考入中央民族大学、内蒙古大学、大连民族学院等高校。

总之，上述问题如果解决不好，对人口较少民族地区的发展是极为不利的。目前，全国上下达成共识：“帮助人口较少民族群众脱贫致富，发展教育，培养人才是最现实、最直接、最有效的途径。”教育振兴是人口较少民族振兴的重要标志，人口较少民族发展的关键在教育，必须把发展民族教育摆在更加突出的位置。

二、对策与建议

（一）人口较少民族实现新跨越超常规发展的关键在教育。①借鉴内地举办西藏班、新疆班的经验，选择较大城市（如齐齐哈尔、黑河、呼伦贝尔等地）开办人口较少民族寄宿制民族中学或民族班；②本着“特事特办”的原则，对义务教育阶段在校的人口较少民族学生实行“四免一补”即免学杂费、书本费、住宿费、校服费、给予每人每月一定数额的伙食补助；③有关高校及国家民委所属高校对人口较少民族贫困生应特殊关照，实行“优先享受国家资助”政策，如奖学金、学生贷款、勤工助学基金、特别困难学生补助和学费减免（简称“奖、贷、助、补、减”），人口较少民族贫困学生申请助学贷款由生源地提供并由当地财政贴息补助，尽快设立“人口较少民族贫困学生助学金”；④建议有关省（区）、市、县（旗）分别设立“人口较少民族教育助学金”，加大扶持力度，通过教育均衡发展，提高人口素质和自我发展能力，实现人口较少民族的全面振兴。

（二）国内外成功的教育模式证明：“教育的追赶一定要优先经济的追赶。”①有关地区各级政府必须承担发展民族教育的公共管理责任，进一步贯彻落实党的民族政策，优先重点发展民族教育；②建议国家进一步增加对民族地区县级财政的转移支付力度，增强人口较少民族聚居地区的发展能力；③建议修改、完善国家及有关省（区）民委扶贫开发资金投向，容许投向社会事业特别是用于解决人口较少民族教育问题。

（三）鼓励并尊重人口较少民族探索和选择符合本地区发展的教育模式。①民族教育改革与发展要充分考虑民族特点、地域特点和发展基础差距较大等因素；②必须坚持“实事求是，因地制宜，因族举措”的方针，避免出现教育改革“一刀切”现象；③制定优惠政策，扶持人口较少民族发展，消除包括教育发展不平衡在内的民族之间的事实上的不平等，如举办各类少数民族预科班、招生考试加分或降分录取等。

（四）落实《国务院扶持人口较少民族发展规划》。①明确各级政府的职责，把民族教育纳入政府督导范围，加大督导检查工作力度；②规定人口较少民族所在县的县长是第一责任人的管理责任，定期研究解决民族教育改革与发展中的困难和问题；③按照中组部《领导干部综合考核评价办法》，增设“优先发展民族教育”指标，督促第一责任人履行好职责。

（五）制定、修订有关法律、法规和政策。①在《国务院扶持人口较少民族发展规划》的基础上，建议制订《人口较少民族发展促进法》，教育立法是人口较少民族教育的特殊性和落后的教育现状所决定的，是促进人口较少民族聚居地区加快发展，实现现代化建设的需要；②制定《人口较少民族教育发展评价体系》。

（六）有关省（区）普通高等院校招生“实行三定向”原则。①积极发展少数民族预科教育，在国家教委、民委所属及有关省（区）高等学校开设民族预科班或民族班，重点招收鄂伦春、鄂温克、赫哲、俄罗斯族学生；②实行倾斜政策，采取参加全国统一考试、指标单列、分别录取的办法，并适当放宽录取条件，重点招收边远农村、牧区人口较少民族考生；③按照“优先、重点”的原则，“实行三定向”招收人口较少民族学生即“定额定向招生和定向优先录用”，保证学生毕业返回生源地就业，解决招不上来留不住等老大难问题等。

三、关于人口较少民族和谐教育的几点思考

（一）和谐教育的核心是教育公平与教育均衡发展。教育涉及各族群众的切身利益和社会发展的各个方面，是促进人的发展与提高的重要手段。对处于弱势地位的人口较少民族，必须坚持教育公平原则，使他们能够平等地接受教育、平等地参与社会各项活动，以此获得成功和回报的机会。建设和谐社会首先要建设和谐教育，向所有的社会成员开放平等受教育的机会和对处境不利人群进行有效补偿。

（二）教育公平是最重要的社会公平，是人口较少民族和谐发展的基本要求。平等地接受教育是《宪法》赋予每个公民的基本权利，“教育机会面前人人平等”对人口较少民族的生存和发展必不可少。教育公平是社会公平的基础，是人口较少民族教育发展与繁荣的保障，教育的不公平将影响个人的发展和竞争能力。公平的教育让更多的人口较少民族学生平等地走进学校，通过教育改变他们的命运，并将最终改变当地的落后面貌；不公平的教育会阻碍社会的稳定与发展。和谐社会背景下的人口较少民族教育面临着难得的机遇和严峻的挑战。

（三）和谐教育的重点和难点

1. 人口较少民族是我国少数民族的特殊类型。新时期新阶段人口较少民族所遇到的问题是我国民族工作实践中较为特殊的现象，认真研究教育公平与人口较少民族和谐发展等问题，提出具有“综合性、全局性、前瞻性”的科研成果，为政府部门决策服务。

2. 目前，国力增强，财政收入较为充足，各级政府有能力有责任解决人口较少民族发展问题。现阶段“应尽快对人口较少民族学生实施全额免费教育”，所需经费由中央财政承担 50%，省（区）财政承担 30%，市、旗财政各承担 15%。设立“人口

较少民族教育助学金”，需要科学制定资助的对象、标准，规范资助的程序，明确管理部门的职责，加强监管力度，确保资金专款专用。

3．人口较少民族教育发展应注意区分两种思路：一种是将人的现代化看做是与传统的“决裂”，主张现代化就是放弃传统；另一种是从传统中发展现代化，就是根据传统特点、社会状况，发展适宜于人口较少民族文化与社会特点的现代化因素，促进教育现代化。

4．发展现代农业是新农村建设的首要任务：⑴解决农民增收的关键是培养有文化、懂技术、会经营的新型农牧民；⑵人口较少民族贫困人口比例高，消除贫困是新农村新牧区建设的前提和基础，教育起着至关重要的作用；⑶人口较少民族地区发展农业的资源环境有限，仅靠农业很难摆脱贫困；⑷培养旅游人才，发展民族乡村旅游，可突显特色资源，把资源优势转化为经济优势和发展优势，实现资源价值的最大化；⑸“旅游富民”① 模式有利于提升农牧民自我脱贫能力和提高自我积累能力，具有重要的反贫困意义。

四、结束语

社会和谐是中国特色社会主义的本质属性，坚持教育的社会主义性质和公益性原则，对教育事业发展相对滞后的民族地区特别是处境不利人群的教育尤为重要。构建和谐社会是国家富强、民族振兴、人民幸福的重要保证，只有通过和谐社会建设，建立科学、合理分配社会资源的制度体系，才能逐步缩小乃至消除人口较少民族地区与先进地区之间的发展差距，实现区域协调发展。

---

① 闫沙庆：《新农村建设与民族地区扶贫开发模式新探》，载《满族研究》，2006年第4期。

14. 中国高等学校中少数民族学生教育公平问题研究

陈立鹏　郝晓明

（中国人民大学）

一、问题提出

国内许多研究表明，由于少数民族大学生受自身家庭文化背景等因素的影响，少数民族大学生普遍存在不能适应大学生活、学业成绩低下、人际交往障碍等一系列问题。许多专家在研究的基础上归纳出了如下原因：人口素质问题、经验与文化上的冲突导致对学校教育的不适应、经济文化资本缺乏等。但无论何种解释，都离不开对少数民族学生受教育过程中公平问题的探讨。尽管在高等学校招生中，国家在政策上给予少数民族学生以倾斜和照顾，以尽力保障其接受高等教育的机会均等，但这并不能保障少数民族大学生进入高校后获得真正的教育公平。在受教育的过程中，少数民族大学生特殊的文化背景差异是否得到了重视？学校是否提供了适合少数民族学生发展水平、符合其认知特点和个性特征、促进其潜能开发和能力发展的充分的教育？从教育过程公平的角度，充分考虑少数民族大学生的多元文化背景差异，寻找影响少数民族大学生接受高等教育过程公平的深层原因，正是本文所关注并试图予以解答的议题。本文数据来源于对北京地区4所高校的调查，经过多阶段抽样，从4所高校中随机选取少数民族在读大学生作为样本，并采取问卷和访谈结合的方法通过对教师、学生群体的调查，获得关于少数民族大学生接受高等教育过程中的公平状况的数据。

二、现实检视

少数民族大学生教育过程公平建立在机会均等的基础之上，多元文化教育则为少数民族大学生接受高等教育过程中的公平提供了理论基础。但要真正揭示高校中影响教育过程公平的不利因素，就必须在调查的基础上充分检视高校教育教学过程。

（一）课堂教学

高等教育教学实践是以课程为轴心展开的，课程是高等教育质量保障的重要方面，课程赋予了学生潜在的、深层次的教育机会。更具体地说，课程目标、课程设置、课程实施和课程评价如何，体现的是内在的、实质的教育公平问题，这种教育公平是学生的平等权利和平等地位在课程中的体现。①

1. 课程设置

与周围汉族学生相比，少数民族学生在初入大学时，在适应大学课程教学方面遇到更多的困难。被访谈对象中，很多少数民族学生认为大学阶段课程增多，难度加大，教师的教学方式也和中学阶段很不一样，更多要靠自主学习。另外一些来自新疆、西藏、内蒙的学生以前大多在民族学校就学，用本民族语言授课，汉语水平差，语言障碍导致不少少数民族学生在理解、表达方面困难重重。尤其是以“民考民”的方式（即在民族地区用民族语参加高考进入大学）入学的学生，在由本民族教师用民族语讲授的专业课课堂上，他们都能够学用自如，但在用普通话授课的公共课堂上，他们听起来很费力。“我的汉语很不好，而一些哲学的课程理论很难懂，如果用藏文讲我能听懂，但用汉语讲就听不懂了”、“西方经济学理论很难懂，我经常要下来问同学才能弄懂”。很多少数民族学生都提到由于语言障碍，一些理论深奥

---

① 杨春梅：《试析高等教育课程中的公平》，《江苏高教》，2005年第2期。

的专业课程对他们来说难度很大，而教师面对全班学生授课，现实中很难照顾到基础薄弱的学生，很多少数民族学生也迫于种种压力，把问题留到课下自己解决。“让老师单独停下来给我讲是不可能的，其他同学不答应，我也不好意思，能懂多少算多少”。“也只能硬着头皮听下去，课下再问同学，课堂上问老师多了也不好，问题简单了，别的同学会用很奇怪的眼神看你，我不想表现得和大家太不一样”。

2. 师生互动

针对少数民族学生普遍存在的学习困难问题，教师在课堂上是否给予他们特殊照顾呢？很多教师表示由于要顾及全班大多数学生，难以对全班学生都面面俱到。“他们（少数民族学生）学习基础不太好，但课上要顾及大多数学生的水平，不过课下他们来问问题是很乐意解答的”。“班里有少数民族学生的话，我会注意自己的语言，至少不要触犯民族禁忌”。大部分教师在课堂教学中意识到了少数民族学生的特殊性，但其了解却只停留在表层，比如把其学业困难解释为大学前教育基础薄弱，把课堂参与性较低解释为个人性格内向之类。调查中也确实发现与很多汉族学生相比，少数民族学生课堂参与度明显低于汉族学生。但访谈中少数民族学生都有自己喜欢的老师，喜欢的课程，在这些课堂上他们会积极参与课堂讨论，往往也取得很好的成绩。“有亲和力”、“知识渊博”、“体谅学生”的老师以及“与现实联系紧密”、“自己感兴趣”的课程是他们所喜欢的类型。课程类型、教师个人素质直接影响到少数民族学生的学习积极性，进而对其学习成绩产生影响。

（二）学业成绩

除了一些课程由于理论性较强、语言障碍等因素使少数民族学生在课程学习中困难重重外，在其他难度不很大的课程中，少数民族学生也普遍存在学业成绩不高的现象。文化背景差异、教师期望等因素对少数民族大学生学业成绩有显著影响。

1. 文化背景

文化背景差异使少数民族学生在人际交往、生活适应方面遇到比汉族学生更多的困难并直接导致少数民族学生自我评价偏低，是影响少数民族学生学业成就的重要因素。

访谈中发现，很多少数民族学生在中学都是班级的佼佼者，但来到大学以后却发现自己在同学中不仅失去了原来“一枝独秀”的优势地位，在很多方面甚至和环境格格不入，环境的变化导致很多少数民族学生自信心下降，不能客观地认识、评价自我。自信心的缺失、文化背景差异是导致少数民族学生学业成就偏低的重要因素。

2. 教师期望

教师教学方法和行为态度对学生具有深远的影响。许多研究表明，教师的期望对学生的学业成就有决定性的影响。“对少数民族学生的成绩不能要求太高，能达到这样的程度（及格）已经很不错了”是在访谈中经常听到的一句话。教师大多把少数民族学生的低学业成就看做很自然的事，并把它归因于学习起点低、学习动力不足等原因。很多学校也通过“降低及格线”、“按实际分数的1.2倍录入成绩”等措施，保证少数民族学生能顺利地达到学校规定的学业标准获得毕业资格。而另一些学校则在具体操作中对少数民族学生网开一面，有的学校有“学生不及格科目超过3门则劝退”的规定，但如果少数民族学生不及格科目达到3门时，学校会经过讨论做出特殊处理。

这样类似的规定无疑使少数民族学生学习压力得以缓解，访谈中很多学生提到“学校不会轻易让我们挂科，这样压力会小一些”，“考试通不过也没办法，题目太难了”、“考试通不过，学校也不会计较，我们能达到这样的程度已经不错了”。但另一方面，这种策略只是从表面上减轻了少数民族学生的分数危机，一定程度的学业失败并没有得到根本治理，相反，学习成绩不高却成为影响他们自信心的重要因素。和降低学业标准相比，他们更愿意通过接受“补偿教育”的方式达到和其他学生一样的学业水平。

（三）自我认同

1．少数民族学生普遍遇到人际交往困难问题

和汉族学生相比，少数民族学生有着较高的民族文化认同，调查表明，87．4%的少数民族学生认同本民族文化并引以为自豪。但在人际交往中却遇到不同程度的困难：一方面他们为了改变自身的社会经济地位和低教育成就的弱势地位，向上流动动机很强烈，愿意积极学习汉族文化背景中汉族的语言、文化和生活方式，使自己尽快地融入新的文化环境；但另一方面，他们在大学里核心的交往圈往往是本民族的同学，在与其他同学交往的过程中，因为行为模式不同，受人误解的几率也远远大于汉族同学。

2．人际交往受挫是导致少数民族学生自我评价偏低的重要原因

调查对象中，有将近34．1%的少数民族学生认为“人际交往受挫”是导致其焦虑的重要因素之一。而在影响少数民族大学生自我评价的因素中，人际关系占很大比重，其影响程度仅次于学业成绩。

三、对策建议

课堂教学环境适应不良、学业成绩偏低、自我认同不足，这些现象折射出高校少数民族学生的教育公平问题没有得到切实而有效的解决。起点公平是教育公平的必备条件，但平等地进入学校本身并不能保证人人通过教育能够平等地获得同样成功的机会。正如科尔曼指出：机会均等在某种意义上有赖于学校教育的

效果。[①] 然而高校现行的头痛医头、脚痛医脚的急救式方式并不能从根本上解决少数民族大学生面临的学业困难问题，相反还会有很多“副作用”。要真正实现教育过程平等，唯有从根本上变革不利于少数民族大学生群体的制度、文化等深层次因素，通过实施多元文化教育，构建适应不同文化背景学习者的教学体系，减少文化偏见、反映弱势群体的文化需求，为全体学生提供公平的学习机会和学业成功机会。要做到这一点，必须从学校政策、课程设计、教学策略、教师态度等方面着手营造多元、和谐的校园文化环境。

（一）完善学校制度体系

正义是社会制度的首要价值，其原则是确定人们的基本权利和义务，以及相互合作的基本条件。[②] 对于教育而言，学校制度公正是教育公平的基础，教育管理制度、课程制度、教学制度和评价制度公平是实现教育过程公平的支柱。

1. 完善少数民族新生入学教育体系

针对少数民族学生适应生活环境困难的状况，学校应采取有效措施帮助其积极适应。比如在新生入学教育方面，给予他们更多的关注。针对少数民族学生遇到的特殊困难，有针对性地予以指导，使其尽快适应大学生活。

2. 完善少数民族学生教学、评价体系

针对少数民族大学生基础差、学习中困难多的现状，学校应该采取各种有效措施，努力提高他们的学习成绩。例如，少数民族聚居区的学生汉语差、英语基础差是突出的问题，对此，可以根据少数民族大学生的实际情况和需求，开办各种汉语和文化课

① 詹姆斯·科尔曼（何瑾译）：《教育机会均等的概念》，选自张人杰：《国外教育社会学基本文选》，华东师范大学出版社，1989 年 。

② 约翰·罗尔斯著，何怀宏等译：《正义论》，中国社会科学出版社，1988 年。

补习班。教师在教学过程中，通过对少数民族学生多一点肯定评价，让少数民族学生多一点机会享受表扬，提高少数民族大学生学习的积极性。评价少数民族大学生的标准也应多样化，学校除了采取降低考核标准的措施之外，在奖学金评定中，可以针对少数民族大学生制定新的评定体系，这样能够激发他们学习的积极性，也更能体现评价体系的科学、公平。

（二）构建多元公平校园文化环境

1. 营造多元公平的环境

制度的公正性不仅取决于程序的正当性，还必须获得个体的认同。学校环境应致力消除各种形式的偏见与歧视、尊重与欣赏差异，使不同文化背景的学生，都有公平的学习机会。这一价值应在学校制定政策、进行学习资源分配、实施教育过程中予以考虑，只有这样才能符合公平正义的原则。学校文化的多元与公平价值体现在学校对不同成员、不同利益集体、不同意见平等相待，并提供一个彼此平等对话、交流、商谈乃至思想争论的环境。对少数民族大学生而言，参加学生组织、参与课外活动，是加深他们对新的文化环境认同的有效措施。学生是校园文化建设的主体，学生社团是校园文化活动的生力军。高校积极引导创办关于民族文化传统的社团、开展弘扬民族文化的活动，吸引少数民族学生积极参与，既能使学生得以培养自己的若干技巧和领导才能，又有助于校园文化的多样化。

2. 体现对个体成长的关怀

“教育的目的就在于使人成为他自己，变成他自己”。① 在这一意义上，教育公平的本质也就在于实践富于人性的个性化教育。教育公平要求人们为那些能力各异的学生提供适合其需要的学习机会，促使其天赋才能获得充分的发展。换言之，只有承认

① 联合国教科文组织：《学会生存》，教育科学出版社，1996 年。

差异、适应差异的公平才是真正的公平，而完全一致地对待具有不同个性差异的学生，表面上公平，实质上是不公平的。因此，公平发展只有在适应每一个人的个性差异的时候，才不致导致划一主义，不致使公平变成一纸空文。[①] 对于少数民族学生而言，由于其独特的生理、心理特点及文化“烙印”，要求学校给予更多的关注，给予更多的人文关怀和个性化教育。

（三）多元文化意识和能力的培养

1. 培养教师实施多元文化教学的能力

教师是多元文化教育能否成功的关键，教师对学生的期望、课堂驾驭能力、与学生交流的程度和技巧无一不深深影响到学生的学习积极性。一个教师是否具备民族文化的基本知识，并能自我觉察是否对不同文化背景的学生赋予不同的期望与态度，直接影响到少数民族大学生的教育公平。许多被调查的对象都谈到教师对自己的影响很大，教师如果在课堂上与学生有较多交流，一方面能引导少数民族学生积极参与课堂教学活动，培养他们的学习兴趣；另一方面也能培养其民族自豪感。

2. 培养学生的多元文化意识

少数民族学生从小就受到本民族文化、习俗的熏陶和影响，意识中都带有本民族文化模式和价值观念的烙印。步入大学之后，环境的差异使得他们在课程学习、人际交往中产生种种不适应。一方面少数民族大学生强烈的民族意识是造成他们与汉族大学生之间交往障碍的主要原因之一；另一方面，非民族高校的汉族大学生缺乏对交往对象民族身份的关注，或存在各种各样的顾虑，从而加剧了少数民族学生在新环境中人际关系难处理的烦恼，造成人际交往方面的心理冲突。这容易使他们将自己的交际圈局限在本民族的学生中。因此，培养包括汉族学生在内的高校

---

① 杨春梅：《试析高等教育课程中的公平》，《江苏高教》，2005 年第 2 期。

学生多元文化意识及跨文化交往能力的任务，不仅重要而且紧迫，这既是多元文化教育的重要内容和主要目标，也是实现教育公平的必要途径。

本文是陈立鹏副教授主持的北京市教育科学“十一五”规划重点课题“高等学校中弱势群体教育公平问题研究——多元文化教育的视角”的部分成果。课题批准号：ADA06072。课题组主要成员：聂建峰、刘燕青、郝晓明、孔伟、石英德、李瑞玲。

15. 中国高等教育的少数民族优惠政策与教育平等

滕　星　马效义

（中央民族大学）

当前中国高等教育少数民族优惠政策面临诸多问题和挑战，主要集中在三个方面：一是招生时少数民族学生降低分数段优惠政策所引发的讨论；二是高等院校民族预科班政策在实践中发生了偏离；三是近年来高等教育实行并轨收费制度后，少数民族贫困地区大学生无力负担大学教育费用的问题比较突出。

一、中国高等教育少数民族优惠政策产生的历史背景及其内容

1. 对少数民族考生适当降低录取分数的政策实施的背景和内容

我国少数民族教育的起点比较低，中华人民共和国成立初期，许多少数民族还未建立起现代教育制度，人口中文盲、半文盲占较大的比重，有的少数民族还处在原始社会末期或由原始社会向阶级社会过渡的阶段。中华人民共和国成立以来，少数民族教育虽然有了很大的发展，但与全国平均水平相比还存在一定的差距。基于这种状况，国家规定少数民族考生在高校招生录取时享受降低分数的优惠政策，目的是增加这一群体进入高等院校学习的机会，从而使他们真正获得接受高等教育的平等权利。

在放宽录取分数标准方面，早在 1950 年第一次制定的高等学校招考新生的规定中就明确提出：兄弟民族学生“考试成绩虽稍差，得从宽录取”。1953—1961 年，改为“同等成绩、优先录取”。1962 年中央批转的《关于民族工作会议的报告》提出要恢

复高等学校录取少数民族学生的照顾办法；同年8月2日，教育部与中央民委下发了《关于高等学校优先录取少数民族学生的通知》，其中有专门规定：（1）少数民族学生报考全国重点高等学校和其他一般高等学校，仍旧恢复过去“同等成绩、优先录取”的办法；（2）少数民族学生报考本自治区所属的高等学校，可以给予更多的照顾，当他们的考试成绩达到教育部规定的一般高等学校录取的最低标准时，可以优先录取；此后十多年，一直延用了与此大致相同的“适当降分”的录取办法。1978年恢复高等学校统一招生考试后，实行对“边疆地区的少数民族考生最低录取分数线及录取分数段，可适当放宽”的政策。教育部在1980年《高等学校招生工作的规定》中强调：确定部分全国重点高等学校举办少数民族班，适当降低分数，招收边疆、山区、牧区等少数民族聚居地区的少数民族考生。其他一般高等学校对上述地区的少数民族考生，录取分数可适当放宽。对散居的少数民族考生，在与汉族考生同等条件下优先录取。①

教育部公布的《2004年普通高等学校招生工作规定》中规定，2004年同一考生加分投档分不值得累加，最高增加分不值得超过20分。2004年全国其他省份高考招生对少数民族考生的照顾政策各有调整和规定。例如：山东省高考享受降分照顾的范围有所调整，少数民族考生，总分低于高校调档分数线以下10分之内的，可投档。② 陕西省高考降分政策规定，少数民族预科班降分录取，少数民族预科班、民族班只招收少数民族考生。录取照顾标准为：少数民族本科预科不低于该校在本省招生录取相

① 参见《新时期发展民族教育的特殊措施》http：//www. e56. com. cn/minzu/nation_ policy.

② 参见“山东省公布高考享受降分照顾范围”，http：//edu. tom. com，2004年3月11日，来源：大众网——齐鲁晚报。

应批次提档分数线以下 80 分；少数民族专科预科不低于该校在本省招生录取相应批次提档分数线以下 60 分；民族班不低于该校在本省招生录取相应批次提档分数线以下 40 分。① 2004 年广东高考少数民族本、专科预科和民族班的录取标准不得低于各有关高等学校在广东省本、专科和本科相应批次提档线以下 80 分、60 分和 40 分；少数民族聚居区的汉族考生可给予适当降分照顾录取。②

2. 关于预科班实施的背景及国家对此的特殊规定。

中华人民共和国成立前我国在一些学校专设过一年制预科，后逐步取消。中华人民共和国成立后，民族学院先后开设了一些民族预科班，在其他的一些高等学校、中等专业学校和成人高等学校也相继举办了相当数量的少数民族预科班。1996 年全国举办民族预科的高等院校达 140 余所，在校生 11622 名。③ 自 1980 年以来，民族预科教育累计招收少数民族预科生 9 万人。2001 年，少数民族预科招生规模达到 13000 人。④ 预科教育对提高少数民族学生的文化基础知识，使更多的少数民族学生升入高、中等专业学校学习起到了很大的推动作用，成为主要为少数民族学生举办的独具特色的办学形式，是民族教育的重要组成部分。

1984 年 3 月，教育部、国家民委在《关于加强领导和进一步办好高等院校少数民族班的意见》中，对有关民族预科班的教学和管理问题做了明确规定，规定预科阶段的任务是“根据少数

---

① 参见陕西招生信息网：http：//www. sneac. edu. cn/news/html/2003/04/20030414100612 - 1. htm。

② 参见南方网：www. southcn. com/news/gdnews/nanyuedadi/200402270126. htm。

③ 参见 http：//ethnic. eastedu. org/zhengcefg/2002/20020719 - 04. htm。

④ 参见宋太成：“民族预科教育简述”，《民族教育研究》，2002 年第 4 期，p18 - 19。

民族学生的特点，采取特殊措施，着重提高文化基础知识，加强基本技能的训练，使学生在德育、智育、体育几个方面都得到进一步发展与提高，为在高等院校本、专科进行专业学习打下良好基础”。预科班的学习年限一般为一年，学生汉语文基础较差的，学习时间为两年。预科班学生入高校本、专科进行专业学习，其学制与该校本、专科学制相同。但是，要按照不同类型高等学校的培养目标和要求，从各地区各民族的实际出发，区别对待，降分幅度要适当。

二、当前中国高等教育少数民族优惠政策面临的问题和挑战

1. 近20年来，在国内外的大学招生中，少数民族学生享受降分优惠政策的社会公平、公正性引发了社会的关注和讨论。本文作者之一中央民族大学教育学院民族教育研究所滕星教授对这一问题结合其在中国少数民族地区田野工作的案例组织了课堂讨论。其案例背景如下：

滕星教授在对新疆少数民族考察时，当地生产建设兵团一职工（汉族）反映一情况：他的孩子和邻居孩子（维吾尔族）是同年生，同年一起上的幼儿园、小学、中学，高考时分数一样，但录取时，维吾尔族邻居的孩子享受降分优惠政策，上了北京一所全国重点大学，而他的孩子进了当地地方大学。他认为这是不公平的；并认为，他是随父母来新疆的，他的全家两代人为建设边疆、巩固国防、加强民族团结献了青春献子孙，为支援边疆做出了贡献，理应受到政府照顾。相比较而言，少数民族高考加分优惠政策使他感觉到他的孩子受到了不公平的待遇，认为有悖于宪法和教育法规定的平等原则。

班里20余名学生展开了激烈的争论，纷纷表示了不同的观点。该班级学生来自不同地区（城市与乡村）、不同的民族、不同的社会阶层，是一个具有多元文化背景的班集体。经过讨论，

有四种不同的观点，概括起来，一谓“降分优惠政策反向歧视论”：来自散杂区和城镇的同学对传统的以民族划分标准对少数民族实行的降分优惠政策，持反对意见，认为该政策本身是对少数民族的偏见和歧视，认为少数民族学生和汉族学生应该平等竞争而不需要通过照顾获得上大学的机会，并以享受这一优惠政策为耻；二谓“降分优惠政策肯定论”：部分来自边远贫困少数民族地区的同学赞同在少数民族贫困地区实行优惠政策，认为民族差异是长期存在的，需要一个过程，与汉族相比较，少数民族仍处于弱势地位，如果没有这项优惠政策，他们就没有能力突破社会阶层和语言文化障碍获得接受高等教育的机会；三谓“降分优惠政策区域划分论”：认为应以区域划分标准来代替传统的以民族身份划分实施的高等教育招生降分优惠政策，理由是认为从小在大城市长大并已经享有了优质基础教育资源的少数民族学生，不应该享受少数民族高等教育招生降分的优惠政策，而应该主要在少数民族偏远贫困地区和基础教育资源相对薄弱的地区实施这一优惠政策，在这些地区，不论学生的民族身份是汉族还是少数民族都应平等享有这一优惠降分政策；四谓“降分优惠政策社会阶层划分论”：认为优惠政策应以社会阶层来划分，低社会阶层是社会的弱势群体，在对高等教育资源的享有和分配方面，往往处于不利地位，所以应该关照处于社会底层的弱势群体。

关于对少数民族优惠政策的问题，在美国和其他多民族国家也是一个引起社会和学术界关注与争论的问题。20 世纪 60 年代，美国政府推行的“肯定性行动计划”（“affirmative action programs”）就是旨在消除少数民族和妇女等弱势群体在就业、教育等领域受歧视的多项政策和措施。后逐渐变成一项补偿性政策，在升学、就业和晋升等方面给少数民族和妇女照顾和优先，以补偿少数民族和妇女在竞争能力上的不足。[①] 其核心思想是补偿少数民族和妇女等弱势群体因歧视而遭受的损失。但自实施以来，关于“肯定性行动计划”的实施引发的质疑和争论却从未间断过。在高等教育领域，争论的焦点在于少数民族学生是否应该享有优先和照顾的权利。如，1978 年的美国贝克案就是因“肯定性行动计划”在高等教育领域内对少数民族照顾和优先而引发的典型案例之一。加州大学戴维斯医学院政策规定留给少数民族学生 6 个名额，贝克（Allen Bakke）没有达到依一般规定的录取分数线，但诉称如果他来自少数民族，他的分数已可以使他获得这预留名额进入医学院深造。因此，这一优惠少数民族学生的政策是基于种族原因对他作为一个白人的“反向种族歧视”，剥夺了宪法给予他的平等权利，违反了平等原则。[②] 近期在美国密歇根大学也出现了对少数民族高等教育入学优惠政策的争论，所以对少数民族优惠政策的实施已成为国际性的热点问题。

2. 少数民族预科班的政策在实践中偏离，高额的高校收费等问题日益显露

由于地方录取名额有限，目前预科制更多的转变为服务于地方官员和社会精英阶层，已成为代表少数民族精英利益群体的竞争目标，存在着一定的走人情、拉关系、收取钱财等不良现象，未能体现预科班设置的初衷。如，近几年，部分民族学院的预科班每名学生年收费 3－5 万元人民币，甚至于部分学生的收费达到 8～10 万元人民币不等。如此违背政策的高额收费导致许多应享受该项优惠政策的偏远贫困地区的少数民族优秀学生被永远隔离在高等教育的大门之外，失去了通过高等教育途径提高社会地

① 参考刘宝存：“‘肯定性行动计划’论争与美国少数民族高等教育的未来走向”，《西北民族研究》，2001 年第 3 期，第 172，173 页。

② 参考周勇：《少数人权利的法理》，社会科学文献出版社，2002 年版，第 28 页。

位、向上流动的公平机会。另外，除了预科班学生外，随着经济体制的转型，高等教育里的本科生学费也由免费制转向了收费制，每年每位少数民族本科生的学费一般在 2000 ~ 5000 元人民币，如果加上每位学生的生活费和住宿费，每生每年将花费 8000 ~ 12000 元人民币；艺术类和一些热门专业收费更高。那些从年人均 GDP 仅 1500 元人民币以下少数民族贫困地区家庭来的大学生无力负担高等教育的高额费用，众多大学生陷入了上大学的经济困境，这种高额收费对于少数民族贫困大学生是否体现了公平？

三、计划经济向市场经济转型条件下的民族高等教育平等问题

1. 对少数民族高等教育招生政策中降低录取分数线问题的分析和阐释

改革开放以来，制定中国民族政策的历史条件和社会背景发生了巨大的变化，传统社会正在向现代社会过渡，计划经济在向市场经济转型，原来意义上的社会资源和经济资源分配的民族格局面临着重组和再分配的必然趋势。作为少数民族高等教育招生政策的受惠主体发生了变化，在客观上，少数民族高等教育招生政策的社会环境发生了一定的变化，作为少数民族高等教育招生政策的受惠主体的少数民族群体内部成员的社会、经济状况也发生了分化，原来仅以民族成分为划分标准的少数民族高等教育招生政策似乎已经不能适应少数民族学生内部的多元化、多层性及整个社会日趋多元化、差异化的现状。在主观上，社会各个群体包括少数民族对目前的少数民族高等教育招生政策的人士以及对自身价值的认识也日益多元化。换言之，各少数民族教育、经济发展的不平衡，城乡发展水平差异，地区差异扩大，导致各少数民族和同一少数民族内部出现了差异和分化；同时，市场经济体制要求建立公平竞争的机制，人们的主体意识日益增强，对于自

身权利的维护和社会公正的追求也更为敏感和迫切。上述种种情况使得在现阶段有必要重新审视单一以民族划分为标准的优惠政策，并尽量使之更加完善和更加符合社会发展的需要。

《中华人民共和国教育法》第九条明确规定：“公民依法享有接受高等教育的权利。公民不分民族、种族、性别、职业、财产状况、宗教信仰等，依法享有平等的受教育机会。”必须坚持人人有受教育权利的平等公平原则。上述新疆个案中关于教育入学平等与公平的冲突问题，已经与教育法第九条的规定相矛盾，所以该职工反映的问题，在某种程度上，认为两家孩子上大学的机会不平等是成立的；但是我国制定的少数民族优惠政策是以民族划分为标准，以少数民族群体的教育起点机会均等为基础，邻居维吾尔族孩子上大学享受优惠政策是完全符合政策要求的，是国家优惠政策的受惠群体。可是该汉族职工一家三代为支援国家边疆建设也做出了自己的贡献，和维吾尔族人不存在地域差异，经济收入差异，他们的孩子上大学国家也应考虑给予补偿政策，体现教育法中的人人享有平等受教育的教育入学机会平等的权利。另外，少数民族高等教育招生政策是给予具有某特定群体身份的学生在接受高等教育一定的优惠条件，而在市场经济体制中如何分析和解决上述个案中的冲突呢？

应该看到，教育法的实施中提到的平等原则是根据个体平等理论制定的，而中国目前的少数民族高等教育招生优惠政策是在尊重民族差异的前提下，以群体平等为基础的。事实上，冲突的焦点在于法律上的个体平等与民族间群体平等的矛盾上，关键在于如何认识和协调个体平等与群体平等之间的关系。在以美国为代表的西方国家，更注重强调的是个体间的平等，当然也提到群体平等；而在中国，传统的民族理论和民族政策更加注重民族平等，这主要是由中国的国情决定的，也是符合现阶段为实现民族平等、政治稳定和民族团结的需要。但是在市场经济条件下，要求个体公平竞争，要求个体平等享有接受高等教育的权利，那么这一优惠政策是否与个体公平竞争相矛盾？维吾尔族、汉族孩子在同等条件下竞争，结果不同，这公平吗？

实际上，少数民族高等教育招生优惠政策是对少数民族身份的学生实施的特殊的招生政策，是基于历史与现实的社会条件，尊重民族差异存在的前提下，为了更好地实现民族平等原则而实施的一项政策。当代学者是莱尹（Rae，Douglas）提出了选择平等的原则，人人皆应获得平等的待遇。如果没有充分明显的理由，任何人都不应受到差别对待。如果人们存在差别，应该对之实行差别对待，差别对待应该以“平等考虑”为基础，即在平等的基础上以不同的方式对待不同的对象。① 国家实行的以民族划分为标准的优惠政策，是针对群体平等，目的也是在相当长的一段历史时期之内通过实现缩小群体间差异达到逐步缩小个体间差异，实现最终的人人平等。这种整体的平等也称之“积极性歧视”或“反向歧视”。随着经济体制的转型及“教育产业化”的发展，高等教育领域内少数民族优惠政策的内容和含义也应适应新形势的需要，兼顾少数民族群体的利益，充分体现各民族教育平等和教育公平的理念，努力缩小各民族在政治、经济、文化、教育领域内的差距，而这一目标只能通过国家制定相关的民族政策才能最充分地体现。1960 年联合国教科文组织提出教育机会均等应包含两层意思：消除歧视和消除不均等。消除歧视，主要指任何人无论其种族、肤色、性别、语言、宗教、政治、社会出生、家庭背景等方面有任何区别，在教育上都应该平等对待。消除不均等，指的是要消除存在于地域之间和群体之间的不是因为

① 许庆豫：“试论教育平等与教育分流的关系”，《华东师范大学学报》（教育科学版），2000 年 9 月第 3 期，第 25 页。

有意的歧视和偏见而造成的差别对待。[1] 当代著名学者科尔曼（Coleman, James）在《教育机会均等》（Equality of Educational Opportunity），即著名的“科尔曼报告”（Coleman Report）中也提出，学生除了享有入学机会平等外，还应享有教学过程和教育结果的平等。此外，他还提出矫正平等和补偿平等概念。矫正平等的内容是采取经济措施补偿那些能力优秀但没有优越背景的人；补偿平等的核心问题是对那些生来处于恶劣环境中的人进行补偿。[2]

我们常强调的教育机会平等可以分为三个方面：教育入学机会平等（也称教育起点平等）、教育过程平等和教育结果平等。目前，就我国少数民族高考招生优惠政策中主要指的是教育入学机会的平等（教育起点的平等），《中华人民共和国教育法》中规定的人人享有平等受教育的机会就现阶段来讲，主要针对的也是实现教育入学机会的平等，这是由中国现阶段的国情决定的。法律上的平等无论是针对个体还是民族整体，在实施过程中是绝对的；而在个人之间和民族之间，在具体的经济文化领域中的“事实上”的平等只能是相对的，而不平等是绝对的。

对于上述新疆个案中的降分问题，笔者认为，主要涉及的是如何处理和协调法律上的个体平等和民族间的群体平等的关系。个案中的汉族职工认为，自己的子女和维吾尔族子女在选择接受高等教育时的机会是不平等的，维吾尔族考生作为少数民族群体中的一员享受国家高考照顾政策，但对他们子女的升学造成了不公平竞争，没有体现平等的原则，是对他们的“反向歧视”。从

① 参考马和民、许小平：“西方关于教育平等的理论”，www. ep－china. net/article/theory/2004/03/20040314232145. htm。

② 引许庆豫：“试论教育平等与教育分流的关系”，《华东师范大学学报》（教育科学版），2000年9月第3期，第25－26页。

个体角度来讲，该项优惠降分政策在法律上或制度上导致了对汉族考生的不公平；从民族角度来讲，少数民族高等教育领域内优惠降分政策的实施是在特定的历史背景下制定的，兼顾到中国各民族在一定时期内在历史、经济、文化、生产力发展水平等多方面还存在着差异和差距，为了发展少数民族教育，为少数民族地区培养优秀人才，努力缩小民族间差距。对少数民族高等教育入学实行降分优惠政策，该项政策的实施是以民族身份划分为标准，以民族间的群体平等理论为指导基础，旨在平衡各民族之间的利益，确保所有人充分享有经济的和社会的权利，要求对过去由于历史、经济、文化、生产力发展水平等原因而导致的不平等现象进行补偿，通过让少数民族成员利用优惠政策补偿其在公平竞争中所处的不利地位（如，在以汉族文化为主流文化的环境中，维吾尔族考生在语言、文化等方面与汉族考生相比处于弱势地位）。

“教育的不平等”在这里包括两个方面：其一，目前各民族间及其民族内部教育存在着差异和差距这一不平等现状；其二，少数民族高等教育降分优惠政策是对少数民族高等教育的倾斜，对汉族学生高考入学竞争似乎是不公平的，表象是民族间入学机会是不公平竞争，是不平等的，而事实上，这种“教育不平等”的最终目的是为了实现真正的教育平等，体现个体的平等，实现《中华人民共和国教育法》中人人享有受教育的平等权利的原则。

综上所述，所谓的“教育平等”是一种理想的教育模式，我们在尊重差异存在的情况下，强调平等，即始终应坚持“差异但平等”的原则。个案中汉族职工所追求的个体间的教育完全平等在现实中是不存在的。“在教育中，简单的个人平等极为少见。

因为教育无法为每位学生提供完全相同的待遇”。①

就目前阶段来讲，由于少数民族教育还比较落后，少数民族降分政策仍有继续存在和实行的意义和必要性。对少数民族学生的录取分数给予适当照顾，增加了少数民族学生的入学机会和平等享受高等教育的权利，同时对帮助少数民族发展教育事业，缩短与全国平均水平的差距起到了重要的作用。

除此之外，我们不应排除的是，少数民族优惠政策中对少数民族考生适当降分的问题在不同地区、不同群体间产生了一定的负面影响。随着市场经济的转型，该项政策在实施过程中由于对社会不同群体间缺乏系统的统筹考虑，而逐渐暴露了相应的弊端，对此应根据地域差异、经济收入差异、阶层差异和享有的基础教育资源程度差异采取相应的补偿政策措施进一步完善。譬如，在上述个案中，在新疆地区，对支援新疆的汉族职工子女也应制定和补充相应的降分补偿内容，他们的子女也应享受国家制定的高等教育入学倾斜政策或补偿措施，充分体现高等教育领域内教育公平、公正原则和享受个体平等的权利。但是对高等教育领域内优惠政策的补充措施的提出和制定应相当谨慎，避免由于受益群体的变化使得优惠政策的被实施对象不明晰。

3. 关于少数民族高等教育领域中实施民族预科班出现的问题分析

实践证明，民族预科班自实施以来已经取得了很大的成效，为少数民族学生向普通本科教育阶段平稳过渡起到了良好的桥梁作用。但不容忽视的是预科班暴露出的弊端也日益突出。少数民族群体内部发展也是不平衡的，是分阶层的。毋庸置疑，资源具有向上流动的特性，民族预科班的政策就是一种资源，而少数民

---

① 许庆豫：“试论教育平等与教育分流的关系”，《华东师范大学学报》（教育科学版），2000 年 9 月第 3 期，第 24 页。

族内部的社会精英群体更容易掌握这部分资源。在许多民族地区，民族预科班的政策在具体实施过程中，受惠群体逐渐向有一定经济地位、政治地位或社会地位的少数民族社会精英阶层的子女转变，使得一些本该更有资格享受这一政策进入大学的来自低收入、低社会阶层的少数民族优秀学生反被拒于高等教育门槛之外。如果说过去这种状况还是在不正之风和“暗箱”操作下得以实现的，那么近年来这以倾向可以说愈演愈烈并逐渐公开化：随着经济体制的转型，高等教育产业化的日益深入，加上高等教育收费制的实施，一些民族高等院校为了弥补教育资源的缺乏，在预科班招生和入学过程中采取了相应的不合理的收费政策，该优惠政策中的受益群体由此发生了极大的转变，由原来计划经济体制下为提升少数民族地区社会阶层中的弱势群体利益转变成了为少数民族中上层精英群体提升利益。这从根本上改变了实施预科班的初衷，未能体现教育机会均等的意义。

笔者认为，在少数民族地区基础教育薄弱的现实下，应该给予低收入、低社会阶层的少数民族优秀学生在教育平等竞争、提高社会地位、向上流动的机会，消除社会分层中的不合理部分，为民族地区的发展提供人才。在高等院校推行民族预科班制度，实施的初衷是考虑到社会分层中的不平衡状态，而预科班的招生正是为了突破存在的社会障碍，保护社会中下层弱势社会群体的利益，这也是符合我国民族教育政策的精神的。比如，《中华人民共和国民族区域自治法》第七十一条规定，要“对人口特少的少数民族考生给予特殊照顾。各级人民政府和学校应当采取多种措施帮助家庭经济困难的少数民族学生完成学业”。因此，笔者强烈呼吁对民族预科班政策的实施应依法加以监督执行，避免由于社会阶层差异引发的受益群体不明晰，从而确保少数民族弱势群体的利益。

4. 关于少数民族贫困地区大学生无力负担大学教育费用的

问题分析

1997年我国高校实行收费制，通过享受少数民族高等教育招生优惠政策获得高等教育机会的少数民族学生也不例外，也要为他们的高等教育承担一定的教育成本。高等教育并轨制虽然缓解了教育资金的不足，但对低收入家庭成员接受高等教育具有极大的冲击，尤其是西部边远少数民族贫困地区。2002年底据有关权威机构统计，“中国高收入阶层人口接近4500万，人均可支配收入2万元人民币，占总人口的3.5%左右，人均消费的恩格尔系数为15%以下，这些人大部分居住在东部沿海地区或城市；中等收入阶层人口约4.5亿左右，人均可支配收入0.6~0.7万元人民币，占总人口的35%，人均消费的恩格尔系数为35%左右，主要居住在城镇和东中部地区；低收入阶层人口有7亿左右，人均可支配收入0.2万元人民币，占总人口的54%，人均消费的恩格尔系数为50%左右，主要分布在农村和城镇低收入阶层，其消费属于温饱有余阶段；还有8000万左右人均收入低于700元人民币的农村人口，人均消费的恩格尔系数为60%以上，其中近3000万人人均收入低于500元人民币，尚未解决温饱问题，主要居住在西部地区；城镇也有近2000万人生活在最低生活保障线以下。由于中国逾1亿的少数民族人口60%以上居住在贫困的西部农村地区，他们基本属于低收入阶层的7亿人口范畴，在年人均收入低于700元人民币和500元人民币，最低收入的8000万和3000万群体中，少数民族人口占了相当大的比例”。① 目前高校确定的收费标准，一般年人均交费标准在5000~12000元人民币（含年住宿费和年均生活费在内）。承受此缴

① 以上数据均出自滕星：“小康社会与西部偏远贫困地区少数民族基础教育”，《云南民族大学学报》，2004年第4期，第148页。（同时源引 http://www.30job.com/hrinf/hr4-7.htm）

费标准，仍有近30%的学生家庭感到比较困难。① 少数民族地区经济发展落后，少数民族居民总收入相对较低，而且同样出现城乡收入差异，所以高等教育入学收费制的实施，使得生活在少数民族偏远贫困地区的少数民族考生陷入了选择接受高等教育而又经济无力负担的两难困境。我国虽也实行了高等教育学生资助政策，初步建立了一种以“奖、贷、助、补、减、免”为主要内容的多种方式的助学体系，但由于高等教育资助政策并不完善，它的作用、实施规模和范围是有限的；另外，贫困边远地区的少数民族大学生在就业市场上比汉族学生面临更多的障碍（包括偏见和歧视）。

目前，在教育产业化和高校扩招的情况下，少数民族学生在接受高等教育方面，不仅表现为进入高等教育门槛的要求高低的问题，而且主要表现为家庭是否具有高等教育承担能力的问题。这种消极影响不仅表现在高等教育在校少数民族学生比率下降上，而且还表现在基础教育和高中教育阶段中学生的高失、辍学率上。因为有的家庭对能够支付高等教育费用已放弃了希望，致使少数民族地区基础教育的入学率、巩固率和升学率很难保证。虽然我国少数民族高等教育优惠政策中有免去民族相关专业学费的规定，但这主要是针对少数民族文化的特殊性，鼓励少数民族学生继承和保存发展少数民族文化。少数民族高等教育招生政策只是降低少数民族学生进入高等教育门槛的标准，但无法保证少数民族学生尤其是偏远地区贫困家庭的少数民族学生是否具有接受高等教育的支付能力，很难保证少数民族高等教育招生政策的有效性和政策的指向性。高校实行收费制带来的负面效应对完善少数民族高等教育招生政策提出了新的要求。因此，需要制定和

① 赵庆典：“对高等学校招生体制改革的思考”，《中国高教研究》，2002年第1期，第56页。

完善有关少数民族大学生相关的资助政策，以保证少数民族在高等教育里获得相应的公平与公正，从而保证我国民族政策的贯彻和落实。

四、结论

1. 坚持民族平等的原则

在现阶段，仍应继续对少数民族实施倾斜政策，以民族平等为原则的教育平等的实现还需要很长的一段路要走，对少数民族实行高考优惠政策，是为了追寻真正的平等。另外，我们还应认识到，这种优惠政策只是社会主义初级阶段国家为了平衡主流民族和少数民族之间的发展而实施的过渡时期的暂时性政策，一旦政策实施的前提条件消失或目标达到，则该项政策将不会继续实施。所以对少数民族群体来说，还应加强自身的建设和发展，靠自己的力量实现真正的平等。

2. 应建立和完善少数民族地区和非民族地区的教育资源配置的平衡体系

随着社会的发展，原来制定的少数民族优惠政策在政治、经济、文化和资源配置等方面出现了不足，内容还需要完善和改进。因为受惠群体在价值取向和自身发展上发生变化，各民族间的差异在横向（民族之间）和纵向（单个民族内部）上也发生了变化，社会分层以及资源配置面临着重新组合和重新分配。

3. 在高等教育领域内对少数民族考生降低分数线优惠政策的实施，应该打破传统的单一的以民族身份划分的标准，还要兼顾到民族间的地域差异、经济水平差异、文化差异、社会阶层差异以及少数民族受惠群体融入主流社会程度的差异，从多个维度进行综合考察，以“差别对待”的原则来对待差异和多元化。

除了民族差异外，对其他的由于差异不平等造成的弱势群体也应该享受相关的优惠政策，缩小民族间的差异。所以，高等教育领域中的少数民族招生优惠政策还需进一步完善。比如，对边远贫困少数民族地区基础教育资源薄弱的汉族考生，根据当地的实际情况，可给予适当降分照顾录取；事实上，广东等地已开始实施对少数民族聚居区的汉族考生可给予适当降分照顾录取的政策；对社会的基层弱势群体和对国家有特殊贡献的社会群体也应实行优惠政策，如上述的新疆建设兵团个案中的汉族考生应给予适当的降分照顾；但同时必须避免由于受益群体范围的扩大而导致“搭便车”[①] 现象的发生。

4. 必须采取措施，完善政策法规，纠正高等教育领域中民族预科班实施过程中出现的不足和弊端

一方面，应坚持高等院校预科制政策制定的宗旨，坚决杜绝预科班高收费现象，恢复预科班制定的初衷，为边远贫困少数民族优秀大学生提供平等的上大学的机会，为低收入阶层的少数民族弱势群体通过接受高等教育增加社会向上流动的机会，从而保证教育的公平、民族的平等和社会的和谐；另一方面，应加强执法的力度，采取监督措施，建立健全教育法制、法规或相关政策文件，确保少数民族弱势群体的利益实现。

5. 关于高等教育领域中的收费问题，在现阶段，对于少数民族边远贫困地区的少数民族考生还应实施倾斜照顾政策，正如科尔曼所提出的应采取经济补偿给那些能力优秀但没有优越背景

---

① 这里是借用（乔纳森·特纳著：《社会学理论的结构》，华夏出版社，2001年第6版，第320页）社会学的概念。理性选择理论家用“搭便车”概念来阐释公共物品问题，人们联合起来制造公共物品，不生产公共物品却消费公共物品是理性的，避免生产公共物品的成本就是搭便车。

的人以达到“矫正平等”，给那些生来处于恶劣环境中的人以补偿以实现“补偿平等”。另外，国家应建立、完善相应的高等教育收费的支持系统，在学费标准上，避免平均化和“一刀切”，应考虑到民族差异、经济收入水平差异、地域差异与社会分层差异等。

参考文献

[1] 马戎：《民族与社会发展》，民族出版社，2001 年第 1 版。

[2] 滕星：《族群、文化与教育》，民族出版社，2002 年第 1 版。

[3] 周勇：《少数人权利的法理》，社会科学文献出版社，2002 年第 1 版。

[4] 王铁志主编：《新时期民族政策的理论与实践》，民族出版社，2001 年第 1 版。

[5] 乔纳森·特纳：《社会学理论的结构》，华夏出版社，2001 年第 6 版。

[6] 滕星：“小康社会与西部偏远贫困地区少数民族基础教育”，《云南民族大学学报》，第 4 期。

[7] 许庆豫：“试论教育平等与教育分流的关系”，《华东师范大学学报》，2000 年 9 月第 3 期。

[8] 赵庆典：“对高等学校招生体制改革的思考”，《中国高教研究》，2002 年第 1 期。

[9] 许凤琴：“论教育机会均等的理论结构及基本特征”，《教育科学》，2000 年第 1 期。

[10] 刘宝存：“‘肯定性行动计划’论争与美国少数民族高

等教育的未来走向”，《西北民族研究》，2001 年第 3 期。

[11] “我国宪法规定的民族平等原则包括哪些内容”，www. xinhuanet. com。

[12] 马和民，许小平：“西方关于教育平等的理论”，http：//ywtd. 3322. net/lunwen/lunwen062. htm。

[13] “中华人民共和国少数民族高等教育的回顾与展望”，中国教育和科研计算机网，教育研究，2001. 4。

[14] 余南平：“关注教育公正”，浙江大学求是新闻网，http：//www－2. zju. edu. cn/zdxw。

[15] 邱观建、蒋庆华：“高校收费政策及资助制度的形成与实践”，www. ksw. hbeeh. edu. cn。

[16] Gerard A. Postiglione，“China’s National Minority Education——Culture，Schooling，and Development”，Falmer Press，A Member of the Taylor & Francis Group，New York and London，1999.

[17] Joel S. Torstenson，“Racism and Caste in Historical Perspective”，http//：racialism and caste.

[18] John . Ogbu：“Racial Stratification and Education in the United States ：Why Inequality Persists ，Teachers College Record，96，264 – 298. Retrieved August 2，2002，from www. tcrecord. org.

16. 文化多样性与少数民族高等教育入学优惠政策

——美国肯定性行动对我国的启示

张东辉

（中国人民大学）

近年来，我国少数民族教育领域的一个争议点是少数民族的高等教育入学优惠政策是否符合改革开放以来的中国社会资源格局，是否违背了教育机会均等。教育平等指的是每个人都应该平等地享有受教育机会，不因其个人、民族、语言、种族、经济状况、性别等差异而受到歧视。但是少数民族却是一个在高等教育入学中享受"同等成绩、优先录取"和"适当降分"照顾的群体，这是否违背了教育入学机会平等的原则？少数民族高等教育招生政策，是我国在中华人民共和国成立初期制定的以增加少数民族群体进入高等学校学习机会的政策。然而，在市场经济的今天，经济体制转轨带来的平等观念变化，引起了人们对少数民族高等教育招生政策的质疑。市场经济体制要求个体平等，个体享有公平竞争的机会；而少数民族高等教育招生政策，使得少数民族学生基于其民族身份就享有入学优先权。

本文认为教育平等并不是少数民族入学优惠政策的唯一理论依据，目前我国学术界关于少数民族高等教育政策的争论只关注教育平等方面，忽略了文化多样性在其中扮演的角色。本文通过对美国少数民族教育政策方面的重要法案——肯定性行动方案及其40年来的实施和相关的案例进行分析，力图从文化多元这一崭新的视角出发审视该政策的合理性；提出"文化多样性"的理论对这一政策进行论证，并从比较的视角反思我国少数民族教育入学优惠政策。

一、美国肯定性行动方案与我国的少数民族入学优惠政策

肯定性行动（affirmative action）是20世纪60年代在美国发起的一项影响深远的政策，它是主要针对少数民族、妇女等弱势群体在教育、工作等方面遭受歧视所制定的多项补偿性政策，目的是保障少数民族、妇女在社会生活的各个方面享有平等权利。肯定性行动这一名称是由肯尼迪总统于1961年提出的，由约翰逊总统第一次付诸实施。在保障少数民族的权利方面，肯定性行动法案要求：在晋升、职业发展、学校入学、奖学金等方面的选择中，应该采取积极措施以确保黑人和其他少数族裔能够享有均等的机会。考虑到少数民族历史上受到的歧视和所处的弱势地位，无法享有与主流民族同等的教育资源，在竞争中往往处于劣势，因而在实施中，肯定性行动方案表现为给予黑人和其他少数族裔学生优先入学权，有的大学降低入学标准以鼓励少数民族学生入学，或对少数民族学生实行配额制（quota），即给少数民族学生预留一定入学名额，主流民族学生不能参与竞争。

肯定性行动法案自实施以来，有力地促进了美国少数民族学生对高等教育的参与。在肯定性行动法案颁布以前，美国优质的大学里黑人、拉美裔和土著印第安学生的比例非常少，在高等教育阶段，黑人学生主要集中在黑人学院和大学，美国有19个州都建立了公立的黑人学院和大学，印第安人学生也主要上保留地自己的部落学院。该法案实施以后，少数民族学生高等教育的整体入学率增加，并且得以进入原来只招收白人学生的名校，与主流民族学生融合。

本文试图结合围绕美国肯定性行动实施以来的争议案例和发展演变，来反思我国少数民族高等教育入学优惠政策的合理性和未来走向。

二、教育机会均等论还是文化多样性论？贝克案的启示

到了20世纪70年代，肯定性行动政策开始面临挑战。反向歧视成为一个问题，表现最明显的是1978年著名的贝克案（Bakke vs. Regents of University of California，Davis Medical School）。1978年，艾伦·贝克，一个白人男生，被加州大学戴维斯医学院连续两年拒绝录取，而与此同时该学院接收了同样没达到录取条件的少数民族学生，因为该医学院的招生录取政策对少数民族和白人主流群体采取分开对待的方式，在100个招生名额中，为少数民族学生留了16个名额。贝克认为这种做法是对白人学生的反向歧视，剥夺了他平等享有受教育的权利。自此以后，关于肯定性行动方案的纠纷一直不断。

在贝克案的裁决中，最高法院认为：该校所采取的肯定性行动方案，即对少数民族学生的固定配额录取制度，是违宪的，因为这等于是对白人申请者的不公平待遇。然而，法院支持了肯定性行动政策本身的合法性。法官 Lewis Powell 表示：大学为了获得由于学生群体的多样性带来的教育利益是一个“充分”理由（compelling interest），使得宪法上应该支持把种族看做是大学招生录取中的一个考虑因素。

在贝克案的裁决中，第一次出现了与教育公平理论并驾齐驱的文化多样性理论（diversity）。教育公平理论认为：肯定性行动是作为补偿性政策（remedial policy）实施的，指的是对于在社会上受到歧视和由于历史的原因不能享有同等教育资源的少数民族群体（及其他弱势群体）的一种补偿，期望通过政策的倾斜使他们站在同一个起跑线上。但是文化多样性理论认为：肯定性行动存在的更重要的理由是基于文化多样性的考虑，即非补偿性的政策目标（nonremedial policy）。在非补偿性政策目标中，肯定性行动不是作为纠正过去的歧视所造成的现今影响而存在的一种

政策，而是作为一种前瞻性的工具来促进所有学生的教育发展。通过使更多的少数民族学生优先获得进入高等教育的大门，大学可以取得多样性，成为一个更加活跃、文化更加丰富和多元的学术环境，大学自身的发展从多样性的学生群体中可以获得诸多利益。这种非补偿性政策目标是为“学术自由”（academic freedom）的理念所支持：美国宪法第一修正案中规定大学有权利自行决定“谁来教课，教什么，怎么教，以及允许谁来学习”，因而“文化多样性”可以作为一个“充分”的理由使大学在招生政策中对民族、种族因素给予考虑。

当然，贝克案裁决中所定义的多样性不仅仅由民族所决定，一所大学在考虑获得多样化的学生群体时应该考虑一系列的因素，但是拥有少数民族学生是大学获得文化多样性的一个重要因素。具体来说，民族多样性的学生群体带给大学的教育利益表现为：

（1）提高学生的学习能力：多样性可以增强主流民族学生与少数民族学生的互动交流，丰富他们在大学期间的学习经历，不仅对少数民族在大学的巩固率有帮助，主流学生也更有可能去思考其他文化，有助于提高他们对主要问题的理解力以及批判性思维和解决问题的技巧。

（2）增强学生的公民价值观：创造一个主流民族学生和非主流民族学生共同学习的环境有助于改善民族态度，加强民族间的关系，培养学生成为在未来多元化、民主的社会里有效生存的能力和作为合格公民的素质，增强对“他文化”的意识程度。

（3）预备学生在将来多样化、全球化的工作环境里工作：大学多样化的增加可以帮助学生获得与不同文化背景的人群进行人际交往的能力，主流学生也能够从多元化的大学环境中加深学习和理解多元化的社会和市场，有助于领导能力和合作能力的培养。

近年来越来越多的美国学者关注高等教育领域的多样性问题，并提出了多样性有利于大学自身发展的种种依据。美国学者Scott R. Palmer认为，多元化的学生群体可以促进“猜想、实验、创造”，这些品质对于高等教育质量来说是至关重要的。此外，少数民族学生也更容易为弱势群体社会服务，如Timothy Ready认为医学院应该对少数民族学生实行肯定性行动，因为在民族种族分层的社区里，少数族裔医生更有可能接近本民族的群体，为本民族的人民提供医疗服务。Gary Orfield通过对法学院学生的学习经历分析，也得出了相似的结论。因而，多元化的学生群体，不仅有助于推动大学里的教学和科研，而且还使得大学能更好地实现其为社会服务的功能。

三、霍普伍德案——关于文化多样性的争论

在贝克案之后，美国各个公立和私立大学都以文化多样性作为实施肯定性行动的基本依据，文化多样性取代了教育公平作为大学对少数民族实行政策倾斜的理由。但是近年来又出现了关于文化多样性理论的争论，使得肯定性行动再次成为美国高等教育争议的焦点。最具代表性的是在贝克案发生的20年后，霍普伍德诉德州大学法学院（Hopwood vs. University of Texas School of Law）的案例中。德州大学法学院在录取非洲裔和墨西哥裔的学生时采取了降低录取标准，把他们单独录取的肯定性行动方案，但是法院裁决：促进教育的多样性并不能构成“充分”的理由使德州大学法学院在招生录取中把民族（种族）因素考虑进去。该裁决认为：少数民族学生不一定会给大学带来不同的观点和视角，民族身份不能决定一个人的世界观。相反，在各种民族和种族中都会出现个体差异或相似之处，如贫困白人学生可能比黑人和拉美裔中产阶层的少数民族学生更有别于中产阶层的白人主流学生。

持相反意见的学者则认为：民族身份会影响一个人的出身背景和生活经历，而这种经历会造成他在某些问题上持有不同的观点和视角。大学所积极鼓励和寻求的学术环境多样性，不是来源于不同民族或种族学生天性的差异，而是源于每个个体学生生活经历的不同，但是这种不同在很大程度上正是来源于民族多样性。因而，高等教育中向少数民族学生倾斜的肯定性行动方案是合理合法的。

在接下来的几例与高等教育入学相关的案例中，法院文化多样性作为肯定性行动的非补偿性政策目标给予了越来越多的关注，尽管在文化多样性基础上的裁决并不一致。如在“史密斯诉华盛顿大学法学院”（Smith vs. University of Washington Law School），“格拉兹诉保灵戈”案（密歇根大学）（Gratz vs. Bollinger）中，法院支持大学所采取的肯定性行动方案，认为“一个民族、种族多元的学生群体能够创造出显著的教育利益，使得它成为一个充足的理由实施肯定性行动”。然而在“约翰逊诉佐治亚大学”案例中，法院却又推翻了Powell法官关于多样性的论证，否定了佐治亚大学的肯定性行动方案。

四、对我国少数民族高等教育优惠政策的启示

中美两国在社会制度、文化、历史、社会结构等方面都存在巨大的差异，因而不能把美国针对少数民族的肯定性行动方案与我国的少数民族入学优惠政策进行简单的比较。具体来说，肯定性行动比我国的少数民族优惠政策涉及的范围要广，其受惠的群体不仅涉及少数民族（种族），还包括妇女、残疾人士等。从应用的领域来看，不仅涉及教育领域（如入学、奖学金评定等），还包括在就业和劳动力市场方面。而我国的少数民族高等教育优惠政策仅仅指在高校招生这一个环节对少数民族学生实行分数补偿。另外，肯定性行动是民权运动的产物，其出发点在于纠正美

国历史上的种族歧视和种族隔离，而我国的少数民族优惠政策是中华人民共和国成立以后我国政府基于历史上少数民族地区的经济、教育资源等方面相对贫瘠，与汉族相比处于劣势，因而对少数民族施行的优惠政策。

但是另一方面，应该看到这两种政策有着很多的相似之处和可比性。首先，中美两国都是多民族国家，民族问题是两国的重大问题。从政策制定的源头来看，这两项政策都是为了保护弱势群体的利益，从教育公平的理念出发，向少数民族利益倾斜的政策。在实施手段上也采取了类似的做法，如“优先录取”，“降分录取”等。同时，这两种政策在教育资源竞争激励的今天，也面临相似的挑战，最主要的就是关于教育机会均等和反向歧视的争论。

对此，我国学者提出了“个体平等还是群体平等”的理论，以支持少数民族的入学优惠政策，认为少数民族高等教育优惠政策是国家基于历史与现实的社会条件，尊重各民族群体差异而制定的，目的是通过实现缩小群体间差异达到逐步缩小个体间差异，实现最终的人人平等。也有学者开始探讨多元化的少数民族教育优惠政策，如对处于不同社会阶层的少数民族实行不同优惠政策的“分层论”，对不同地区的少数民族实行不同优惠政策的“分区论”，以及对边远地区的汉族学生实行与少数民族学生同样优惠待遇的“扩展论”等，以期打破传统的单一以民族为标准的教育倾斜制度，更好地实现教育公平。

笔者认为，以上理论虽然能够在一定程度上成为支持我国现阶段少数民族优惠政策的理论依据，但是从长远来看，文化多样性理论将是我国大学招生政策中向少数民族学生倾斜的一个根本证据。从美国肯定性行动法案的发展历程来看，关于少数民族学生入学优惠的争论，已经突破了简单的教育平等的讨论，贝克案和其他相关案例的裁决都是围绕文化多样性的立场。也就是说，肯定性行动出现了两种政策目标：补偿性和非补偿性的政策目标。虽然肯定性行动从一开始被认为是一项临时的补偿性措施以纠正历史上形成的教育资源不平等，即一旦各个群体在起点公平的情况下，这项措施也就走到了尽头。但是非补偿性的政策目标肯定了少数民族学生对于大学多样性的贡献，因而在教育平等原则以外，民族也应该作为大学招生中需要考虑的一个重要因素。

虽然中国和美国的教育体系和高等教育招生制度上存在着根本的差异，但是两国基于民族身份的入学优惠政策都受到置疑，围绕美国肯定性行动法案的争议和相关裁决，对我国少数民族高等教育优惠政策的未来走向有着重要的启迪。目前，我国的学者把争论的焦点放在了教育平等方面，忽视了文化多样性的原则。但是，只有一个文化多元、各民族学生和谐共存的大学才是一所有中国特色、体现机会均等的教育机构，才能够成为世界一流的大学。

参考文献：

［1］Orfield，Gary.（Ed.）（2001）Diversity Challenged：Evidence on the Impact of Affirmative Action. Cambridge，MA：Harvard Education Publishing Group.

［2］Scott R. Palmer.（2001）. Diversity and Affirmative Action：Evolving Principles and Continuing.

［3］Legal Battles. In Gary Orfield（Ed.），Diversity Challenged：Evidence on the Impact of Affirmative. Action. Cambridge，MA：Harvard Education Publishing Group.

［4］Mitchel Chang.（2001）. The Positive Educational Effects of Racial Diversity on Campus. In Gary Orfield（Ed.），Diversity Challenged：Evidence on the Impact of Affirmative Action. Cambridge，MA：Harvard Education Publishing Group.

[5] Timothy Ready. (2001). The Impact of Diversity on Medical Education and The National Health. In Gary Orfield (Ed.), Diversity Challenged: Evidence on the Impact of Affirmative Action. Cambridge, MA: Harvard Education Publishing Group.

[6] 敖俊梅:《个体平等抑或群体平等——少数民族高等教育招生政策理论探究》,《清华大学教育研究》, 2006 年第 6 期。

[7] 龙鹏:《高等教育机会均等中的民族倾斜政策反思》,《贵州工业大学学报》(社会科学版), 2007 年 6 月。

[8] 滕星,马效义:《中国高等教育的少数民族优惠政策与教育平等》,《民族研究》, 2005 年第 5 期。

[9] 马效义:《中美少数民族教育优惠政策的差异》,《民族教育研究》, 2005 年第 1 期。

第四编　文化与语言

世纪之交，随着科技、交通、信息技术的发展，以西方文化为核心的全球一体化进程不断加快；同时，随着全球范围内的大规模移民和原住民、少数民族的觉醒，以尊重和保持文化差异为核心的多元文化理念深入人心。在过去，国内外少数民族及原住民教育研究，比较重视对其教育外部关系规律的探讨，比较重视教育在帮助原住民及少数民族融入主流社会中的作用问题，尤其关注少数民族学生的学业成就低下的问题；20世纪中后叶，随着后现代思潮和后殖民研究的兴起，随着原住民、少数民族研究者的成长和文化自觉意识的提高，原住民及少数民族教育研究的主题开始转换。如何通过教育来传承原住民及少数民族的传统文化和语言，如何构建基于原住民及少数民族文化类型与知识形态之上的关照其现实境遇的多元民族教育理论体系，逐步成为研究的中心话语。本编的5篇论文聚焦于多元文化背景下的原住民及少数民族文化与教育的关系问题，在批判西方强势文化和本国主流文化的基础上彰显少数民族文化的本体价值和认识论意义，特别强调高等学校在传承原住民及少数民族文化中的责任与作用。

17. 浅析当今凉山彝族地区彝族青少年学生的教育需求

阿里瓦萨（刘正发）
（中央民族大学）

本文所指的凉山彝族地区，是指凉山彝族人主要居住的地方，凉山彝族是指当今居住在四川省和云南省境内以及零星居住在其他地方，操彝族北部方言的自称为“诺苏”的彝族，人口大约200多万，是中国彝族人口中彝族传统文化保留得最完整的人群。

一、当今凉山彝族地区多元文化并存及其相互关系的状况

大家可能都知道，凉山彝族地区在20世纪50年代民主改革以前，除了只有凉山周边地区和部分上层人士与汉族和其他民族有所交往外，其他地区均处于相对封闭的纯彝族文化圈。无论是彝族文化往外传播，还是汉族文化和其他民族文化往彝族文化圈里渗透，都是一件很艰难的事情。尽管从17~18世纪起，就有零星的外国传教士和中国内地汉族学者进入凉山彝族地区进行传教、采风和考察，并将在凉山彝族地区的感受和彝族文化写成文字或摄制成图片陆续向外界传播，尤其是20世纪初到民主改革前，凉山彝族文化通过林耀华先生、曲木藏尧先生等许多专家学者的学说和著作，广泛在中外一些学术机构、图书界、博物馆和学者中流传、散布和收藏，但是，由于历届封建王朝统治者和国民党政府对凉山彝族地区的残酷统治和穷兵黩武，导致民族隔阂和文化封闭，使外界对凉山彝族和彝族文化知之甚少，凉山彝族人对外界事物也知之甚微。因此，长期以来，凉山彝族地区除了从周边抢掠而来的为数不多的汉族人和其他民族人成为上层彝族

人士的奴隶以外，几乎看不到其他民族的人，更谈不上其他民族文化的传入和民族文化之间的相互影响。然而，如今凉山彝族地区早已今非昔比，各民族文化相互渗透，相互影响，相互交融，尤其是当今主流文化随处可见、随时运用，正渗透在凉山彝族人生产、生活的方方面面。外国文化也不断渗透进来，甚至门徒会、基督教等一些宗教文化也不时在凉山彝族腹心地区传播。如今的凉山彝族地区正处在主流文化、彝族传统文化、其他民族文化和外国文化交融并存的时代。

（一）扎根发芽着的主流文化

汉族人和彝族人何时开始交往，彼此的文化何时开始交流，如今难以考证。凉山彝族创世古文献《勒俄特依》一书中记载过彝族、汉族和藏族起源同一祖先的事例，也许是彝族人和汉族人最早交往的开始时代。但长久以来，凉山彝族人身居大小凉山的深山老林，那里沟险河急，长期与外界隔绝，很少与汉族人交往。民主改革以后，随着革命火种的广泛传播，民主改革的加速深入和中央慰问团民族政策的广泛宣讲，凉山彝族地区处于封闭状态的彝族文化圈被彻底打破。随着社会主义社会和现代学校教育体制在凉山彝族地区的建立和发展，国家政策的全面贯彻和实施，主流文化长驱直人，汉语和汉文化在凉山彝族地区得到了广泛的学习和使用。从官方的会议语言、文件用语、文字运用到报刊、杂志、广播、电视媒体的文字使用和语言运用，到学校的教学用语、课程内容、所学知识，再到日常生活中人们之间的交流和沟通，都在使用着汉语言文化。这种在学习、教育和使用中接受汉语言文化的影响，集中表现在凉山彝族地区工作和学习的机关干部、教师、学生、工人、士兵和迁移到城市、乡镇生活的凉山彝族人的身上。随着改革开放的进一步深入和社会主义市场经济体制的建立和发展，凉山彝族人和彝族地区进一步被纳入与内地发达地区甚至是国际上统一的市场运行轨道。许多汉族人在彝族地区工作、生活、学习、考察、研究和旅游，与彝族人交往、交流和贸易，不断传播、传授着主流文化；同时，许多彝族人走出深山老林、沟壑险滩，外出打工、学习、做生意、看世界，不断接受着主流文化的洗礼。因此，当今的凉山彝族地区，主流文化和彝族文化相互影响，相互碰撞，呈现出“你中有我，我中有你”的局面。凉山彝族人当中，掌握彝、汉双语或多语的双语人和双文化人大量涌现，不断增多，甚至出现了一部分人喜说汉语、羞说彝语或有意无意贬低彝文化的现象。可见，主流文化在凉山彝族地区的普及程度可谓“遍地开花”了。

(二) 日益传播着的外国语言文化

应该说，自从 18 世纪西方传教士进入凉山彝族地区起，外国语言文化就开始在凉山彝族地区零星传播了。尽管当时的传教士不懂汉语，更谈不上懂彝语，凉山彝族人也不懂外国语，不了解外国文化，但是，已知道了凉山彝族以外不仅有汉族和其他民族，还有不属于中国这块土地上的人讲他们自己的语言。外国语言文化正式进入凉山彝族地区，还是民主改革后，现代学校教育在凉山彝族地区的兴起和发展时开始的。因为，根据现代学校教育课程的安排，一般初中开始开设英语课。英语圈的文化从语言、文字到一些生活习俗，都能够在课堂上讲述的英语课本中学习和了解到。这样英语圈人们的生产、生活知识就开始在凉山彝族地区的彝族师生中传授和传播。因为，只要上过初中，就会知道英语是完全不同于汉语和彝语的语言，自然知道是属于使用这个语言的外国人的文化。随着改革开放和社会的发展、变迁，除了英语和英语圈文化外，其他外国语言文化和外国人也不断进入凉山彝族人的视野中，甚至在凉山彝族人的生产、生活中经常遇见。例如，日本文化，由于部分日本人寻根寻到凉山彝族人那里，部分彝族人津津乐道于日本文化和彝族文化的相似之处，日本文化曾一度在凉山彝族地区广泛传播。如今凉山彝族地区，很多人都在谈论着日本文化习俗和彝族文化习俗相似或相同的有关内容，甚至有人认为日本人是彝族传说中“日本忍根”这个凉山彝族家支的后代。笔者在云南省宁蒗彝族自治县和四川省凉山彝族自治州各地进行田野调查时，不少人向笔者讲述或询问、或求证有关彝族文化和日本文化相同的部分。也有不少受访者知道外国语言和外国人，能讲一些英语、日语、法语和德语等外国语，知道一些外国人的故事。有些彝族专家、学者还长期接待外国学者，并担当外国学者的翻译和向导，带着外国学者走遍凉山彝族地区的山山水水和沟沟坝坝。其中，最典型的是云南省宁蒗彝族自治县民族文化研究所所长苏学先生和四川省凉山彝族自治州民族文化研究所副所长马尔子先生。前者曾多次带着美国、英国、德国和日本的学者，在宁蒗彝族自治县境内，从事有关彝族文化的田野调查研究，后者也曾多次带着美国学者郝瑞先生，在凉山彝族自治州盐源县白乌镇，攀枝花市盐边县高坪乡等地方，进行彝族文化和民族教育方面的田野调查研究。一些国际彝族学研讨会、全国彝学研讨会、省州市彝学研讨会等各种大型学术会议、国际火把节、旅游景点、广播电视节目、城市户外广告、各种电器设备、通信器材等各种活动场所和物品上都有外国人的身影，各种外国的语言文化在展示和传播。许多的凉山彝族人，也在学习外国的语言、文字。有的也出国留学、旅游和定居，甚至远嫁欧美或娶外国女子为妻等。总之，外国语言文化已在如今的凉山彝族地区发展和传播着。

（三）变化发展着的彝族传统文化

尽管如今的凉山彝族传统文化已受到了主流文化、外国文化和其他民族文化的影响和冲击，但是，凉山彝族传统文化依然是当今凉山彝族地区最有影响力的活着的文化，依然渗透在凉山彝族人的日常生产、生活和各种交往、沟通场景中，并在受到外来文化的冲击和碰撞中变迁发展着。由于时代的变迁，社会的发展和人们生存环境的变化，凉山彝族传统文化的内容和功能也在不停的传授、传承和传播中发展变迁着。总之，在时代发展变化面前，凉山彝族传统文化也在发生着变化。在主流文化和外国文化的影响下，有的消失、有的减弱、有的变更、有的增强。但是，作为一种传统文化，一种拥有几千年历史的民族传统文化，在今后的一段时间里，将会长期存在和继续传承。

当今凉山彝族地区，除了以上论述的主流文化、外国文化和传统文化相互影响、交融、并存和变迁发展以外，还有藏族文化、纳西族文化、普米族文化、苗族文化、傈僳族文化等一些其他少数民族文化，也影响着凉山彝族人的衣、食、住、行和彝族地区的发展变化。可见，凉山彝族地区已真正成为名副其实的多元文化区。

这些多元文化之间，相互渗透、相互传播、相互影响、相互促进、相互融合、相互作用，日益丰富着凉山彝族人的文化知识，开阔了凉山彝族人的文化视野，影响着凉山彝族人的文化结构、文化信息、文化传承和文化教育，在政治、经济、文化、宗教和社会生产、生活中，左右着凉山彝族人的成长和成熟。尤其是主流文化、外国文化和传统文化之间的交融并存是影响当今凉山彝族人的核心文化。如何把诸文化有机结合起来，教育和影响年轻人的问题是值得学术界进一步深入研究的问题。有学者提出，当今时代凉山彝族人应不应该学习主流文化和外国文化是不言而喻的，甚至是非学不可的。问题是如何学习彝族语言文化知识，如何保护、传授、传播、传承和发展彝族文化，是值得人们深入思考和深化研究的课题。综上所述，我们清晰地看到，当今凉山彝族人正处在多元文化交融与碰撞的现实环境里。那么，作为凉山彝族地区现代学校教育中受教育主体的彝族青少年学生的教育需求是什么呢？

二、当今凉山彝族地区受教育主体的彝族青少年学生的教育需求

从前面的分析，我们认为当今凉山彝族地区现代学校教育中受教育主体的凉山彝族青少年学生的教育需求，应该是需要多元文化的学习和教育、需要彝族优秀传统文化的学习和教育以及需要现代科学技术技能的学习和教育。

（一）需要多元文化的教育

从前面的分析中，我们已经看到现代凉山彝族地区已逐步或正在呈现出多元文化的社会环境和生存时空，主流文化和凉山彝族传统文化以及一部分外国文化正交融在一起，日益影响着每一个凉山彝族人，改变着传统凉山彝族人的生活、行为、思想、观念和价值观。不过，在现代凉山彝族地区，作为现代学校受教育主体的凉山彝族青少年学生，在现代学校教育过程中却依然只接受着主流文化的教学内容、教学思想、教学方法和各种道德、审美、价值观、人生观、世界观、哲学观和宗教观等的教育。这种教育，是在国家统一教育体系和统一评价标准体系下实施的教育，在过去几十年间，国家和地方投入了大量的人力、物力、财力和精力，虽然取得了长足的发展和进步，取得了一些重要的成就和可喜的成绩，但是，这种教育成果与内地或沿海发达地区的教育相比，依然有很大的差距，存在巨大的落差，甚至越来越有明显拉大或扩大的趋势。究其原因，笔者认为，除了人们原来认为的凉山彝族地区的贫穷落后、教育基础薄弱和教育投入不足等诸多因素外，还与现代学校教育中凉山彝族青少年学生没有得到很好的系统化的多元文化教育有关。那么什么是多元文化教育呢？这里简要阐释一下。

多元文化教育的理论是舶来品。多元文化教育的理论和实践最早产生于20世纪六七十年代的西方国家民族复兴运动高潮迭起的时代。其“理论基础主要由美国的社会民族理论中的文化多

元主义（cultural pluralism）；文化人类学中的文化传承理论与文化相对主义；心理学中的社会学习理论；教育学中的教育机会均等理论所组成。……认为在一个多民族国家，每个民族群体都可以保留本民族的语言和传统文化，与此同时，他们也应融入国家的共享语言文化中去”。① 多元文化理论兴起后，受到美国、英国、澳大利亚、加拿大、前苏联等西方国家的极大关注和实践应用。

美国教育人类学家班克斯认为，多元文化教育的重要任务之一是对学校教育作重大的改革和调整，使来自于不同族群群体的学生均获得学业上的平等机会，使不同文化背景下的个人或群体的教育利益和教育需求通过改革得到尊重和实现。多元文化教育的根本目标就是“使属于不同文化人种、宗教、社会阶层之集团，学会保持和平与协调互相之间的关系从而达到共生”。② 英国教育家詹姆斯·林奇（James Lynch）则认为：“多元文化教育的目的是在多民族社会中满足少数民族群体和个人在文化、意识、自我评价等方面的需要而进行的教育改革运动，其目的是帮助所有不同文化的群体学会如何在多元文化社会中积极和谐地生活，保持群体间教育成就和教育需要的平衡，在认识各个民族群体差异的基础上促进相互尊重和文化宽容。”③ 此外还有很多西方学者的论述观点，这里不再阐述。

可见，多元文化教育理论是一种强调多种文化的教育，在受教育者身上进行不同文化或文化差异的教育。尤其是在一个多民

---

① 参见哈经雄、滕星：《民族教育学通论》，教育科学出版社，2001 年，第 39 页。

② 参见哈经雄、滕星：《民族教育学通论》，教育科学出版社，2001 年，第 105 页。

③ 参见崔延虎：《跨文化交际教育：民族教育若干问题探讨》，《新疆师范大学学报》（哲学社会科学版），2003 年 6 月第 2 期。

族国家里的学校教育中实施，使来自不同文化背景的受教育者接受不同民族文化知识的教育和熏陶，了解不同民族和不同民族文化内容存在的事实，欣赏多元思维模式的存在，价值观念的理解、尊重、认同和共生。

因此，虽然多元文化理论是外来品，其产生和兴起有它特定的背景和社会因素，但是，在中国这样一个由多民族组成的国家里，在倡导具有不同悠久历史文化的各民族共同繁荣、共同进步，各种文化相互交融的现代社会里，是非常适用的，也是应该提倡和实践的。这就是在现代学校教育中，提倡和实施少数民族学生应当接受汉民族为主体的主流文化知识的教育和学习，主体民族的汉族学生也应当接受少数民族文化的教育和学习；同时，各个少数民族学生也应像主体民族汉族学生一样，在现代学校教育中应当接受各自文化的教育和学习，尤其是优秀传统民族文化的学习、教育和熏陶。这种多元文化教育的实施，有利于少数民族学生学业成就的提高，也是少数民族文化代代传承和不断发展的有效途径。尽管这并不是少数民族文化传承和发展的唯一途径，然而，纵观横看我国教育界，虽然多元文化的理论得到了一些教育家和教育研究者的肯定、提倡、研究和关注，也赋予了一些新的含义。如在哈经雄、滕星主编的《民族教育学通论》一书中，编者和著者用许多章节和篇幅来论述和探讨多元文化教育和多元民族的问题，但是，在现代学校教育中，无论是少数民族地区教育还是普适化（universality）的教育中，整个教育活动、教育改革和教育实践中却几乎没有涉及相关内容和理论实践。少数民族学生在现代学校教育中，几乎没有或没有很好地接受到自己民族文化内容的教育和学习，尽管在一些民族聚居地方的基础教育阶段实施了一些双语教育，但是，大多数双语教育中的文化知识内容缺失民族文化的内容，大多数双语教育在实施中非常薄弱和艰难，甚至很疲软。在凉山彝族地区的现代学校教育中，也是如此。

因此，在凉山彝族地区的现代学校教育中，作为有几千年历史文化传统烙印的凉山彝族学生，在接受现代学校教育过程中，应当接受到多元文化的教育和体验，真正享有平等教育的机会，享有受教育的同等权利，使现代凉山彝族学生“在文化、意识、自我评价等方面的需要”得到尊重、理解和实现；使凉山彝族传统文化在现代学校教育中真正得到传承和发展，为丰富中华传统文化的宝库添砖加瓦。同时，凉山彝族优秀传统文化的内容，也应当纳入国家教育体系中去传播和传承，供更多的具有不同文化背景的民族学生来了解、学习和体验。

（二）需要彝族优秀传统文化的教育

世界上每个人都属于某个民族，某个民族都有自己悠久的历史和光辉灿烂的传统文化以及文化所黏附着的各种价值观。这种传统文化及其价值观一直是通过家庭教育和社会教育渗透于人陶冶于人、感召于人和作用于人，并在人们的生产、生活和繁衍发展中，世世代代在传授、传播和传承，是形成一个民族的人不同于另一个民族的人的心理意向和意识形态的文化源泉。

现代学校产生以后，单一民族国家或多民族国家中处于统治地位或执政地位的民族文化，以国家的主流文化或统治文化的身份，作用于人，作用于学校，并通过学校教育的课程、教材、课堂和其他途径传授、传播和传承给一代代年轻人，甚至广泛传递、传播给其他少数民族的人，成为主要影响和控制整个国家和人民的思想意识、言语行为、道德品格和心理活动的文化源泉或文化素材。而处于被统治地位或参政议政的民族的民族文化，则成为整个国家的亚文化或附属文化，只能在本民族内部小社会中传授、传播和传承，并在传承中变迁或消失，甚至受到主流文化或统治文化的冲击或压制、或贬低或歧视，而无法或无人传授、传播和传承。中国政府非常重视国内各少数民族语言文字的使用和文化事业的发展。新中国成立后，党和国家先后组织了少数民族语言文字调查队，奔赴全国各地，深入各少数民族地区，对各少数民族语言文字的使用状况进行了全面的普查和调研，并在宪法上作了明确的规定："各民族都有使用和发展自己的语言文字的自由。"

凉山彝族语言文字在民主改革50多年来，受到党和国家的高度重视。在宪法的框架下，凉山彝族语言文字的教育和发展取得了丰硕的成果。但是，凉山彝族文化则一度遭受打击和批判的厄运，许多人忌讳公开谈论凉山彝族的传统文化，尤其是凉山彝族的传统文化。许多凉山彝族优秀的传统文化依然沉睡在浩瀚如烟的彝族古籍中，直到20世纪80年代以后，才逐渐被挖掘、整理、翻译、出版和传播。如凉山彝族"四大名著"《勒俄勒依》、《玛牧特依》、《指路经》和《阿莫尼惹》以及《阿让牛》、《阿依阿支》等集文学、哲学、宗教、教育、伦理、道德等文化信息于一体的凉山彝族文化读物或载体，得到了广泛的传授、传播和研究。其他如凉山彝族毕摩文化，凉山彝族传统教育观和凉山彝族神话故事、谚语格言等传统文化的内容也得到了传播和研究。同时，也选择了许多凉山彝族的优秀传统文化的全部或部分，编入到部分少数民族高等院校彝族语言文学专业的课程设置中。然而，中小学教育的课程里却几乎没有涉及，即使是曾经流行一段时间或现在准备改革的"一类模式"双语教育中，其课程设置和课本教材中也很少选入或根本没有考虑选入。这样的结果是，凉山彝族地区彝族现代学校教育的中小学基础教育中，教学计划、课程设置、教材内容、教学目标、课堂教学、学业成就评价等，都与内地或国家的统一标准看齐。但是，凉山彝族青少年学生在学校里学到的文化知识、伦理道德以及思想品格的陶冶和熏陶与自己家庭、社区和社会上习得的文化知识和人伦道德、为人处世的传授关系不大或根本没有关系。也就是说学生在学校获得的文化信息和各种价值观与在家庭和社会获得的文化信息和价值观不一致，如现代学校获得的自由婚恋观与家庭和社会上获得或实践着的家支门当户对的传统婚恋观是完全不同的。从而导致了部分学生出现了伦理观、道德观、价值观、人生观、世界观的模糊和混乱，没有理想、没有追求，甚至怀疑自己的生存发展，怀疑自己民族的存在和悠久的民族历史文化以及不屈不挠的民族精神。凉山彝族传统文化的有些内容，在当今凉山彝族青年人的思想意识中越来越淡薄；在现实生活中，民族服饰、生活习俗、房屋建筑、语言文字也逐渐淡化或消失；各种社交场合上，许多年轻彝人尽管汉语讲得并不流利或十分拙劣，也只讲汉语，不讲彝语；在县城或都市里或一些村落，传统的凉山彝族服饰也只有在婚、丧、嫁、娶场合或重大节日上才穿戴；很多人不认识老彝文自不必说，彝族规范文字也不会写，不认识。在田野调查采访中，马尔子先生说："现在对汉语言文字和汉文化已不用讨论应不应该学的问题，而是应该把如何保护凉山彝族语言文字和传统文化的问题提到议事日程上来讨论研究。"综合上述问题，作为受教育主体的彝族青少年学生，在现代学校教育中需要凉山彝族优秀传统文化的教育。

（三）需要现代科学技术技能的教育

这里所谈的需要现代科学技术技能的教育，并非指那些发射火箭、制造航母、制作精密仪器等高端技术，而是指日常生活、生产中的一些技术或技能的学习、培训和掌握。

凉山彝族自古以来居住在沟壑山间，生产资料匮乏，生产力落后，经受无数贫穷和苦难。民主改革以来，尤其是党的十一届三中全会以后，得到了极大的改善。但是，与内地相比，与先进民族相对照，当今的凉山彝族地区依然还很落后。许许多多的彝族人还依然居住在高寒贫瘠的地区，靠天吃饭，居所简陋，一年四季温饱不定，衣、食、住、行依然艰难，求学求知依然困难，读书看报、收看电视更无从谈起，简单的吃药、看病依然极度困难，现代文明和现代科学技术依然空白，几乎没有享受到现代化带来的任何文明成果。彝区生活与汉区生活境遇反差太大，与城市和乡镇的生活反差更大，除了都市和城镇的一些彝族学生外，许多人尽管接受了现代学校的教育，学会了汉语，认识了一些汉字，了解了一些汉文化，学习了一些数理化知识和一些外语知识，了解了外面世界的精彩和现代社会的文明，但是，许多彝族学生在完成九年义务教育后，依然没有融进现代文明生活，没有进入高一级学校进修深造，而是回到家里和村里，或加入劳苦大军或流入社会，或下山进城打工做苦力，甚至有的在九年义务教育中流失、淘汰或根本没有享受到九年义务教育而走上“童工”或走上偷抢或吸毒、贩毒的犯罪道路。即使是完成了九年义务教育的学生，多数学生由于家庭经济和社会的文化背景、学校课堂教学内容和传统观念的不同或差异，也根本没有学到什么主流文化或外国文化知识，众多彝区的基础教育根本无法谈起教学质量和教育成果的问题。有些学生即便在学校里学到一些知识文化，如果没吃上“皇粮”的话，也因所学的文化知识与自己家庭和社区所处的生活环境、生产方式、生活习惯、习俗规则、语言社交等文化内容、文化背景的差异或不同，而无处施展和使用，所学非所用，久而久之与从来没有进过一天学校或辍学回家的同龄人也没有什么差别，甚至在从事农业生产等体力劳动上，还远远此不上没有上过学或早辍学回家的同龄人。因此，许多家长认为，自己起早贪黑、省吃俭用、拼死拼活、勤俭持家，自己的孩子却在学校里白白地浪费青春时光，白白花掉家里仅有的钱财或拆借而来的钱物，给家庭增加了负担不说，从学校毕业回家后还得为其娶妻或出嫁妆。与其这样还不如不上学，以便增添劳动力，找钱做活，增加收入，把钱财留存节约起来为其娶媳或置嫁妆，盖房立户，增添人丁。

因此，现当代凉山彝族学生需要现代科学技术技能的学习、培训和教育。需要在九年义务教育后期和高中教育阶段，增设一些技术技能课程的教育。因为，只有现代科学技术技能才有可能改变学生的命运，哪怕只学了一门开车技术或修车技术或修理电器的技术或一些染工、刺绣的技能，也有可能走南闯北或在都市或城镇里谋生，或进城打工也能做上一份技术工种等，从而有可能就此改变自己的思想观念、改变人生道路和生活境遇。当今乐坛有名的山鹰组合中凉山彝族歌手吉克曲布先生早期的一首歌，表达了无数人向往改变命运的心情。歌里唱道："听说你要进城，是不是来看哥哥，哥哥在这里工作，只是一个小小工人，却让你笑得那么甜蜜……"他自己也是通过进城当工人，学会唱歌和作词、作曲，从而走上了用音乐传播、传承民族文化，歌唱民族精神的康庄大道。

综上所述，我们认为，当今凉山彝族地区正处在多元文化交融并存的时期，在现代学校教育中受教育主体的彝族青少年学生，应当接受多元文化、彝族优秀传统文化和现代科学技术技能的学习和教育，才符合当今凉山彝族地区的文化生态环境，才可能有更广博的知识和完整的人格以及广阔的发展空间。

18. 草原文化与蒙古族高等教育的文化责任

金志远

（内蒙古师范大学）

我国蒙古族高等教育是主要以“汉文化”（农耕文化）和工业文化为中心的教育体系。中华传统文化不能简单地理解为汉族文化，整个中华民族的文化发展史不应该忽视少数民族文化的历史。汉族虽然是中国人数最多民族，但每个少数民族也都为缔造中华民族大家庭做出了应有的贡献，所以，没有多民族大家庭文化的不断交流、融合、竞争、对抗和渗透，就不会形成中华民族文化史绚丽多彩的篇章。蒙古族高等教育应突破以汉族文化（农耕文化）和工业文化为中心，以主流文化为范围的结构，还蒙古族教育的真正面目。蒙古族高等教育应以草原文化为基础，博采众长，才能成功。

一、草原文化：蒙古族传统文化的本体——我们是谁？

关于草原文化的内涵和特质问题，是目前学界普遍关注和积极讨论的热门话题，也是在草原文化研究领域短期内很难达成共识的焦点。

从内涵上来说，草原文化“从定义上讲，是在特定的地域，特定的环境中产生的一种文化。草原文化有其深刻的根源，主要表现在游牧民族独特的价值观上”。[1] 历史上，对草原文化的评价有失公允，认为草原文化是一种落后的文化。许多人受此影

---

① 孟克：《论草原文化》，《内蒙古社会科学》（汉文版），2003 年第 6 期。

响，对草原文化也有误解。对事物先进与落后的评价标准不应受到史书和评价者自身文化背景之偏见所影响，以免有失公正。在人类社会的发展中，农业文化、商业文化和近代以后的工业文化相继兴盛，但和草原文化相比，虽然都曾有巨大物质财富的积累，但也都产生了一些很大的负面影响，特别是到了现代阶段，人口爆炸、环境污染、生态危机等多种矛盾日趋激化起来。有学者认为，草原文化的本质特点是高扬人的活性精神，这种精神同以惰性精神为特点的静态农业文化相比是一种动态而开放的、创新进取的、知难而上和依靠自己、不依靠他人的积极向上的精神。[①] 这样看来，不做深入分析，一味片面视草原文化为“落后”的文化，显然有失公正。事实上，“按照现代生态学理论及可持续发展的观点来看，草原文化同其他文化相比，在处理人与自然的关系方面具有不争的先进性”。[②] 就是说，草原文化是很值得保护和传承的，它在历史上曾经做出过巨大的贡献，是长期积淀的草原民族优秀智慧的人类文化形态，在一定意义上讲，它的先进性和对社会进步的推动作用是丝毫不容置疑的。

从特质来看，有学者说草原文化是生命文化、生态文化，也有学者说草原文化是英雄文化、和谐文化等；还有学者认为，其特质包括多种多样，比如开放性、包容性、进取性、务实性、征服性、开拓性等。有研究者认为，草原文化的特质应为“崇尚自然、践行自由、英雄崇拜”。[③] 又认为，“如果说农耕文化表现出了成熟、精深、高雅、大一统特征的话，那么，游牧文化则体现了兼容、多变、简朴、动态的特征”。[④]可见，草原文化具有生命文化、生态文化、和谐文化、英雄文化兼容和动态特质应该是肯

① 孟弛北. :《草原文化与人类历史》，国际文化出版公司，1996 年。

② 孟克：《论草原文化》，《内蒙古社会科学》（汉文版），2003 年第 6 期。

③ ④ 胡匡敬、王学俭、董汉忠：《论草原文化》，内蒙古教育出版社，2006 年。

定的。

天人相谐的自然观。

草原文化中也有浓厚的“崇天”、“敬天”思想。“‘天’在草原文化上有双重含义：一是表示精神存在，是世界的本原；二是广义的大自然。因而‘天’是一个具有普遍哲学意义的概念，也是一个具有广泛的文化含义的概念”。① 认为自然是一种完美和谐的秩序，人与自然是共生共存的关系，不是势不两立的双方。万物和谐共存就是“天道”，尊重自然就是对“天道”的尊重。蒙古族谚语中称“苍天就是牧民眼中的活佛，草原就是牧民心中的母亲”，体现了草原民族对大自然的热爱。在道德方面，草原民族谴责和鄙视贪婪攫取自然资源的人，反对竭泽而渔的行为。在宗教方面，牧人中间有很多有利于植被保护、动物生长和水资源洁净的生产、生活禁忌，目的依然是为了保护生态平衡；在社会制度方面，依法保护生态。

英雄主义的人生观。

蕴涵于英雄主义思想中的内涵十分丰富，作为草原文化中最完美的人格定位，英雄的概念在草原文化中既有对人的本性的诠释、对人身价值和伦理道德的阐释，同时也是对群己关系的具体阐释。英雄崇拜作为草原文化的一种典型文化现象，其功能主要是发挥着示范性和导向性作用，在社会上确立了人格理想和价值目标。它弘扬了主体的力量，使人的个性张扬合理化，从而对个体的价值给予了充分的认可，促进了个体才智的充分展示，为主观能动性的发挥创造了空间。草原文化存在着承认个体价值的文化因素，并且较为突出，从而在社会上营造了一种竞争文化氛围和有利于人才脱颖而出的客观环境。英雄观是蒙古族传统人生观和价值观的折射点和集合点。

① 胡匡敬、王学俭、董汉忠：《论草原文化》，内蒙古教育出版社，2006 年。

包容并蓄的社会观。

应当肯定，所有延续至今的各民族文化都程度不同地存在兼容的属性，但能够对各民族文化的差异性予以平等对待，并采取开放和宽容的态度，这一文化取向可以说在草原传统文化中表现得最为突出。包容在蒙古文化中被看做是“成功者”的优良品质。包容性和开放性为蒙古民族博采众长、促进自身文化的发展奠定了思想基础。开放性为蒙古民族不断吸收外来进步文化奠定了基础，较强的整合和转化能力，又使其他民族的文明成果得到了升华和质的飞跃，对人类文明的传承和发展做出了贡献。

动中求变的发展观。

“动”是生命的本性，运动是生命力的展示。可以说，“动”的辩证思想在自然界和社会实践的一切实践中无处不在。“动”成为草原民族的生存法则。他们以“动”来理解和诠释自然现象和社会发展的基本规律。蒙古族将摔跤、射箭和赛马称为“男子汉三项”，把运动视为男性美的标准。将宇宙称为“遨日其朗”，意思是“永恒旋转的物体”。在文化交流领域，他们善于适应环境，勇于尝试新鲜事物，更新和充实自己的文化结构。草原民族思想文化领域内禁锢很少，他们善于、勇于学习其他民族一切先进的文化。

和谐一体的运思模型。

草原民族是一个爱智慧的民族，他们在长期的历史发展进程中逐步形成了独具特色的思维方式和哲学理念。草原民族有一套自己独特的运思模型。而在草原民族的传统运思模型中，立体的宇宙结构和认知的世界图式占有重要的地位。草原民族的宇宙观主要是在进一步明确和区分混沌世界与当今世界、无序世界与有序世界、现实世界和理想世界的过程中形成的。而他们所提出的“混沌说”、“开天辟地说”、“保木巴世界”（指理想社会）等早期直观认识就是这一思想进程的具体体现。蒙古族先民认为，宇宙万物处在不断运动变化之中，宇宙是从无序世界到有序世界的产物，也是天地万物生存的空间。在这一宇宙本体论的影响下，草原民族进一步描绘了自己的世界图式。他们认为，浑然一体的世界是和谐的，正像人们心中的理想境界“保木巴”那样，即和谐一体的倾向维持着这个世界图式，并用相互作用和力量去抵制和消除不稳定因素的发生。

文化的本质定义和要素繁杂，人们的理解很不一致。但文化包括语言文字、宗教信仰、哲学思想、文学艺术、法制、社会制度、婚姻家庭、民俗等，人们基本上是没有多大异义的。那么草原文化作为一种文化的类型，它也理应包括上述这些方面。只是这些方面表现出的特殊性有所不同罢了。因此，我们认识文化的实质，认识蒙古族传统文化的实质也从这些方面来理解。我们认为，蒙古族的传统文化，在语言文字、宗教信仰、哲学思想、文学艺术、法制、社会制度、婚姻家庭、民俗等均具有草原文化的特点和风格。蒙古民族的语文文字不仅是草原文化的有机组成部分，而且也能表现草原文化的特征。从蒙古族语言文字的文化内涵中我们可以得知游牧民族古老的神话以及原始思维、表达方式、日常交流等方面。蒙古民族的语言文字作为一个标志，蕴涵着古老游牧民族久远文化的多种色彩。探讨和研究草原文化必然涉及在游牧民族思想体系中占重要作用的宗教信仰问题。古代大部分北方游牧民族的原始宗教是萨满教。萨满教在蒙古族的历史、文化的发展变迁中起到重要的作用。萨满教的核心观念是“天父地母，万物有灵”。萨满教认为，草原是一个有灵性的生命体，它有精神、神经、血脉和躯体；“天”（苍生天）是主宰世界的父亲，大地、河流是血与肉、灵与躯生成的母亲；如果因人为地造成河流干枯、污染，灾难就必然降临；草原上的一草一木，飞禽走兽，河流湖泊都有灵性、神性，不能轻易地扰动、射杀、破坏，否则将受到神灵的惩罚。草原文化的诸多特征和形态，都能够从萨满教中找到根源。草原文化在游牧经济基础上形成的一种别具特色的文化，这决定了游牧民族，尤其是蒙古族哲学是以草原文化为载体的、别具特色的哲学。蒙古族是我国北方游牧民族中的重要成员之一，在长期的游牧生活环境中，蒙古族创造了独特的草原音乐文化。蒙古族的长调、呼麦唱技的神奇，蒙古族舞蹈以抖肩、揉臂和各种马步所表现的骏马飞奔辽阔草原的舒展奔放，蒙古族“好来宝”的娓娓述说，无不是草原文化鲜活、生动、优美的民族形式。草原文化包括习惯法、禁忌和法制等。而蒙古族的禁忌甚多，禁忌是民族文化的一个重要的组成部分。蒙古民族也是一个法制的民族。按蒙古族历史发展演变过程，古代蒙古的法制历史可分为 4 个时期：“未成文的蒙古族习惯法时期；成文的《成吉思汗大札撒》时期；蒙古族法制政教并行时期；清代蒙古族地方法时期。”① 从蒙古民族的社会制度、婚姻家庭和民俗也同样可以看到草原文化所具有的特征。

由此可见，通过对草原文化内涵、特质和要素的分析和论证，蒙古族文化尤其是传统文化的本体是草原文化是毫无疑义的。

二、蒙古族高等教育来自草原文化缺失的困惑——从哪里来?

政府发布了很多政策和法令发展民族高等教育，包括蒙古族高等教育。可民族高等教育的效果不是十分理想，为什么？是因为没考虑到文化问题。具体到蒙古族高等教育，就是脱离了自身赖以生存和发展的本体文化——草原文化这一母体文化，由此导致了很多不正常问题的发生。

应该说草原文化和游牧文明，也有它自己独特的与大自然相

① 胡匡敬、王学俭、董汉忠：《论草原文化》，内蒙古教育出版社，2006 年。

处的智慧，在某些方面的知识甚至超过了现代的发达的科学范畴。值得关注的是，在全球经济一体化越来越深入发展的今天，这样一种文化形态，一直面临着来自外部的侵害甚至是伤害。随着对外交流的日趋扩大，草原文化受到的各种侵害和伤害也多了起来。渗入草原地区的农业文化及现代商业与工业文化都在试图去代替或改造草原文化，一个时期以来草原牧区毁草垦殖、采矿淘金、破坏环境、工业污染等现象的增多，都给草原文化带来了各种侵害和伤害。特别是近年来，我国草原文化的生存与发展正在面临着越来越明显的危机。

近年来，离开自己母体文化，即草原文化的蒙古族高等教育在飞速发展的同时，也出现了一些新情况、新问题，很值得我们去应对、研究和反思。为了明确和把握蒙古族高等教育的文化问题，我们设计了调查问卷并对内蒙古某大学进行了调查、访谈。通过调查和访谈了解和掌握了广大教师对蒙语授课本科教学的一些问题的看法及价值取向。被调查的对象主要有教育科学学院、物理电子信息学院、化学与环境科学学院、外国语学院、历史文化学院、蒙古语学院、体育学院、法政学院、文学院、美术学院、音乐学院和数学学院等院系的教师和领导。调查对象：教授有31人，占13．8%，副教授92人，占41．1%，讲师61人，占27．2%，助教23人，占10．3%，其他15人，占6．7%，总计222人；校领导2人，占9%，院系领导25人，占11．2%，其他113人，占50．4%，总计140人。

我们通过蒙语授课学生学习积极性不高的原因、蒙汉兼通培养模式的实效性、实施三语教学的利弊、蒙语授课学生厌学的关键问题、蒙语授课学生不及格率高的主要原因、蒙语授课学生不能正常毕业的根本原因等问题的调查和访谈，更加明确了蒙语授课本科教学质量中已经取得的成就、存在的问题和进一步改革的方向和思路。

1. 就业难：制约蒙语授课教学质量提高的"瓶颈"

通过我们的调查，发现制约蒙语授课教学质量的一个因素就是就业难的问题。在我们的调查问题中，大部分教师都认为，之所以产生这样的问题是由于学生们对就业无望所致。蒙语授课教学的最大问题，可以说是就业难的问题，我们在调查中听到最多，感触最深的也是这个问题。大部分人的意见都集中在这个问题上，它是影响教学质量提高和教育教学改革的不可逾越的"瓶颈"。它不但影响蒙语授课学生学习积极性，也影响蒙汉兼通培养模式的实效性、实施三语教学的利弊得失，同时也是蒙语授课学生厌学的关键问题和蒙语授课学生不及格率高和不能正常毕业的根本原因。而蒙语授课学生为何就业难，因素很多，但其中主要因素就是他们对社会就业文化环境的不适应或社会未考虑蒙古族学生的就业文化的特殊需要。

2. 提高学生学习积极性是提高蒙语授课教学质量的动力

学生学习积极性和学习动力不足是影响蒙语授课教学质量的又一制约因素。在我们调查的问卷和访谈调查的问题中，大部分教师都反映由于学生的学习积极性和动力不足，影响了他们的学业成绩和学习质量。蒙语授课学生的学习动机不强、学习兴趣不高、学习态度不端正、学习方法不恰当等，造成学习积极性和主动性不高，已经是一个必须下大力气研究解决的问题，如果放任下去不但会影响学校教学质量，而且还会引发意想不到的民族和社会问题。这个问题的产生，其中主要因素就是蒙古族学生对他们学习的文化环境产生文化冲突和陌生感。

3. 有效的教学管理机制是提高蒙语授课教学质量的有力保障

通过调查得知，有效的教学管理机制是提高蒙语授课教学质量的有力保障。调查发现，教学政策导向模糊、教学管理和落实不到位影响和制约着教育教学工作，影响着教学质量的进一步提高。产生这一问题是由于缺乏针对蒙古族学生文化特殊性的教学管理政策和机制有关。

4. 合理的课程结构和课程设置是提高蒙语授课教学质量的核心

调查显示，影响教学质量的核心因素是由于课程缺乏民族性、文化性，导致课程结构和课程设置不合理。在蒙语授课本科教学中，如何根据蒙语授课学生的文化特点和实际出发，进行具有民族特色的课程设计和课程设置，是我们在教育教学工作中要着重解决的问题。

5. 打好学生学习基础是提高蒙语授课教学质量的前提和基础

学生的学习基础是制约蒙语授课教学质量的又一个主要因素。在我们调查的几个问题中都得到了充分反映。蒙语授课本科学生由于各种原因，学习基础确实相对薄弱，因此如何提高蒙语授课学生的原有的文化基础，如何在原有文化基础上进行教育教学，是我们在教育教学活动中必须认真考虑和对待的重要问题。

6. 减轻学生的学习负担是提高蒙语授课教学质量的重要条件

由于学生的学习负担过重，导致三语教学、外语教学效果不佳和蒙语授课学生不能正常毕业，影响了蒙语授课教学质量。通过调查得知，学生学业负担过重引发了许多教育教学问题，已经影响和制约着学校教学质量和教学效果的提高。学生学习负担过重的问题，其背后实际上是文化整合不强的问题。

7. 进一步明确培养目标是提高蒙语授课教学质量的重要保证

通过调查发现，由于培养目标定位不明和不准确，影响了学生学习的积极性和蒙汉兼通培养模式的实效性，从而制约了蒙语授课教学质量的提高。可见学校的培养目标，从文化特殊性出发，需要进一步准确定位，培养模式需要更加完善，这样才能促进教育教学质量的提高和发展。

8. 提高教师多元文化素养水平是提高蒙语授课教学质量的关键

通过调查得知，蒙语授课教学质量的根本原因都与教师的教育教学水平有很大的关联。由此可见，教师的敬业精神和多元文化的教学态度、教学艺术、教学指导和采用的教学模式、方法等都不同程度地影响着学校的教育教学活动，影响着教育教学质量的提高。

概而言之，我们通过调查发现了以上几个问题，其实这几个问题有着密切的联系。就业难影响着学生学习的积极性，也影响着进行有效的教学管理。课程设计、课程设置和学生学习负担过重也和它存在着直接的联系，更关系到培养目标的准确定位。合理的课程设计、课程设置和教学管理也有利于学生学习积极性的提高和提供更多的就业可能性，也可以在一定程度上减轻学生的学业负担和提高学习成绩，也可以反映学校培养目标定位的准确性。然而所有这些都离不开教师教育教学的多元文化素养这一关键条件。

可见，以上问题和现象的发生，表面上看是教育问题，实际上这归根结底还是一个文化的问题。因为，蒙古族文化的本体是草原文化，他们的教育也应基于草原文化基础之上，然而，现代蒙古族高等教育是主要建立在工业文化和本国主体民族文化（农耕文化）基础之上的。蒙古族学生脱离自己的草原文化土壤，接受基于现代工业文化和主流文化基础上的高等教育，他们自然会产生文化不适应和文化断裂的问题。对此有研究者也进行过不同程度的研究和探讨。有研究者从学校文化角度指出："民族地区在进行校园文化建设时，一定要考虑本民族的文化特色，不能机械照搬汉族学校校园文化建设的模式。要使校园文化和学生所在地区的民族文化相统一，这样才能使学生对学校有认同感，从而激发他们努力学习的内在动机。”① 因此，包含在学校文化中的校园文化、课程文化和课堂文化也同样存在学生在文化上的不适应和断裂。

三、基于草原文化的蒙古族高等教育改革——到哪里去?

经济全球化的趋势、各种文化相互激荡的现状，促使人们不得不思考不同国家、不同民族文化的发展趋向问题——是走西方强势文化和本国主流文化同化其他文化的道路，还是选择保持文化多样性的道路?总结历史经验，文化多样性符合各民族尽可能发展自身文化的意愿，符合人类发现和选择多样性的生存方式和发展道路的取向，合乎人类生存的基本原则。草原文化是人类文化多样性的一种类型。草原文化是对于人类文化多样性的贡献，它所特有的自然辽阔、雄浑奔放、委婉舒展的形式，是在中国本土生成并经过长期历史发展的，具有相当稳定的民族文化形式。我们保持和弘扬草原文化，可以为我们有效地抵御文化“西化”和主流文化倾向，抵制“文化霸权”提供有力支持。对此，蒙古族高等教育承担着不可推卸的历史使命和责任。

基于草原文化的蒙古族高等教育的文化责任，实际上主要是在寻求与激活在当代新的背景下发展草原文化的因子和机缘，是在教育层面上获得新的生长点。概而言之，有三层意思：其一，是草原文化在当代背景下通过教育实现有效生存和发展的需要；其二，是在当代背景下通过教育对于这一草原文化的民族文化身份的确认，以使其在营造多元共生的当代文化景观中显示自身价值；其三，对于草原文化的教育资源进行当代新的文化阐释，并使之焕发出更多人所接受的新的教育品质。

① 哈经雄、滕星：《民族教育学通论》，教育科学出版社，2001 年。

1. 培育自觉民族认同的赤子情怀

民族认同是对自己民族的一种深厚感情，集中地表现为民族自尊心和民族自信心。它是一种民族的凝聚力和向心力的体现。研究草原文化，就是弘扬草原民族生生不息的民族精神，培育每一个人的自觉的民族认同情怀。因为民族是大家的归宿，它需要不断地维持和发展。只有这种情怀，才会使学生产生学习的动力和积极性。在今天培育蒙古族大学生国家认同的同时，培养民族认同意识格外重要。

2. 培育勇敢无畏的英雄精神

勇敢无畏的英雄精神，体现了草原文化中最深刻的文化内涵。勇敢无畏是草原文化的精神元素，它表现出草原民族超人的勇敢、惊人的毅力和不屈不挠的战斗精神，也是蒙古族勇敢无畏的集中表现。英雄崇拜作为草原文化的一种典型文化现象，为社会确立了人格理想和价值目标。今天蒙古族大学生缺乏学习的动力和积极性，缺乏学习拼搏，均与缺失勇敢无畏的英雄精神有关。因此，我们应该引导蒙古族大学生在自己的学习和工作中发扬这种勇敢无畏的英雄精神，并身体力行。

3. 培育宽容团结的人际关系

维护团结，可以说是草原文化的灵魂。团结是和谐共存的条件，而宽容则是团结的前提。因为有了宽容，看似不可调和的矛盾就有了回旋的余地，彼此充满个性冲突的人们也能快乐地和睦相处。在不同地区蒙古族大学生之间搞好团结，相互宽容，互相启发和帮助，在今天显得尤为重要。

4. 培养忠诚信义的道德观念

忠诚信义是草原文化的精髓。这一道德观念是始终贯穿蒙古族道德观念的一条红线。今天的蒙古族大学生更需要这样的道德观念和道德行为。使忠诚信义成为每一个蒙古族大学生的最优秀的品格之一，勇于承担对民族和族群生存、发展的责任。同时使蒙古族大学生凝结为学习共同体，促进相互之间的合作和协作学习，在学习中相互联系和交往。

5. 培育冒险创新的开拓精神

冒险和创新是草原文化中的异彩。众所周知，一部蒙古史，实际上就是一部蒙古人的冒险和创新史。在各个民族为了发展相互竞争十分激烈的今天，蒙古族大学生更要具备这种精神和态度。无论在学习、研究和工作上都要体现和发扬这种精神，只有这样蒙古民族才能生存、才能发展。

6. 培育平等法治的社会观念

草原民族在生产实践中，采取法治管理，是草原文化的一大特色。蒙古民族具有法治的思想和传统，我们的教育管理政策和制度，应该与蒙古民族的这种传统相衔接，体现教育管理政策的文化性和民族性。只有这样，才能实现管理的实效性、科学性和人文性。

7. 培育自由民主的公民意识

草原民族的生产生活方式是自由民主意识的沃土。它造就了草原民族与生俱来的自由民主品性，也就保持了人的本真。这里所说的本真是人类在漫长的时间长河中形成的能维持人生存的美好的心理禀赋，如坦诚、热情、爽朗、慷慨、好客等。我们要引导蒙古族大学生对学习、研究和事业坦诚对待，以饱满的热情投身到自己的学习和事业中去。

8. 培育兼收并蓄的开放胸襟

兼收并蓄的开放意识是草原文化固有的品格。草原文化兼收并蓄的品格，主要表现为开放性和包容性。即不仅继承和发展固有的游牧文明，而且对异质文化中于己有利、有实用价值的东西，他们总是采取拿来主义。他们不仅吸收汉文化，而且吸收希腊罗马文化、波斯文化、印度文化、阿拉伯文化。与此同时，对其他文化相当宽容，并给以自由发展的空间。在世界全球化的今天，应吸收草原文化的精华，培育蒙古族大学生兼收并蓄的开放意识，树立多元文化观，以开放的胸襟，吸纳和借用人类共有的文化成果来丰富和发展自己，为蒙古族的振兴，为蒙古族走向世界奠定坚实的文化基础。

9. 培育尊重自然的生态意识

由于草原民族特殊的生存环境，使他们形成了自觉地尊重自然的生态环境意识。培养蒙古族大学生尊重自然的生态环境观，这也是我们今天弘扬草原文化应有的题中之意。汲取草原文化中的精华，培育蒙古族大学生的教育生态观、教学生态观、学习生态观，在当前显得格外重要。

19. 地方高校民族文化传承与创新的生境及出路

王顶明　董云川

（云南大学）

一、民族文化传承：舆论的喧嚣与高校的缺位

回顾刚刚走过的2007年，在文化圈，80后作家韩寒、郭敬明与王朔、郑钧对骂不断；复古题材的作品，如《鬼吹灯》、《盗墓》等网络文学大行其道。文化领域的关键词跃然纸上：冲突与复古。主角虽变，话题似新，但核心主题依旧。文化间的冲突与对传统的体认随着经济全球化的推进而愈演愈烈。因为，在人类的现代化进程中，全球化作为一股强劲的现实力量，与文化发展形成高度关联。科学高速演变亟待人文紧急跟进。于是，在不可逆转的全球化、现代化冲击下，一方面，强势文化对少数民族生活经验和文化价值产生了不同程度的侵扰，急剧变化中的社会经济文化环境加剧了民族文化遗产的流失，也在更大范围引起人们因文化差异而产生相应的冲突与焦虑；另一方面，在盲目的被动的全球化、现代化进程中，“从何而来，又将走向何方”的追问促使人们逐渐意识到，唯有本土的、民族的、传统的才更具本真价值和生命力。

文化多样性已成为社会发展的主趋势。轰动海内外的少数民族原生态歌舞“云南映象”便是极好的例子。在“云南映象”中，一帮土生土长的农民跳着他们平常跳的舞，火暴全国，走向欧美，在激烈的演出市场上成了大赢家，创造了中国舞台戏剧的奇迹。

中国作为世界上民族民间文化，尤其是非物质文化遗产十分丰富的国家，在全球经济一体化浪潮下，诸多民族民间文化遗产迅速地消失与流变。政府、高校、民间组织与个人都纷纷参与文化遗产的保护、抢救、研究、传承与创新之中。就生长于特定地域中的高等学校而言，传承与创新本土民族文化是其不可推卸的责任，在传承与创新本土文化所需要的人才培养、智力支持、信息传播和知识创新方面肩负着不可替代的功能作用。

教育是文化的一部分，也是特殊的高级文化载体。而教育的基本功能之一就是通过选择文化、传承文化和创造文化以促使文化及人的发展。作为区域先进文化的代表，地方高校在传承与创新民族文化方面原本负有不可推卸的社会责任，然而，这些高校往往忙于追赶主流教育形态，在同质化竞争中左拼右突，或多或少地忽视了丰富多彩的本土民族民间文化资源，不时落入“捧着金饭碗讨饭”之陷阱。为此，本文集中从教育生态学的视角探讨地方高校在民族文化传承方面的现实生境，分析其所面临的宏观、中观和微观生境，以为地方高校更好地肩负起传承民族文化，乃至更好地开辟个性化与现代化协同的办学道路提供一个侧面的思考。

二、地方高校民族文化传承与创新的生境分析

所谓生境（habitat），在生态学中，指的是生物生活的空间和其中全部生态因子的总和。亦即“各种生态因子综合起来，影响某种生物（包括人类）的个体、群体或者某个群落的生态环境”。[①] 而高等教育生态环境可以分为国际环境、国内环境和个体环境三个层次，其国际环境和国内环境共同构成高等教育的群

① 吴鼎福，诸文蔚. 教育生态学［M］. 南京：江苏教育出版社，1993。

体生态环境。[①] 由此，对地方高校在民族文化传承方面的生境分析也将从国际、国内和个体三个层面展开。

1. 国际生境

早在1972年，联合国教科文组织便缔结了《保护世界文化和自然遗产公约》，启动了世界遗产保护工程。随后，从出台《保护民间创作建议案》(1989年)，启动民间创作保护工程，到颁布《人类口头和非物质遗产代表作条例》(1998年)，启动申报人类口头和非物质遗产代表作名录工程。尔后，又通过《世界文化多样性宣言》(2001年)和《保护非物质文化遗产公约》(2003年)，[②] 进一步提高了人们对传统文化遗产及其保护的重要意义的认识，也进一步推动了人们抢救、保护民族民间文化遗产工作的开展进程。

以《保护非物质文化遗产公约》为例，该公约第14条明确规定："各缔约国应竭力采取种种必要的手段，以便使非物质文化遗产在社会中得到确认、尊重和弘扬……主要通过向公众，尤其是向青年进行宣传和传播信息的教育计划；有关群体和团体的具体的教育和培训计划；保护非物质文化遗产，尤其是管理和科研方面的能力培养活动，等等。"确认、尊重和弘扬非物质文化遗产主要靠宣传和教育，尤其是对青年一代的教育，以及相关的培训和研究。如此一来，民族文化传承的当然主体之一就是集教育教学、科研和社会服务为一体的地方高校，尤其是那些面向民族地区青年学子的边疆民族地区高校。

此外，联合国教科文组织还于2002年10月在世界5个城市

---

① 蹇兴东，孙小伍：《试论我国高等教育生态环境》，《黑龙江高教研究》，2002 (2)。

② (1) 乌丙安：《"人类口头和非物质遗产保护"的由来和发展》，《广西师范学院学报》(哲学社会科学版)，2004 (7)；(2)《世界文化多样性宣言》(Universal Declaration on Cultural Diversity)；(3)《保护非物质文化遗产公约》。

（包括北京）同时召开“大学教育与历史遗产主体会议”，共同探讨大学教育在文化遗产保护方面的重要作用。这些为地方高校进行民族文化传承与创新营造了有利的国际生境。

2. 国内生境

在国内，随着地方民族民间文化遗产频频告急，政府从宏观上开始引导民族文化的传承与创新。2004 年，国家出台了《文化部、财政部关于实施中国民族民间文化保护过程的通知》，并下发了《关于加强民族民间文化保护工作的意见》（征求意见稿），同年还起草了《中国民族民间传统文化保护法》（草案）。尔后，国家又规定，从 2006 年起，每年 6 月的第二个星期六为我国的“文化遗产日”。

云南、贵州、陕西等地的地方政府积极参与民族文化的抢救和保护；一些民间组织和个人也开始自发地履行起社会职责，如美中艺术交流中心、冯骥才先生、田丰先生、陈哲先生、尹绍亭教授等人所进行的有益探索。这些实践为民族文化传承积累了宝贵的经验，也为地方高校开展民族文化传承的教育实践提供了不可多得的参考。

具体来说，地方政府，尤其是多民族聚居地区的政府多年来在国家民族大融合的大政方针指引下积极开展各种活动来促使各民族之间的和谐共生，在领导、组织、策划、协调方面发挥着积极的作用。在云南，政府较为有效地整合了各方资源，投入到“文化大省”的建设之中，为长期经济滞后、发展乏力的边远少数民族地区带来活力。然而，外在的政府行为只能从表面发挥作用，一定程度上可以促使经济的发展，但单兵突进既难于永续发展，又容易造成对所谓先进性的主流文化的补偿性追赶，而忽视了对深层次民族民间文化的开发和利用。为此，教育的文化功能显得格外重要。边远地区经济的永续发展需要融合根植其传统土壤的文化主体而逐步形成文化自信与文化自觉，力避当地人盲目跟从外来文化的潮流而迷失自我。这样，地方政治、经济、文化的和谐发展对教育产生了内生的需要，也就为高校从事民族文化传承与创新营造了良好的周边环境。

从高校所获得的经济支持来看，不少地方高校长期面临着政府投入不足、办学条件捉襟见肘的困窘局面。以云南省的思茅师专为例，该校位于云南边陲多民族地区普洱市，共有哈尼、彝、拉祜、佤、傣、瑶、布朗、回、白、苗、傈僳、蒙古、景颇、汉14个世居民族和满、纳西、普米、壮、老缅人等客居民族。除汉族外，有10个少数民族跨境而居。民族众多和民族分布上的多元差别，为该校的民族文化传承研究提供了丰富多样的素材，同时该校少数民族学生居多，在学校教育过程中如何形成学生的多元文化价值观和对本民族的文化认同与文化自觉也是一个活生生的课题。

但是，该校自办学以来经费投入就不足，从校园面积、办学设施到师资队伍，软硬件均存在不同程度的短缺，优秀师资难于引进又容易外流，因此不利于学校对于民族文化的研究、传承与创新。

3. 个体生境

随着高等教育大众化进程的迅速推进，地方高校不可回避地涌进高等教育整体的竞争丛林，在同质化办学和规模化培养的情况下追寻特色与自我。无疑，地方高校要在全国高教大格局中占有一席之位，分羹有术，因地制宜，精准定位，变地方资源特色为学校办学优势便势在必行。从这个角度来看，民族聚居地区的高校所依托的多彩民族文化是其顺势发展的有利生境。

地方民族地区高校一般以当地生源为主，这里的农村学生大多来自民族聚居地，走进各民族学生交融的大学校园后，不同程度地出现对文化差异的不适而引起的冲突。这种冲突进一步促使学生反思长期处在一定文化之中的个体，在对传统文化体认的同时会逐渐形成自我的文化判断力。在学生这种文化自觉过程中，学校正好可以主动作为、积极引导、有效调节。不少地方高校借此机会举办各种展示民族民间传统文化的校园活动，形成师生的文化多元视角。因此，地方高校的多样性生源是其开展民族文化传承与创新的有利生境。

与此同时，我们也要清醒地认识到，在我国高校大规模扩招的形势下，面对日益严峻的就业压力，地方高校进行民族文化传承与创新也有其十分不利的生境。具体来说，高校所开设的一系列民族特色化专业和课程，从弘扬、传承民族民间传统文化的角度来看，极具价值，十分必要。但是这些专业、课程的学习对于竞争激烈的就业市场而言，又显得无奈、乏力，由此，现实困境将直接导致这类民族文化传承的专业和课程短命或流于形式。因之，民族相关专业大学生的就业压力是地方高校民族文化传承的不利生境。

总之，处在我国高教格局核心圈之外的地方"非主流"高校因其所处的时代背景、区位资源优势等而存在诸多有利生境。但是，这些有利生境并未能引起地方高校办学者的高度重视。众多地方高校的办学者还在追逐"一样的发展目标、一样的价值取向、一样的管理体制、一样的培养目标和模式、一样的'科研'导向……"① 在如此这般的同质化竞争中艰难生存，放着自己身边独具的优势与特色不论，却以己之短与人之长相较，无疑很难在激烈的竞争中有所突出。为此，地方高校的办学者应调整思路，整合学科课程资源，唤起文化自觉，建立文化自信，个性求存、特色兴学。

---

① 董云川，张建新：《多种形态一样化的中国高等教育》，《教育发展研究》，2004（12）。

三、利用有利生境传承文化，本色办学

无疑，教育与其生境之间有着一种天然的依存关系。教育发展状况直接受其所处的生存、发展环境影响，好的教育生境如能加以有效利用可以促使教育发展走上良性循环，如虎添翼；不利的教育生境若能适度规避，亦可减少其对教育状况的制约。反过来，教育发展状况也会影响其所处的生境，符合教育发展规律，顺应社会需求的教育行为有利于营造良好的教育生境，反之亦然。有鉴于此，地方高校理应充分利用其所处的有利生境，采用国际化与本土化相融合的全球文化视野，开拓独具本土特色的课程，形成师生对本土文化的自信与自觉，最终在整体高教格局中求得不可替代的生存地位。

1、确立国际化与本土化相融合的全球文化视野

当下，高等教育的国际化随着国际经济、政治、文化交流的日益深入而逐渐成为所有高校不容忽视、也不可回避的现实。各地高校都纷纷打起“走出去、引进来”的国际化旗号，一方面创设条件让学校师生员工与国际接轨，形成看待问题的国际化视野；另一方面，营造环境吸引国外学生前来就读。就云南的地方高校而言，如何设置专业、提供条件让东南亚友邻国家的学生前来留学已成为热点话题。在高等教育国际化进程推进的同时，一些地方高校本着求同存异的生存原则，也在不遗余力地推进学校的本土化进程。这种高等教育国际化与本土化并行不悖的生存策略，就是本文所指的全球文化视野。

地方高校要更好地传承与创新民族民间文化，无疑需要兼顾国际化与本土化两端，合理融通，有效并行。因为在全球经济一体化的今天，封闭和保守只能导致进一步的落后和固化。开放、多元、兼容就意味着坦然面对国际化潮流，积极应对，取其精华，为我所用。与此同时，要力避在潮流化过程中磨灭个性，坚

定不移地实行高校发展的本土化战略，适时捕捉对学校发展有利的生境因素，在履行社会赋予的文化职责的同时，办出学校的民族文化特色。

2、立足本土，积极推进地方高校与社区的互动

继高校的教育、研究功能之后，“威斯康星理念”进一步明确了高校的社会服务功能。最近，文化作为高校的第四大功能又在激烈探讨之中。不论如何，地方高校在服务当地社区时，就民族地区而言，其文化传承的职责不可推卸。近10年来，云南民族文化传承在政府、民间的推动下进行了许多有益的探索，取得了可喜的成绩。但反思期间的传承主体——高校，却存在不同程度的缺位。

地方高校与社区之间本是一种互生共荣的依存关系，发展势头良好的高等学校是当地人民不可多得的一张“文化名片”，而综合条件优越的社区可以为身居其中的高校提供有利的发展条件，是高校生存的土壤。两者之间的关系有似于皮与肉、鱼与水。

据此，对于身处地方民族传统文化丰富多彩的高校而言，积极改善高校与社区之间的关系，既满足社区发展的需求，又在一定程度上引领社区经济文化的良性发展，势必足以营造高校发展民族文化所需的良好生境。

3. 构建本土课程及文化，协调教学与研究

地方高校依托区域资源优势，挖掘提炼传统民族文化精髓，融入本土发展大环境的重要载体是课程。构建本土课程、形成特色学科、营造校园文化又需要整合学校教学与科研资源，积极引导学校教师从事本土课程的建设、教学方法的改进，以及民族文化的研究，在培养具有深厚民族情感、实践能力较强、投身边疆教育和经济建设的应用型人才的同时，探索独具特色的本土化教育发展道路。

以云南省的玉溪师范学院为例，学校秉承为边疆少数民族地区培养“一专多能”基础教育师资的传统，顺应经济全球化和教育国际化的发展趋势，利用湄公河次区域国家间自然地理山水相连、文化交流源远流长、经济发展共赢互补的特有优势，围绕“传承民间文化、守望民族灵魂”这个核心理念，建成了以“搜索整理传播民族民间文化，探索研究创造新型艺术佳品，开设建立完善特色办学课程，研制开发推广个性艺术市场”为宗旨的“湄公河民族民间文化传习馆”。在传习馆中积极探索“本土化”高校课程的构建，以逐步形成的“本土化”特色课程来支撑和提高专业建设水平。目前已形成了《云南地理》、《云南少数民族传统体育》、《哈尼族原生态文化歌舞》、《哈尼语文发展项目》、《云南绝版套色木刻》、《云南重彩画》、《云南民间传统手工刺绣鉴赏与制作》、《语言学田野调查》、《云南民族文化》、《葫芦丝演奏》、《傣语》等本土课程。

这些课程一方面解决了文化遗产在大学里的认知学习、传承发展的问题，让大学生了解、学习、掌握民族民间知识与技能，这样才能让宝贵的民族民间文化遗产和文化资源得到有效保护，学生们有了这样的亲身学习体验和对民族民间文化的自觉认同，才会真正树立文化保护与传承意识，并会把这种理念与思想传播、影响到更多的民众；另一方面，大学教育要与民族现代化发展相结合，在加强本土文化基因认知的同时，推动当前多元文化教育的改革与发展，研究寻找符合这种人才培养的教学方式，积极构建使本土文化教育传承与现代教育有机结合的更具实效性的课程体系，培养具有适应社会发展需要的、具有文化影响力的本土人才。

4. 唤醒并强化地方高校师生的文化自觉

目前，地方政府、企业或者民间组织所推进的民族文化传承活动，虽然在一定程度上唤醒了文化传承的意识，但由于理念落伍、方法不当、目的不纯、流于表面等原因，给民族地区带来的并非都是积极正面的影响。以云南红河州石屏县的花腰傣族歌舞文化的传承为例，当地拥有“歌舞之乡”、“彝龙之乡”的美称，早在1996年就被文化部命名为“中国民间艺术之乡”。但时至今日，当地的民族民间文化艺术活动仍停留在政府行为层面，既没有给当地带来多少经济收益，也自然不具有可持续发展的可能。究其原因，是因为诸多民族文化传承的行文活动还停留于“外在”推进的层面，没有让当地民族同胞形成对自己传统文化的体认，对自己的文化缺乏必要的“自知之明”，既无法抵制外来文化侵蚀，也无法明白为何外来文化中的“他者”竟还要求他们穿自己的民族服饰、做一些连他们自己都觉得老掉牙的动作，更无法在本土文化与外来文化之间保持内心的平静。这种现象，对于即将步入社会的青年学子来说更为严重，因此更加值得研究者关注。

从高校传承民族文化的角度来说，让学生对自己民族的文化有“自知之明”，明白其来历、形成过程，认知、理解和诠释自己的民族文化历史、联系现实，尊重并吸收他种文化的经验和长处，与他种文化共同构建新的文化语境的过程，就是文化自觉。

地方高校在进行民族文化传承时有意识地促成学生的文化自觉，既有利于学生对新环境的适应性，使其在多元文化空间中行走自如，又有利于学生将来步入社会，参与就业市场竞争时具有足够的文化自信和社会适应力。同时，形成学生文化自觉的过程，对于学生的家庭及其所在的社区而言，有一种榜样的作用，也就间接地改进和影响着民族地区人们文化自觉的形成。

而形成学生的文化自觉，离不开教师的言传身教。因此，学校应密切关注教师的文化自觉意识，是否能够在教学过程中支持文化差异，尊重他种文化，让学生在多元文化空间中和谐共生。一旦形成了学校师生的文化自觉意识，也就不难实现费孝通先生的文化愿景——“各美其美、美人之美、美美与共、天下大同”。

（本文系云南省教科“十一五”规划重大课题“边疆民族地区高校的生存策略研究”的阶段性成果，课题编号为：GD07002）

20. 现代世界的原住民知识与认识论

C. Mamo Kim
（美国夏威夷大学马诺阿分校）

近代思潮的简短系谱

在美国及大多数西方国家，人们对自然世界了解的方式在很大程度上归因于产生于被历史学家称为“科学革命”这一时期的思潮。这一时期大约开始于1543年，尼古拉·哥白尼的著作《天体运行论》的出版影响到18～19世纪欧洲化学和生物学领域。受新柏拉图派哲学及其他古代著作的启发，哥白尼用“日心假说”和数学公式解释天体运动，他认为天体运动和当时人们所接受的标准的（欧洲）亚里士多德及托勒密“地心说”模式是不同的。他提出所有行星，包括月球轨道中心的地球都围绕太阳运转。理查德·塔纳斯在《西方心灵的激情》中认为亚里士多德及托勒密的思想可谓根深蒂固，哥白尼因害怕受到嘲讽而推迟了十年才发表自己的书稿。然而其他学者反对这一说法，指出哥白尼这样做和来自神学及宗教的反对也有关系（Koyré, 1973: 27, 90 and Rosen, 1995: 64, 184）。事实上，《天体运行论》出版后，几乎没有人反对哥白尼，正如塔纳斯指出的那样，那是因为“……新思想和日常经验如此相悖，错得如此大胆，都无需再进行什么认真严肃的讨论了。”（251）

这一时期的其他主要的科学家包括安德鲁·维萨利（把血液循环和心脏跳动联系在一起）；威廉·吉尔伯特（建立了磁力学和电学的基础）；弗朗西斯·培根（提出和亚里士多德三段论相

对的简化论，并将这一逻辑体系发展为我们现在使用的科学方法）；伽利略·伽利雷（改进望远镜并观测到许多天文现象，如木星等最大的四颗卫星，土星之环，太阳黑子）；约翰尼斯·开普勒（他继续哥白尼的工作并因创立行星运动定律而闻名）；已经有许多成就的若内·笛卡儿（被称为“现代哲学之父”，还建立了科学方法（主张怀疑一切，在获得可靠的知识前应进行演绎推理；主张心灵和身体二分论或二元论：一种以几何学为基础的物理学机械模式，与他提出的关于心灵或灵魂是无形的理论相对）（笛卡儿，维奇译，1989），通过他的第一哲学命题“我思，故我在”表明了他的思想倾向——因为有推理思考的能力，所以人的等级高于动物，某类人高于其他类人；艾萨克·牛顿（把笛卡儿的机械哲学，开普勒的行星运动定律和伽利略的天体运动定律结合为一综合的、有数学根据的理论；创立了运动定律，万有引力定律及宇宙的基本结构论，所以其研究被“……公认为科学实践的典范”，269－270）。

虽然连续性理论（Briffault，1919；Bala，2008）[①] 有理由怀疑欧洲科学革命的框架和时间轴，但对西方——当然也就是美国的教育体系，进行一下说明也是重要的，这种教育体系通过基础课程不仅传授欧洲科学革命的定义和历史框架，还有源自于科学革命的基本方法论和哲学。这些方法论对自然世界做了先验假设，包括：

---

① R. Briffault（1919）：《构建人性》。在众多学者中，Briffault 是唯一一个认为欧洲的许多科学思想除了来自于欧洲早期（如中世纪和12世纪文艺复兴时期），还来自早期的多元文化的学者。Arun Bala 在他的专著《现代科学诞生的文明对话》中认为正如中世纪的中国机械技术预示了牛顿或笛卡尔的机械哲学，8～16世纪的穆斯林科学革命预示了牛顿的数学现实主义。Bala 还认为原子能思考开始于印度，而日心说和动量概念、力量和加速定律，还有万有引力定律都受了埃及、希腊和阿拉伯思想家、科学家的影响。

▶心灵和身体的二分论，使二者成为独立的个体（心灵或者“灵魂”是无形的，身体是物质的且受制于自然法则）。

▶存在于时空的自然世界的普遍性是有序的、机械的，而且本质是物质的现象，有局限性和可数性，受诸如运动定律和万有引力、惯性此类的力量所支配，受制于通过经验的、适度的、理性的观察和数学分析而最终得出的因果关系。

▶有关根据永恒的、可知的客观规律运行的物理物质的描述使（只要［外部和内部］系统/性质的初步原因被确定的话）科学/知识所具有的确定性、实证性和预测性的条件成为可能。

▶一套新的以归纳、演绎推理过程和客观的资料分析为基础的逻辑体系——认为整体完全可以从部分、所有过程和状态以连续性模式一个接一个发生。

▶凭借知识，个体或人的支配可以达到上帝创造万物的顶点，或许这样就下意识地认可了“多产、增殖、充实地球并征服它，统治海里的鱼类，天空的鸟类，统治地球上行走的一切生物”的基督教教义（Genesis 1：28）；或者，至少鼓励了人类利用自然法则知识的目的是“……为了自己的利益和权利”（塔纳斯，271）。

增加两条其他的理论（第一，Maxwell 电磁波理论，描述光的性质；第二，被认为是独有的理论，即描述运动能量的光波和原子理论），这样你就有了一套基本上代表了经典物理学理论的假设（笛卡儿关于人的创造能力可达到上帝的顶点的想法可能是例外）。

科学革命时期是最能向天主教堂的统治，非人性、虐待及迷信做法掀起挑战的时期，虽然天主教堂支持过贯穿整个中世纪西方思潮的发展，但从 12 ~ 19 世纪，欧洲以各种各样的审讯运动毫不含糊地犯下了恶行。与使徒或异教徒有关的活动都要遭到审讯运动的迫害：包括审查制度、反印度教、反犹太教迫害，对希腊政教徒和新教徒的迫害；对巫术、私通、同性恋（“鸡奸”）①的迫害，更有甚者，还包括当众受辱、鞭刑、拷打、监禁、剥夺财产及以火刑、绞刑和溺水处死的刑罚（Burman，2004）。

各欧洲国家允许审讯在自己的殖民地实施，于是，审讯的做法在美国北部和南部、印度蔓延，并波及太平洋岛屿及菲律宾。根据 Jean - Pierre Dedieu（《四个时期》）和 Ricardo Garcia Cárcel（《西班牙宗教法庭的起源：巴伦西亚论坛》，1478—1530）的研究，光西班牙审讯一项的死亡人数就在 3000 ~ 5000 人。② 最有名的因审讯而造成伤害的就是伽利略，迫于 1633 年拷打的威胁，伽利略被迫批判其专著《关于托勒密和哥白尼两大世界体系的对话》（一本借助哥白尼关于天体的学说——日心说来反驳托勒密的地心论的论文）中的错误。该书被天主教堂查禁，伽利略被监禁，随后又被软禁直到 1642 年去世。正是由于 1633 年对伽利略的审讯才使得教皇把哥白尼的著作（及所有关于日心说的著作）列为禁书目录。直到 1835 年对伽利略和哥白尼关于日心说著作的禁令才得以解除。

岩石之眼：一种混为一谈的看法

西方一直沿用有关 17 世纪牛顿/ 笛卡儿方法论的论述来消除那些非西方、非学术、非“科学”的人们头脑中的宇宙论。这一认识论认为某类人群是非人性的，其生活方式和方法是原始的、愚昧的、天生落后而且野蛮的（具有讽刺意味的是，与此同时对这些人群实施屠杀并且掠夺他们的土地和财产），这种看法已经成为一个巨大盲点，即利用这一逻辑去推进全球化、现代

① Kaman（1999），第 259 页。

② Retrieved October 19, 2008 at http：//en. wikipedia. org/wiki/Spanish_ Inquisition#cite_ ref - 48.

性、科学和进步的文明使命进程。在人类等级中，西方（首先是欧洲，然后是美国）已完全把原住民/原始人/落后人群及野人①的认识论贬低为迷信、“不可思议”、“根本不能推理”②、骇人听闻（Conrad，1973：51）③ 的文化离奇且没什么价值。事实上，500年来，美国（及全球）原住民的声音几乎沉默，除非运用霸权西方（文明的、科学的、有道理的）的方法论和原则发言或者被研究。④

正是由于这种论点——把原住民看做是下等人，原住民的知识和认识的方式受制于西方知识或科学及认识论，怀特·米格诺鲁认为只有用更为全面的历史观（学术上以不同原则描述和描绘历史现象的方法）来研究认识论，才能得出准确的结论。这种对现代思潮（诞生于科学革命之初）、殖民主义、文艺复兴和西方思潮的历史发展多层面的研究能更为细致地理解那些缠绕和共生于构建和移植西方宏大叙事之中的历史力量，包括强调一种普遍范式——主张世界本质没有灵魂且被有等级的人所利用的牛顿/笛卡儿学说的宏大叙事。更重要的是，通过研究，暴露出这种宏大叙事的含糊性；表面上世俗、普遍的现代性文明化使命的不一致和不合理性，并且通过“以已经确定的西方认识论模式改变、影响其他地方的学识文化”（2000：310）来实现“新世界秩序”。通过查找其来龙去脉，我们可以发现某些历史偏见和策略不仅深入到思维——关于欧洲、西方的扩张、殖民主义、现代思

① Bernheimer，Richard（1952）：《中世纪的野人：艺术、情感和鬼神学的研究》。剑桥：哈佛大学出版社。

② Margaret Hodgen《十六和十七世纪的早期人类学》中的利奥·阿非利加。引自于Taussig，M（1987）：《萨满教，殖民主义和野人》，芝加哥：芝加哥大学出版社，第215页。

③ 同上，第216页。③同②，第216页。

④ Fanon，Tuhiwai – Smith，Said，wa Thin’go 等人。

潮的计划进入到“新世界”的知识（即原住的“他人”——主张资本主义、平等主义、基督教和民主的欧洲人通过屠杀和掠夺获得地理空间的取代），而且还深入到限制西方学术和科学思维的方法论中（即从时间意义来看，原住的“他人”永久性的取代）。针对西方把原住民排序为原始人的做法，乔纳斯·费边在《否认同时性》中指出：原住民的知识、宇宙论及认识论似乎头脑简单、低能，而且最终与“进步”或者与不断发展的人类经验互不相关——他的看法阐释了为什么人们很容易把毫无根据的偏见插入到理应客观的科学论述中。必须认识到，对把牛顿/笛卡儿刻板地尊崇为范式的基本主张是受（肯定是受）先验假设所影响，所以必须反驳或中断这种假设。

此外，历史上的西方科学充满了类似的例子，因此，唯物论、宿命论和经验主义横行：从把英语、德语、法语定为17世纪（1995）哲学和科学的语言，到把掠夺原住人土地的令人发指的野蛮行为认为是有理的行为；从优生学角度宣告纳粹军队的种族屠杀到以全球化进步和“团结”这种假想的名义，去实现一个所谓“同一个世界”的多元文化的文明。从牛顿/笛卡儿方法论以来的文艺复兴、启蒙时代、科学革命阴暗的一面是一个需要平衡的问题。

确实，到19世纪，基督教教义对思潮和政治造成的影响在美国比较明显，这一点在“天定命运”的信念中得以充分说明。这种“信念”，不是官方政策，而是一套明确表达信仰的观念——认为神赐予优秀种族盎格鲁撒克逊民族把殖民统治扩张横贯整个北美洲这一使命（Stephenson，1995）。最初由清教徒运用的这一信念，常被用于证明美国凭借天命为救亡图存而对外扩张的合理性，使世界成为一个形象的美国（Weeks，1996：61），并给新世界树立了所有美德的榜样。美国总统威廉·麦金利就爱引用“天定命运”的信念，并在他秘密企图非法吞并夏威夷，且使菲律宾“……社会进步、文明化及基督教化……”时提到了这种观念（McDougall，1997：112）。

在指出一些因偏见的影响/氛围所造成的更恶劣和危险的后果时，我的目的不是完全驳斥西方科学或科学方法论。而且，当然也不是谴责所有对牛顿/笛卡儿或经典物理学的偏见。我建议提倡平衡和细心观察。必须指出，凭借其巨大的主宰事物的真实和实质的能力，具历史性的先验假设之所以能准确支撑牛顿/笛卡儿物理学认识论正是因为其力所能及。牛顿/笛卡儿模式并非对现实的全部解释，只是部分的。这一点被20世纪初的物理学家清楚地认识到，他们发现在微物理学和亚原子领域，牛顿/笛卡儿学说的绝对有效性只是相对的。换言之，牛顿/笛卡儿物理学的因果关系、决定论不足以完全描述自然世界，因此，有必要运用其他已有的动态学进一步解释自然世界的原则。

原住民、少数民族范式和新的科学联系

深入到抽象的数学和量子力学当然已超出了本文的范围及作者的专业知识。解决量子力学或者大小接近原子和亚原子尺寸的机械体系的量子理论“……是物理学家们长期成功努力的结果，他们正确解释了许多用过去经典理论不能解释的实验结果”（Bohm，1951，1979：iii）。始于19世纪晚期，但直到20世纪20年代，尼尔斯·玻尔和沃纳（海森伯和马克思·波恩、阿尔伯特·爱因斯坦和其他物理学家一起出席了1927年的索尔维会议）①才开始清楚表述了这一理论的物理解释。事实上，该理论的解释

① 索尔维会议由比利时的企业家欧内斯特·索尔维创立。1911年，第一届索尔维会议在布鲁塞尔召开，每3年举行一届。与会者人数限制为30人左右且只限于被邀请者。1927年，在比利时布鲁塞尔召开了第五届也是最著名的索尔维会议，讨论中心是量子理论，与会者包括9位世界上最主要的物理学家聚在一起讨论重新阐明的量子理论。

直到今天还有争议。然而，由于量子理论物理学家们的工作——把他们的解释表达为具有定性、想象力的概念，这种概念在一定程度上能够描述量子式，所以一些普遍性原则是可以讨论的。出于这种讨论的目的，我从对量子物理学家戴维·玻姆理论的理解开始阐述。

量子理论挑战了经典物理学连续性理论、决定论、因果关系（因此，推论、概念上强调唯物主义和绝对客观性）。戴维·玻姆在《量子理论》的前言里这样说：

第一，由于引用了一系列不可分的跃迁来描述运动，从而根本改变了精确确定的连续轨迹这个经典概念。第二，经典理论中的严格决定论，被因果关系作为一种近似的和统计趋势的概念所代替。第三，基本粒子具有“内在的”不变的性质这一经典假定，被如下的假定所代替：它们可能表现得像是波，也可能表现得像是粒子，要看它们与周围环境的关系如何。这三个新概念应用的结果，打破了隐藏在我们许多通常语言和思想方法背后的一个基本假定——世界能被正确地分析成一个个不同的部分，其中每个部分都是独立地存在着，但它们按照严格的因果定律相互作用而形成整体。相反，按照量子概念，世界是作为一个统一的、不可分割的整体而存在的，其中，即便是每个部分“内在的”性质（波或粒子），也在一定程度上信赖于它和周围环境的相互关系。但是，只有从微观（或量子）尺度看来，世界各部分的不可分统一性才产生有意义的结果，而从宏观（或经典）尺度看，这些部分在很高的近似程度上表现得它们好像是完全独立地存在着。（Bohm，[1951]，1979：iii－iv）

从这个理论能够并且已经得到许多启示。例如，现行理论认为多维度、同步宇宙、元宇宙或者多种可能性宇宙（也包括我们的）组成了现实的总和。物理学家沃尔夫冈·保利和心理学家卡尔·荣格在其《自然与心理阐释》中，分别从不同角度表明了更完整（如经典物理学常做的那样）的世界观。荣格认为共时性原则可以说明先验的、异地的、因果的心理物理效应同步论(124)。出席过1927年索尔维会议的物理学家之一而且是量子理论的早期创立者的保利认为“……世界观更加统一的愿望……通过补充这种知识本质的研究，促使人类承认前科学时期的知识对科学理论发展的重要性”。换句话说，通过“……借助于内部‘本能’……或‘原型’（G. G荣格向现代西方介绍的)”，“……像在符号图像世界里（如给操作员和图像制造者下指令那样）……像‘想象本能’一样作用……”那么这种好比在感知和概论之间搭建桥梁的作用对于发展自然世界的科学理论是必不可少的假设。其他概念启示包括作为一个整体现象的宇宙（很可能和其他元宇宙现象相联系），虽然人们不能凭它的各个部分之和去认识它，但可以把它作为一个复杂的、相互联系的网络，相互依存的体系或动态而获得相对整体的认识（Capra，1996）。

与上述类似的原住民和其他种族的文化智慧是我们必须面对的。几乎最先的所有原住民文学和神话文化都是一些概念，这些概念包含整体论、所有事物之间相互依存、相互联系，真理作为一种相对的、主观的诠释，取决于背景及对实际生活中的原型、一切本来内在联系的理解（“精神”和“宗教”相对)。如果不是原始的、迷信的和落后的原住民/ 少数民族的思想——这一没有被充分描述过，却用牛顿/ 笛卡儿物理学反驳了500年的认识论，那么，我们还能熟悉量子理论吗?

神经物理学领域的最新发现指出一种有趣的可能性，即西方对东方或其他民族的反感只不过是关于大脑左边和右边之间差异的争论（参见Begley，2007；Schwartz和Begley，2002；Taylor，2006)。我提供的证据表明，如果能在宏观物理层面从内部引导，如果西方知识系统能从学前教育阶段提高到高校水平，再上升到量子方式这一高度来改变其基本重点的话，由西方一手操纵的战争和暴力将会以停止而告终。

参考文献：

Bala, Arun, (2008). The Dialogue of Civilizations In the Birth of Modern Science. New York: Palgrave Macmillan, Ltd.

Begley, Sharon, (2007). Train Your Mind Change Your Brain: How a New Science reveals Our Extraordinary Potential to Transform Ourselves. New York: Ballantine Books.

Bernheimer, Richard, (1952). Wild Men in the Middle Ages: A Study in Art, Sentiment, and Demonology. Cambridge: Harvard University Press.

Bohm, David, (1994). Thought As a System. London: Routledge.

(1951, 1989). Quantum Theory. Mineola: Dover Publications.

Briffault, Robert, (1919). The Making of Humanity. London: George Allen and Unwin Ltd.

Burman, Edward, (2004). The Inquisition: The Hammer of Heresy. Gloucestershire: Sutton Publishers.

Capra, Fritjof, (1996). The Web of Life. New York: Anchor Books.

Coyne, G (2005). "The Church's Most Recent Attempt to Dispel the Galileo Myth", in McMullin E: The Church And Galileo (Studies in Science and the Humanities from the Reilly Center for Science Technology and Values). University of Notre Dame Press, 340 – 359.

Descartes, René, (1989). Discourse on Method and the Meditations. Translated by John Veitch. New York: Prometheus Books.

Fabian, Johannes, (1983). Time and the Other: How Anthropology Makes Its Object. New York: Columbia University Press.

Jung, C. G. and Pauli, W., (1955). The Interpretation of Nature and the Psyche. Translated by R. F. C. Hull and Priscilla Silz. New York: Pantheon Books Inc.

Kamen, Henry, (1999). The Spanish Inquisition: A Historical Revision. New Haven: Yale University Press.

Koyré, Alexandre (1973). The Astronomical Revolution: Copernicus - Kepler - Borelli. Ithaca, NY: Cornell University Press.

McDougall, Walter A., (1997). Promised Land, Crusader State: The American Encounter with the World Since 1776. New York: Houghton Mifflin.

McMullin, Ernan, ed. (2005). The Church and Galileo. Notre Dame, IN: University of Notre Dame Press.

Mignolo, Walter D., (1995). The Darker Side of the Renaissance: Literacy, Territoriality, & Colonization. Ann Arbor: The University of Michigan Press.

(2000). Local Histories/Global Designs: Coloniality, Subaltern Knowledges, and BorderThinking. Princeton: Princeton Press.

Rosen, Edward (1995). Copernicus and his Successors. London: Hambledon Press.

Schwartz, Jeffrey M. and Begley, Sharon, (2002). The Mind & The Brain. New York: ReganBooks.

Spanish Inquisition material Retrieved October 19, 2008 at http: //en. wikipedia. org/wiki/Spanish_ Inquisition#cite_ ref -48.

Stephanson, Anders, (1995). Manifest Destiny. New York: Hill and Wang. New York: Basic Books.

Tarnas, Richard, (1991). The Passion of the Western Mind: Understanding the Ideas That have Shaped Our World View. New

York: Ballantine Books.

Taussig, Michael, (1987). Shamanism, Colonialsim, and the Wild Man: A Study in Terror and Healing. Chicago: University of Chicago Press.

Taylor, Jill Bolte (1996). My Stroke of Insight. New York: Viking Weeks, William Earl, (1996). Building the Continental Empire: American Expansion from the Revolution to the Civil War. Chicago: Ivan R. Dee.

(译者：高霞，女，云南楚雄师范学院外语系副教授)

21. 校本课程的开发与高校的文化传承责任

——“湄公河次区域民族民间文化传习馆”个案简析

董云川　刘永存

（云南大学）

“作为世界上最具特色的民族文化‘集成块’的云南，人口达7000人以上的少数民族有25个，其中22个民族使用着26种语言和23种文字，民间文化形式的丰富令人惊叹。仅舞蹈一项，就有1095个舞蹈的品种，有6718个舞蹈的套路”![①] 在云南，类似的传统民族文化精粹数量太多，数不胜数。但如此璀璨的传统文化在经济全球化及以西方文化为代表的强势话语挤压下，渐渐被侵蚀和边缘化，逐步走向衰弱，部分已经消弭。如何保护云南少数民族的传统文化资源，传承并弘扬云南少数民族传统文化之精髓，是民族文化发展之要义，更是培育民族精神、建设社会主义先进文化和构筑和谐边疆之必需。

地方高校是区域经济发展和文化传承的重要载体。面对如此丰富多彩的少数民族传统文化及其相关的区域民族文化资源，云南地方高校如何才能够有效地保护、利用并借以开发个性鲜明的课程，以校本课程的形式为少数民族传统文化资源的保护、传承和发展贡献智慧和力量，理当成为义不容辞的现实议题。

就当前的现状看，地方高校还远远没有发挥应有的作用，表现得极为被动，很多高校甚至“失语”。因而，多年从事云南民族文化田野调查的黄泽教授在总结和概括云南少数民族传统文化

---

① 马戎戎：《云南映象》：云南民族文化保护的“杨丽萍模式”，《三联生活周刊》，2004年第14期。

保护和传承模式①时，云南地方高校竟然缺位！可喜的是，近年来，一些云南地方高校开始在这方面有所尝试和突破。其中，玉溪师范学院设立的“湄公河次区域民族民俗文化传习馆”（以下简称“传习馆”）就是很好的个案。

作为“边疆民族地区高校的生存策略研究”项目3的一个关注点，课题组选取本个案进行了考察并针对相关问题展开了讨论。

一、玉溪师范学院传习馆的开设及课程运作

2005年12月2日，云南省玉溪市、玉溪师范学院与泰国清莱皇家大学共同主办的“首届湄公河次区域民族研究：民族文化与区域发展国际学术研讨会”隆重开幕，泰国教育部部长图龙·差桑就湄公河次区域的民族民间文化交流、共享和教育合作表达了最美好的愿望。作为民族民间文化传承和发展的一个缩影，玉溪师范学院“湄公河次区域民族民俗文化传习馆”引起了与会者的高度重视，好评如潮。“湄公河次区域优秀灿烂的民族文化是区域高校丰富的科研、教学资源。学院作为区域性高等教育的龙头，传承和保护民族民间文化当是不可推卸的任责。”访谈中院长熊术新教授在谈到民族文化与地方高校的使命时，话语浑厚、有力：“因此，如何充分利用区位优势和民族文化资源优势，

---

① 黄泽：《云南少数民族文化保护和传承的几种模式》，《思想战线》，1998第7期在该文中，黄教授将云南少数民族文化保护与传承的几种模式概括为7种：1. 以舞蹈艺术为文化传承途径，当数田丰创立的云南民族文化传习馆模式。2. 以音乐艺术为文化传承途径，有宣科、杨曾烈及一批纳西族民间音乐家创立的大研古乐会模式。3. 以传统民族文字典籍为文化传承途径，有丽江东巴文化研究所模式。4. 以本民族传统教育形式为文化传承途径，有傣族寺庙教育模式。5. 以现代学术研究为途径，有刘尧汉创立的彝族文化学派模式。6. 以介入现代旅游业为途径，有云南民族村模式。7. 以建设社会主义新文化为导向及途径，有“边疆文化长廊建设”模式。

提炼区域内传统民族文化精髓，对地域特色文化的传承方式进行创新，不断建设完善特色课程，探索本土文化的教育发展道路就成了摆在我们面前的一大艰巨任务。”“湄公河次区域民族民间文化传习馆”正是在这样的背景下应运而生。

1. 课程开设内容

“传习馆”成为课程载体进行运作的时间虽然不长，但酝酿已久。早在2000年，熊院长便带领一个团队，就玉溪少数民族文化资源进行考察和整理。几年来他们先后走进元江羊街阿诗党、易门歪头山、峨山大西和新平大沐浴等地进行田野调查，对民族文化的传承和非物质文化遗产的保护等开展了学术研究，同时也为“传习馆”的课程化运作做幕后的奠基——先对哪些民族民间的文化进行系统整理并纳入课程体系，哪些文化资源在先期运作取得一定经验后再行纳入；区域民族文化资源该做何取舍，取舍的依据是什么？……为期几年的调查还有一个更重要的任务就是发掘民间艺人，以储备师资。现在，“传习馆”开设的比较成型的课程有：蜡染、刺绣、陶艺、绝版木刻，这些都是具有本土特色的少数民族民间文化资源。

2. 课程开设形式

“传习馆”的课程全部是以选修课的形式进入课程体系。由于师资局限，刚开始是有针对性地向学生开放——只允许几个与课程相关专业的学生选修，比如，美术学、艺术教育、艺术设计等，而且选修学生数量有一定的限制。后来，“传习馆”的课程影响力越来越大，要求参加的学生也越来越多，学校就有步骤地向全体学生开放。现在，选修这些课程的除了来自专业相关性比较高的院、系之外，还有来自数学、经济、外语等专业的学生。

3. 课程经费保障

经费是保障课程正常开展的关键因素之一。由于“传习馆”课程中所使用的原材料在商业上的要价相对较高，所以，如果没有一个稳定的经费渠道，课程就难以维系。“传习馆”的课程经费主要来自两个方面：一是学校专项支出。学校在预算中将“传习馆”的课程运作经费单独做一个专项来进行拨款保障；二是来自其他方面的资助，比如政府相关机构的资助及通过一些有效途径申请课程建设经费。这些经费主要用于“传习馆”的日常运作、课程建设以及聘请兼职教师的薪酬。至于学生的日常学习花费则采取这样的方式：学校垫支购买课程所需原材料，然后，学生先以借用方式取得原材料参与课程实践。由于“传习馆”的课程都是实践性课程，做出来的成品一般已具备商业价值，所以，学校提供一些商业途径供学生出售课程作品。出售后的收益除去归还原材料的费用外，剩余的归学生所有。学生如果自己保存作品，那就得自己掏钱来付上成本。

4. 课程师资

课程师资由专职教师和兼职教师构成。专职教师主要由学校相关系科的专业教师组成。由于专业相近或相关，有些教师本身就具有云南当地少数民族背景，对民族民间文化有一定的了解，再加上前些年的准备，已能初步满足专业教学的需要。兼职教师主要是由熟悉或精通该艺术形式的民间艺人担当。早在熊院长带领团队成员进行田野调查时，他们就格外留意当地这类特殊人才。在考察时，我们还看到，在“传习馆”里有一张玉溪地区各种民间“绝活”高人的详细情况简介。这些高人就是“传习馆”最好的兼职师资。

5. 课程考核

在“传习馆”，课程考核是开发式的。主要的考核方式是实习作品以及上课态度。在考察中我们得知，在选课时，同学们对课程已经有了很全面的了解,[①] 再加上这些课程本身就贴近生活，注重实作，趣味性较强，教师上课认真，学生的兴趣也很大，上课的态度都非常好。学校还为每个学生都提供机会以展示他们的作品。在展览上，他们的作品不仅供来宾观赏，亦可接受交易。

二、“传习馆”的意义

“传习馆”这一民族文化保护模式在云南并不是第一次出现，早在1994年，著名作曲家田丰在美国哥伦比亚大学美中艺术交流中心和云南省民族事务委员会的支持下，就曾组建过云南民族文化传习馆。传习馆通过提供一定的经费支撑，吸纳各民族中有威望的民间艺人以及热爱民族民间文化的青少年学员，研习舞蹈等传统少数民族艺术形式。但“传习馆”以课程形式进入地方高校的课程体系中，在云南尚属首次。因此，无论是从文化学意义上还是从教育学视角看“传习馆”的课程模式，都有着极不寻常的意义。

1.“传习馆”的文化意义

文化的实质就是人化，它与人并存共荣。一种文化艺术形式因为人的薪火相传，才会在传承中创新、在创新中传承。然而，现代化、城市文明、工业喧嚣无情地撕碎了传统民族文化脆弱的支持系统——人——包括观念系统、行动规范。“传习馆”将民族文化精粹整理纳入课程体系之中，吸引青年学子自觉研习，在研习中实现对传统民族文化产生真切认同。这一过程的本身就是对传统民族文化支持系统——人——最好的复兴和培育。它使得

① “传习馆”每期都会举办很多展览会，同学们可以参观，在参观的同时，会对课程有所了解。再加上同学之间的交流，所以，在选课时，很多同学都非常有针对性。

民族传统文化的传承和发扬有了活的载体。而一般对于濒临绝境或即将消失的文化现象所开展的抢救式的保护，大多是用影像、文字的方式记录下来，存进博物馆、研究所里，供后代人怀念和慨叹。

但是，民族文化中很多因素是无法用文案和影像来记忆的，比如少数民族舞蹈。杨丽萍对此做出了艰辛的努力，对传统民族文化的保护与传承有自己独到的见解："舞蹈是一个动态的东西，人在舞就在，人不在，舞就不在。录像也好，照片也好，总是没有质感。"① 显然，"传习馆"在少数民族文化传承和阐释和弘扬上的意义比博物馆、研究所等来得直接和有价值得多。它以课程的形式，在赋予文化以新的意义的同时，也在塑造民族文化传承最好的载体——人。

概括起来，"传习馆"以"活"的形式将民族文化保存下来，使云南少数民族文化的传承和创新有了新的机制，符合文化传承的规律。

2. "传习馆"的教育意义

民族传统文化与其说是一个保护的问题，还不如说是一个教育的问题。"传习馆"以一种教育的形式来执行文化保护的使命，从教育的视角来审视其存在的价值，意义非凡。首先，"传习馆"为学校教育和课程找到了具象的文化资源平台，为课程注入了生活气息，让课程不再苍白和空洞；其次，"传习馆"里的课程可以为学生提供各种机会，感受和接纳少数民族文化。对于少数民族学生来说，通过课程的学习，可以培养良好的自我认同感和民族认同感，使他们更能客观清醒地认识自己，增强其自信心。而对于外界的学生来说，通过这种方式可以更全面、更实在

① 马戎戎：《云南映象》：云南民族文化保护的"杨丽萍模式"，《三联生活周刊》，2004 年第 14 期。

地体会到民族文化的博大精深，使其在内心上产生对少数民族文化的认同和尊重。最后，“传习馆”提供了一个交流的平台，课程就是其中的媒介，通过这个媒介，各民族学生在掌握现代文化的同时，也能更加有效地了解自己族群的亚文化和其他族群的亚文化，在此基础上，他们更容易走向沟通和合作。因为，课程中所彰显的文化价值体系为他们架起了一座桥梁。

三、“传习馆”对地方高校校本课程开发的借鉴意义

“传习馆”以课程形式将云南少数民族民间文化资源有效地融入教学体系当中去，不但为保护民族民间文化贡献了力量，而且也为云南地方高校挖掘传统文化资源、开发校本课程提供了有益的借鉴。概括起来，“传习馆”对云南地方高校校本课程的开发至少有如下几个方面的借鉴意义：

1. 地方高校校本课程开发必须就地寻“根”

在人类的教育活动中，课程与文化有着密切联系。这样来概括课程与文化的关系应该是可以被接受的：文化是课程的源泉和灵魂。郝德永在《课程与文化：一个后现代的检视》中，曾论及课程与文化之间的关系：“文化作为课程的母体决定了课程的文化品性，并为课程设定了基本的逻辑规则与范畴来源，抛开文化，课程就成了无源之水，无本之木。”而课程只是教育者按照一定的价值判断，并根据受教育者的身心特征有选择性地将文化中的一部分分门别类地进行系统化、逻辑化、结构化的结晶，离开了文化的课程注定没有生命力。这几年，随着高校办学自主权的进一步扩大，高校校本课程开发也进入一个新时期。一些高校对校本课程倾注了相当的热情，撇开其中的功利性因素不谈，就校本课程开发对高校发展的实际效用来说，其价值是不可否认的。当下的关键点在于如何开发、拿什么来开发。

显然，玉溪师院“传习馆”的开发路径值得细细体会和琢

磨。一、就地取材。云南少数民族民间文化的资源分布甚广，纵观云南地方各高校所处之区域，每一处都有丰富而又独特的民族文化资源，这些资源构成了校本课程开发最有用的资源宝库。地方高校所要做的就是抱着对民族文化虔诚的心，去挖掘，去整理。而且，只有来自本区域的民族文化才会在学校生根发芽。因为，区域文化为学校校本课程提供了充足的养分和舞台。高校一定要坚守其区域文化阵地，不应随波逐流，舍本逐末，骑着马找马。二、调查研究。诚如前述，课程是对文化资源当中有价值成分的系统化、结构化和逻辑化。在民族传统文化中，哪些可以成为课程的基本元素，哪些是与课程的主旨不相吻合的，这些有价值的元素渗入课程以后会对学生的身心发展起到什么作用，与学校已有课程体系如何衔接，其地位如何等，这一系列问题要求学校要做大量的前期调查和研究工作。如若想当然地打着自然、生态的名号，将民族传统文化不加扬弃、也不加修饰地、生硬地加入课程体系中的做法，并不符合教育规律和课程规律。

2. 地方高校校本课程开发要与办学宗旨相协调

校本课程的开发受制于地方高校的办学宗旨和办学理念。换言之，明确的办学宗旨和办学理念是校本课程开发和区域性民族文化资源挖掘的原动力。

地方高校是区域经济建设和文化建设的助推器，其内隐的价值取向是不言而喻的。但多年来，由于高校办学的行政化取向使得急功近利之风泛滥校园。对民族文化的凝练、整理是一项艰巨的事情。需要时间、耐心、汗水，需要忍受寂寞、需要坚定不移。太多的要求，使得很多地方高校放弃了对这一理念的坚守，转而去迎合外部的种种要求。尽管这其间有许多难言之隐痛，但如若办学者对本土传统民族文化的消失能够感觉心痛与焦虑、对民族文化的精粹有所认同和理解，主动挤出时间和空间来挽救和阐扬本土文化并非不可能。

其实，以后现代主义的眼光来审视当下高等教育系统中地方高校的失语和失位，原因之一就在于这些高校放弃了对区域文化资源的挖掘和承继，从而丧失了特色。从高校的实质来看，知识后面的隐喻就是权力，而失语只是表征，丧失对知识性权力的把握才是内涵。找回知识性权力的路径之一就是追求知识之独特性。而区域性文化资源为高校追求独特性提供了广阔的舞台，只是高校办学者自觉不自觉地丢弃了这一文化领地，一味地随大流，结果反而适得其反。

3．地方高校校本课程开发需要着眼于未来

强调民族特色，并不是要掉进狭隘民族主义的漩涡。在全球化的趋势之下，地方高校在开发民族文化资源作为校本课程的过程中，狭隘的民族主义正是必须要避免的。民族文化只有不断地走出去，并在走出去的过程中得到认同才能焕发精神活力。也只有在别人的认同中才会产生共鸣，才会造就文化与文化之间共享的平台和空间。“之所以要冠之以‘湄公河次区域’，而不仅仅是‘云南’，主要是着力于开展国际交流，实现区域文化的共享与合作。尽管我们现在着眼的还是玉溪少数民族传统文化资源的挖掘和整理”。在谈到民族文化走向世界时，熊院长对“传习馆”的署名进行了简单的阐释。

地方校本课程在充分承继文化资源的同时，必须唯具备更开放的眼光，更宽广的胸怀。一言以蔽之，地方校本课程既来自民族传统文化，又高于传统文化。它在汲取了本土化的精华之后，必须具备国际化的品质，唯其如此，校本课程和民族文化才会在全球化的步伐中既不落伍，又光彩夺目。

4．地方高校校本课程开发要尊重学生需求

传统民族文化资源是课程的载体，而学生则是校本课程的接受对象。因此，把握当代学生的身心发展规律是校本课程开发成功的关键因素。“传习馆”的开发策略显然是在尊重学生需要的基础上做出的：先试行——小范围推广——学生自愿要求加入。整个过程，我们都能看到学生参与的影子。由于有效地吸纳了学生的参与，课程才会更符合他们的需求，他们更能在这种参与当中体会到民族民间文化的魅力和博大精深，同时也能体验课程开发中“在场”的快乐和由此萌生的成就感。

开放式是其另一个特色。在“传习馆”我们看不到生冷的理论——“理论是灰色的，而生活之树常青”——在这里，有的是活生生的生活气息，蜡染、刺绣、陶艺、木刻都是活体的具象存在，能够触摸，能够演示。

灵活的考核方式将学生的兴趣与内心对文化的渴求结合起来。从心理学上来说，人天生有一种希望被别人认同、被别人欣赏的特质。只不过后天测验主义、优等主义的教学模式遮蔽了这种内隐的激情，代之以挫败感。“传习馆”为学生提供了一个展示本性的平台。这里没有考核，没有评优，只有相互欣赏和相互认同，而学生也正是在这种相互欣赏和相互认同中获得内心高峰体验。还值得一提的是“传习馆”所附带的产品开发功能，能够使得学生在学习传统民族文化的同时，习得与市场接轨的初步经验。从经济上说，学生能通过课程的学习获得一定的独立，反而会增加他的自我认同感以及对民族文化的认同感。

所以，基于民族文化挖掘的校本课程开发，只有在尊重学生需求的基础上才会获得学生的青睐，进而走向一条良性循环之路。

四、未来的挑战

“传习馆”的课程模式还只是个开头，我们并不担心它的经费支持——有高校作为后盾，终究会比田丰[①]的孤军奋战要踏实得多。但面对未来，依然会有几个方面的挑战。

1. 如何在现代与传统之间保持必要的张力

现代与传统一直以来都是一对矛盾的共同体。现代性的东西太多势必会冲淡传统的意蕴，而传统的东西太多，又会跟不上时代的步伐。对于少数民族文化而言，保护传统中的精粹部分当是首要议题，但如何在其脉搏里渗透进现代化的元素，以使其既具传统的风骨，又有现代的气息是无法回避的。从考察中看，很多学子在学完之后，干脆将所学用于商业途径，在现代化的道路上走得更远。传统文化一旦商业化，迎面而来便会遭遇许多问题：向资本献媚、迎合大众、放弃标准等；如果固守传统，孤芳自赏也会遭遇现代化的抛弃。田丰的传习馆因为太固守传统，在现代化没有抛弃他之前，反而遭到了传统的抛弃。所以，如何在现代和传统之间找到平衡点，以保持两者之间必要的张力，是“传习馆”未来要付出精力去研究和应对的。

2. 师资

云南少数民族传统文化的精髓融会于田间地头的老艺人身上，浸润于其血脉中。但，依照高校相关法律和制度，这些老艺人可能永远也进不了正式的讲席，偶尔做一下兼职于文化的系统传递无异于隔靴搔痒。如何将这些老艺人真正当做“传习馆”的无价财富，给予固定的处所，潜心研习，并在研习中自由创新，同时，配备专门人员，倾听其言诉、感受其神韵，系统整理、挖掘其身心所蕴藏的传统文化资源，其价值可能并不亚于一

① 田丰的传习馆后来解体的原因有很多，但与他坚持“求真禁变”的原则不无关系。有关田丰传习馆的资料可参阅下列文章：杜庆云：《田丰和云南民族文化传习馆》，《人民音乐》，1994 年第 4 期；亚妮：《传习馆的故事：云南采访札记》，《电视研究》，1996 年第 1 期。程肇琳；《传习馆后续故事》，《滇池》，2006 年第 11 期。

个“传习馆”!

对云南地方高校而言,“传习馆”只是一个开始,在考察结束的时候,我们又欣喜地得知,思茅师专、西双版纳职业技术学院等都在做着有益的尝试。邓小平1992年在“南巡”讲话中说过:“不搞争论,是我的一个发明。不争论,是为了争取时间。一争论就复杂了,把时间都争掉了,什么也干不成。不争论,大胆地试,大胆地闯。农村改革是如此,城市改革也应如此。”① 云南地方高校对于云南少数民族传统文化的传承和发展,看来也得来点不争论政策。毕竟,做比什么都重要,诸多问题也必须在做中才会得到发现和修正。

(该项目系云南省教科“十一五”规划重大课题,董云川教授主持,课题编号为GD07002)

参考文献:

[1] 郝德永:《课程与文化:一个后现代的检视》,教育科学出版社,2002年。

[2] 哈经雄、腾星主编:《民族教育通论》,教育科学出版社,2001年。

[3] 王凯:《美国多元文化教育流变及课程转向研究》,《外国教育研究》,2002年第4期。

[4] 王伟廉:《试论高校课程与文化科学知识的关系》,《现代大学教育》,2001年第1期。

[5] 徐万邦、祁庆富:《中国少数民族文化通论》,中央民族大学出版社,1996年。

[6] 王鉴:《民族教育学》,甘肃教育出版社,200年。.

[7] 王希恩:《论中国少数民族传统文化现状及其走向》,

① 《邓小平文选》第三卷,人民出版社,1993年。

《民族研究》，2000 年第 6 期。

［8］杨福泉：《论我国现代化进程中的少数民族文化保护》，《思想战线》，1998 年第 5 期。

第五编　战略、政策与发展

虽然原住民及少数民族在其所在的国度人数较少，他们在政治、经济和文化等方面被边缘化。但是，他们或以国土的最早主人“第一民族”自居，或位于边境或其他重要地理位置，有些还跨国跨境居住，他们的文化教育问题常常带有政治性和国际性，关系到所在国家的长治久安。因此，许多国家极其重视原住民及少数民族教育问题，把原住民及少数民族教育发展纳入国家或区域发展战略规划当中予以优先照顾和重点扶持。本编研讨的焦点是少数民族高等教育发展战略，共有6篇文章，主要论及区域发展战略中的民族高等教育发展问题、民族院校的特色化与国际化、文化多样性与少数民族高等教育的互动及民族地区高等旅游教育与少数民族文化传承关系问题。

22. 民族院校走向现代化之路
——特色化与国际化的和谐发展

郭郁烈　马德山

（西北民族大学）

民族院校是中国共产党和中华人民共和国为解决国内民族问题而建立的以培养少数民族人才为主的综合性高等学校，是国家高等教育体系的重要组成部分。长期以来，民族院校在为中国民族地区的民主改革、经济建设、改革开放、社会稳定，为维护中国的民族团结和国家统一，为繁荣和弘扬各民族优秀文化做出了重要贡献，同时也完成了自身的第一次跨越，即“正规化”——从非正规化的高等教育模式向普通高等教育模式的转变，实现了由以干部培训为主向正规大学的跨越，凸显了民族院校在国家高等教育体系中具有不可替代的地位和作用。目前，伴随着知识经济的兴起和经济全球化的浪潮，中国高等教育进入大众化乃至普及化阶段。中国科教兴国战略和西部大开发战略深层次的推进，少数民族地区全面建设小康社会、构建社会主义和谐社会等形势，必然要求担负着为少数民族和民族地区服务重任的民族院校要充分发挥自身人才培养、发展科学、传播知识和社会服务功能，率先实施与知识经济和经济全球化，文化多元化，高等教育大众化、国际化、信息化等相适应，与少数民族共同团结奋斗和共同繁荣发展、少数民族地区社会经济发展相适应的发展战略，才能确保民族院校实现自己的使命和价值，完成和实现自身的第二次跨越，即“现代化”——从正规大学向现代新型民族大学的转变。这一次跨越要求民族院校既要紧跟高等教育国际化、信息化和大众化的步伐，又要充分体现出自己的办学水平和办学特色。

民族院校迈向现代化，既包括原有要素的变换和重组，又包括吸收和产生新的要素，因此面临着双重构建。实现这一双重构建的关键途径就是特色化与国际化的和谐发展。

一

民族院校特色化的内涵十分丰富，概括地讲：就是要根据少数民族共同繁荣发展的要求和民族地区经济发展状况、社会需要以及当今世界发展的潮流，将民族的特色、优势、文化、愿望和需求结合起来，凝练学科方向，优化学科结构，确立自己的学科体系和布局，打造自己的学科特色、人才培养特色、科学研究特色和校园文化特色等。

打造学科特色和科学研究特色，就是要把遵循普通高等教育一般规律与遵循民族高等教育特殊规律结合起来，把服务民族地区发展与提高少数民族整体素质结合起来，坚持文化自觉的教育理念，担负起继承和发扬民族文化的重任，紧密围绕少数民族和民族地区政治、社会、经济、文化发展的需要设置、调整学科专业，开展科学研究，发挥促进少数民族地区经济发展的“加速器”、少数民族共同进步和繁荣发展的“推动机”、中国民族理论和民族政策研究的“思想库”、中国民族政策和对外交往展示的“窗口”、我国各民族优秀文化传承和弘扬的“载体”等作用，并为国家、少数民族和民族地区发展的重大决策、战略规划提供高水平咨询和决策建议。

民族院校的学生来源和构成的多民族性，价值观念、思维方式、行为模式、风俗习惯等都呈现出的多样性和多元化特征，决定了民族院校人才培养体系的创建与完善，必须从少数民族学生的实际出发，确立以人为本的教育理念。既要照顾民族特点、体贴民族感情，又要强调平等、团结、合作和共同发展；既要培养学生的跨文化适应能力，帮助学生学会从其他文化的角度来观察自己民族的文化，并获得最大限度的自我理解，又要给学生提供文化选择的权利和机会，使他们获得适应本民族文化、主流文化以及全球社会所必需的知识、技能和态度；既要消除对亚文化和少数民族的歧视以及由此而造成的心理压力，又要培养学生学习语言、进行阅读以及专业技能等。

首先，创建既具有多元文化特色又充满创造和创新活力的环境，既是民族院校开展创造性教育、培养创新型人才的重要条件，也体现了民族院校校园文化建设的特色。其主要内容包括：以大学精神为核心的校园文化价值体系；以继承和弘扬多元文化为核心的校园文化传承和交流体系；以培养学生综合素质和能力为核心的校园科技文化活动体系等。民族院校由于其学生来源和构成的多民族性，是我国各民族优秀文化传承和交融的集中地、大本营、示范区和辐射源，因此校园文化具有鲜明的价值体系和服务目的，既要强调对师生正确的世界观、人生观和价值观的教育、公民道德基本规范的教育、良好个性品质的养成、优良校风教风学风的形成，又要强调马克思主义民族理论与我国民族政策的教育、弘扬民族精神和进行爱国主义教育、强调各民族团结进步、共同繁荣和维护祖国统一的教育等。其次，文化是民族的内涵，也是民族的形象。了解和尊重一个民族，就要了解和尊重这个民族的文化。因此，民族院校校园文化建设，也必须充分体现出传承和交融中华民族丰富多彩的多元文化的载体作用。其表现主体主要有：体现物质文化的校园建筑、文化景观、图书馆藏品、博物馆藏品等；体现非物质文化的各少数民族的民俗、艺术等活动。最后，要根据少数民族学生的实际和人才培养要求，创造性地设计和开展丰富多彩的校园文化和科技活动，通过熏陶、影响，培养和造就学生的综合素质和能力。

二

高等教育的国际化发展，即跨国家、跨民族、跨文化的高等教育合作与交流，已经是当今各国高等教育发展日益增强的趋势和潮流。民族院校要实现现代化，就必须加强和重视自身创新体系的建设，而这一体系建设的方法和途径则决定了其预期的效果和质量。

从世界高等教育和我国民族高等教育发展的历程来审视，大力开展国际合作与交流已经成为创建这一体系的重要途径和方法之一。这是因为，民族院校通过自身的国际化，不仅能实现适应经济和社会全球化发展的趋势，而且能促进民族地区乃至全国整个经济和社会全球化进程。

首先，高等教育国际化是经济全球化的一个方面。高等教育国际化既是经济全球化的反映，也是推动经济社会全球化的必要途径。在国际经济一体化高度发展的背景下，发展模式的相互借鉴、人才的跨国流动、技术的国际传递和推广、科研项目的联合攻关、传统文化的相互交流等更加频繁，因而，发展新经济需要大量的具有国际眼光或全球意识、了解国外并具有相关技能的人才，尤其是需要善于与不同文化背景、不同思维方式的人或群体进行沟通、合作与交流的人才。民族院校是民族高等教育的主要表现形式之一，而民族高等教育又是中国普通高等教育的有机组成部分，民族高等教育的发展既要遵循普通高等教育的基本规律，又要体现和反映自身的特殊性。就民族院校的功能而言，在体现高等教育功能的宏观层面上具有普遍性，但在微观层面上，又会表现出其特殊性和差异性（如民族院校主要担负着为少数民族地区培养各类专门技术人才；担负着保存少数民族文化，挖掘、整理少数民族文化遗产，弘扬少数民族文化的重任；是民族问题与民族理论研究的重要基地等）。而这一普遍性和特殊性、差异性，反映了民族院校国际化的内在要求，就是说，民族院校的国际化的观念首先是开放性的观念，这是与传统的封闭保守性的观念相对立的；国际化是从国家或民族与国际关系的角度而言的，反映了少数民族和少数民族地区乃至国家新经济发展的要求，是应对新经济挑战必须确立的教育观念。

其次，民族地区由于历史、地理等原因，相比较而言，社会经济发展相对落后，这就决定了其未来的发展战略模式必然是跨越式的，因此，在国际视野中借鉴和研究发展经验和模式，尽快进入全球化轨道显得更为紧迫。民族院校的国际化发展战略的选择，不仅仅是民族地区现实经济与社会发展的要求，更主要的是迎接知识经济的迫切需要，是发展知识经济对知识的社会化和人力素质的要求所决定的，也构成了民族院校国际化发展的外在要求。

民族高等教育国际化的内涵十分丰富，主要体现在：从整个社会的角度，民族高等教育要成为国际交流特别是科技、文化交流的重要手段，既要学习和引进国外先进的东西，又要传播、交流本国各民族的先进文化与经验；从民族高等教育自身的角度，既要借鉴和学习国外成功的高等教育经验，与国际高等教育接轨，又要更准确地立足实际，做好发展的定向、定性、定位和定策工作，创建自身的知识与技术创新体系，办出特色和水平。如开展留学生教育，既是为了传播本国各民族优秀文化，也是参与国际教育市场竞争的需要；提高学生的外语能力，既为了学习有关国外的知识，培养学生的国际眼光、开放意识，又为了培养学生对外交往和参与国际事务的能力；等等。因此，民族院校的国际化发展既有其内在的要求，又有其外在的要求。内在要求决定于民族院校的特殊性功能和普遍性功能，外在要求决定于民族地区乃至国家社会经济的发展、国际政治经济一体化的发展。

三

时代不同，高等教育国际化发展的水平和深度也会有所不同。高等教育国际化发展的水平或深度，可以通过国际合作与交流的内容、范围、形式等来加以反映或测量。

伴随着世界各国经济一体化、文化多元化、高等教育国际化的高度发展和中国民族地区社会经济发展的形势，就内容和方式来讲，民族院校在倡导实现文化自觉理念的同时，实施国际化发展战略即开展国际合作与交流的主要内容与特征，体现在如下几个方面：

1. 办学理念的国际化

不同的办学理念，就会有不同的办学目标和培养模式，因此，民族院校要逐步改变以往那种就学校而论学校的定式思维，研究学校的发展就不能把眼光局限在自身范围内，而是要放在国际与国内的经济建设和社会发展所呈现出的一系列新趋势中考察和研究。这首当其冲的就是办学理念的国际化。因为，第一，大学理念是人们对大学应有的完美境界的看法或观念，它涉及了大学的本质、大学的价值以及大学与社会、政府的关系等一系列重要问题，通过在世界平台上借鉴、学习和研究大学理念，可以使我们更好地把握大学的一系列深层次问题，从而树立科学的大学观；第二，大学理念是“臻于”完美境界的过程，在国际平台上研究大学理念必然要涉及不同时期、不同国家和地区人们对大学的理解与追求，大学的传统与精神以及各种活动的实践与经验等问题，这些内容可以使我们站在前人的基础上，既有广度又有深度地认识当前和未来民族院校发展所面临的问题，更好地把握大学的未来发展，从而树立科学的发展观；第三，大学是具体的人赋予大学的一组观念和认识，是大学自主与自我意识的表现，通过大学理念的研究与讨论，有助于民族院校增强自主办学的意识，既可使办学特色更加鲜明，更符合时代与环境的需要，又可促进民族高等教育的办学自主化进程，从而树立民族高等教育所遵从的主流意识和价值取向。

总之，大学理念的国际化，一是要从人的身心发展具有共同性、普遍性特点这一教育的基本规律出发，积极汲取人类所形成的一切优秀的教育成果，特别是借鉴发达国家在走向现代化过程中已形成的经验和进一步发展的趋势，丰富我们的教育思想，改变我们落后的观念，少走弯路，实现跨越式发展；二是可以更好地、更准确地处理好教育的国际性与民族性、合作与竞争、互进互利与维护国家主权、民族利益等多方面的关系。

2. 师资队伍的国际化

教师的跨国聘用和交流，师资队伍学缘结构的国际化以及教师在国外工作与学习的时间与经历等都是师资队伍国际化的重要内容。一方面，随着经济全球化进程的加快，教师队伍跨国聘用的人数、方式、范围（学科、国家和地区等）、频率等将会大大增加和提高（目前发达国家教师跨国谋职的情况，可能就是未来各国的趋势）；另一方面，吸引留学回国人才或选派教师到国外培训、任教、学习、访问以及开展合作研究等，也将是民族院校加快师资队伍国际化进程的重要手段。

师资队伍的国际化水平，直接影响着学科建设、课程体系、教学内容、教学方法、管理体制和方法等的国际化水平和质量。对民族院校而言，目前可以不夸张地说，提高师资队伍的国际化水平是民族院校国际化进程的核心和关键。

3. 学生培养的国际化

学生的跨国招生与培养也是高等教育国际化发展的主要内容或形式。各国选派和接受留学生制度的出现，本身就意味着高等教育国际化的开始，但绝不能简单地将这一制度理解为学生培养国际化的全部内容。实际上，学生培养的国际化至少应涵盖这样一些内容：在培养目标上，培养学生的全球意识和国际交流能力，即参与国际竞争与国际合作交流的意识和能力将成为重要的内容；在培养方案上，针对全球化的要求设置和调整专业结构和课程结构，要求学生掌握与国际交流相关的知识与技能。尤其是对于国际通用的专业，教学内容和教学方法的通用化程度、双语教学的质量等将会显得越来越突出。在培养方式上，扩大互派留学生的数量和规模，相互承认学分、学历和学位，学生可以自由到他国或通过互联网学习他国高等学校的课程，以不同的模式（如在国内学习一段时间，在国外学习或实习、见习一段时间等）联合培养等，都将随着合作与交流的深入开展而不断得到拓展和延伸。

4．课程体系和教学内容的国际化

课程体系和教学内容的国际化，是指世界各国在同一专业的课程体系设置和教学内容安排上的趋同化、多元化和特色化。对此，在理工类专业领域争议较少，但在社会科学和人文科学领域则存在一定的分歧，其原因在于各国的意识形态、文化背景、思维方式和价值观念等有所不同。实际上，这些差异和不同不应成为阻碍课程体系和教学内容国际化的理由，反而更加说明了这些学科和领域国际化即国际合作与交流的重要性和必要性，也能从一个侧面折射和反映出文化多元化、办学特色多样化等特性。

5、科学研究的国际化

随着人类社会经济文化的不断发展，一方面人类所面临的全球性或区域性以及重大的政治、经济、环境、犯罪等方面的课题越来越多，这些课题的研究和解决，一两个国家是力所不及的，需要各国的协同和公关；另一方面，现有科技成果的分享与交流推广，也是国际合作发展的主流。因此，科学研究、技术开发、成果转化与推广应用的跨国合作，科研队伍的跨国组成等必然要求各国高等学校加强合作与交流。

民族院校具有自身的特色和优势，通过积极参与国际组织及其开展的活动，与不同国家、部门、高校和科研机构开展合作研究和学术交流，不仅有利于提高自身的研究水平和能力，增强办学实力，提高办学水平，而且有利于宣传和推广我国各民族优秀的物质和非物质文化遗产，有利于促进民族地区的国际化水平，提高民族地区国际合作与交流的水平和质量。因此，民族院校目前亟须解放思想、改变观念，充分认识到科学研究国际化的现实意义和战略意义，积极探索和开拓合作领域和渠道，尤其是对于业已开展的不管是定期的还是不定期的、短期的还是长期的科技合作和学术交流的内容、方式、频率等都需要更进一步地扩展和提高。

6. 信息和知识共享的国际化

随着电子信息技术与互联网技术的快速发展与广泛应用，高等教育的信息化正日益显现出来，但是，这一趋势和观念在民族院校还没有引起足够的重视，尤其是运用信息技术手段获取、传递和处理信息的观念、技能、路径、方式方法还比较简单和落后，这主要表现在：将信息技术引进教学，实现教学手段的信息化程度不高；校园计算机网络的功能开发和使用不够；基于国际互联网平台上的知识与信息分享程度不高。

民族院校要适应经济与社会信息化发展的需要，必须加快教育教学信息化的进程。借鉴和学习发达国家和地区大学信息化的模式、方法和经验，对目前民族院校来说，很有可能是一条捷径。为此，各民族院校应尽快在国际上寻找与发现适合自身信息化要求和条件的大学，并建立战略合作伙伴关系，通过共同享用数字图书馆；交流校园计算机网络建设的经验和知识管理的方法；在网络平台上分享学科建设和课程建设的思路和方法、共享课程教学资源和方法甚至开展远程教学；分享和交流运用信息技术手段开展教学管理的经验和做法等等，来促进和提高教育教学的信息化水平。

7. 管理体制与运作机制的国际化

伴随着上述内容的开展与实施，民族院校内部管理体制和运行机制必然要求尽快实现与国际接轨。从某种意义上讲，民族院校在上述几个方面推进国际化进程，必然会促进内部管理体制和运行机制的改革，也会影响到民族高等教育管理体制的改革；反过来，改革有碍于民族高等教育国际化发展的管理体制，也必将大大推进民族高等教育全面的国际化发展。

民族院校要借鉴和学习国外高校先进的内部管理体制与运行机制，在目前的形势下，建议：第一，尽可能通过一种或几种模式将选派留学生、教师、管理人员“捆绑”在一起（如一次派出一批同一专业或学科的学生，并同时派出该专业或学科的教师和管理人员），赴合作高校进行课程学习和管理学习，这样既有利于对派出学生的管理和支持，更有利于系统地学习、研讨教学、管理方法和经验，有利于团队建设并为日后返校开展工作打下坚实的基础。第二，要建立相应的机制和平台，鼓励和支持从国外归来和聘来的教学管理人员实施、实验、推广国外的教学、管理方法和经验。第三，要建立一种与合作高校定期进行学科建设、教学改革、教学管理等交流与合作的机制，广泛探讨和分享各自优秀的成果和经验。

8. 办学模式的国际化

办学模式的国际化是由于办学主体的国际化而引起的。所谓办学主体的国际化，一是指位于某一国家或地区的一所大学由几个国家联合来办，形成跨国股份大学。二是指跨国大学，即一所大学在世界上多个国家或地区设立分校或设立二级学院，从事跨国办学。不管哪一种形式，都会引起参与者办学模式的变化。对于民族院校而言，目前作为主体实施办学模式国际化的可能性比较小，但作为参与者的可能性则随着国际教育的发展越来越大，因此，及早关注和研究这一趋势，则有重要的战略意义。

高等教育的国际化是未来高等教育发展日益显著的一个特征，也是一种不可阻挡的潮流和趋势，认识这一特征和趋势，并从不同的内容和形式上积极地创造性地开展国际合作与交流，对于研究和化解各国高等教育国际化发展可能给我国民族高等教育发展带来的冲击，并推进民族高等教育的国际化发展，是颇具现实意义和战略意义的，尤其是对于民族院校教育教学改革是一条重要的途径和举措。但也应该看到，高等教育国际化发展的内容和领域、途径和形式是随着时代发展不断变化的，因此，民族院校应该不断研究和拓展国际合作与交流的新内容、新途径，以把握高等教育国际化发展的新动向，更好地为自身知识创新体系和技术创新体系建设服务。

高等教育的国际化是与民族化相辅相成的，国际化不是某一国化、不是一种模式化，而是建立在体现各国各民族特色基础上的具有多样性和开放性的国际化。民族院校既是探索和研究高深学问的机构，也是包容和展现多元文化、塑造品牌的载体。一方面师生是文化与品牌建设的主体，也是客体，既是其创建者，又是其传播者和接受者，理应担起重塑民族文化理念、弘扬民族文化精神、树立民族文化自豪感、唤醒民族意识和提高民族的整体素质的重任；另一方面，又要以开放的文化心态和国际意识，对一切优秀文化，无论中西都应该学习，取其精华，弃其糟粕，为我所用。因此，创建现代化的民族院校，既要坚持走在国际视野和平台上的特色化道路，又要坚持走在文化自觉理念上的国际化道路，依次将二者有机结合起来，实现和谐发展。

参考文献：

［1］马景泉、马德山等：《民族院校创新体系构建及其系统分析》，《西北民族大学学报》（哲学社会科学版），2007 年第

5 期。

[2] 马青、马德山等:《国际交流与合作：民族院校知识与技术创新体系建设的重要途径》，《西北民族大学教育管理论文集》，敦煌文艺出版社，2007 年第 9 期。

[3] 马麒麟、陈自仁、马德山等:《中国民族高等教育的改革与发展》，教育科学出版社，2000 年。

23. 大学的民族性格

谭志松
（三峡大学）

民族国家（nation – state）是欧洲中世纪晚期出现并在资产阶级革命时代普遍形成的“典型的正常的国家形式”。[①] 民族国家通常有5个共同特征：完全自主和领土统一，中央集权制，主权人民化，国民文化的同质性和具有统一的民族市场。在民族国家里，国家的希望寄托在培养公民上，即要通过教育来强化和加强公民对祖国的热爱，培养有民族意识、民族精神又能振兴国家的公民，也就是说其国民教育要以推动民族发展为基本主题，塑造具有民族精神的爱国者，培养民族国家需要的人。大学教育是国家教育体系中最高层的部分，大学的最原始、最根本的功能（也是职能）就是把个体的人通过“转识为智”、“化性为德”直接进入社会的最后学校教育阶段。民族国家的大学具有鲜明的民族性格。

一、大学民族性的形成

民族性是民族国家大学的一个重要特征。在“全球化”时代，大学民族性更加突出。大学的民族性并不是与生俱来的，是随民族国家的形成而逐步凸现出来的。无论哪种原型的民族国家，推动大学民族性形成过程的核心纽带都是民族意识的形成和增强。

在西方，最早具有大学教育性质的学校是公元前387年，柏

① 宁骚：《民族与国家》，北京大学出版社，1995年。

拉图在雅典开办的柏拉图学园。他的目的是把学生培养成为好公民和社会中能干的政治家。那时大学教育是一种智者的知识性活动，其目标体现的是社会功用性和人文性，而不是一种民族意识下的教育活动，所以没有民族性特征。直到中世纪大学的产生，都是如此。这说明，这时候大学教育并没有民族意识基础，只是一种以知识和社会为基础，以知识人为载体的教育活动。最早的中世纪大学诞生的准确时间现在还无法确定，但史学家们一致认为，中世纪大学最早出现在12世纪的法国和意大利。即中世纪大学的原型是法国巴黎大学和意大利的博洛尼亚大学。在这两所大学为原型的影响下，西方大学得到了发展。

首先是英国成立的至今仍为世界一流大学的牛津大学和剑桥大学，并由此对西方大学的发展产生深远影响。然而，这时的大学显然也绝大部分是由国家（或国王）批准，甚至有政府资助，但其自主权是极大的，是相对自治的独立机构。这些权力包括：内部自治权、独立审判权、免除赋税及劳役权、学位授予权及到各地任教权、自由讲演、罢教及迁校权等。大学的教学始终主要以经院哲学、法律、医学等为主，强调的是逻辑、法律、医学和神学等。

中世纪大学的四大特点是：学术自由和大学自治、宗教性和国家性，职业性和实用性以及民主性和平等性，[①] 而不具备民族性特点。这时的大学不关注国家社会的发展需要，而只注重自己内部的知识传输，远离社会。所以，这时大学对“文艺复兴”这样的文化运动也反应迟钝、封闭和陈腐，致使西方各国大学在17～18世纪的发展中受到挫折。然而随着民族国家的形成，国民民族意识的形成，学者们民族意识的觉醒，进而促使大学民族意识的觉醒，大学的民族性也起源于此。

---

① 贺国庆、王保星、朱文富：《外国高等教育史》，人民教育出版社，2003年。

在民族国家里，当大学走近社会的边缘，它就必然被民族国家的国民强烈的民族意识所触动、震撼和接纳，进而，民族意识成为大学人的自觉意识，大学及大学人强烈地意识到，大学必然与自己的国家同命运、与自己的民族同命运。于是，大学的民族性从这里开始。

例如德国，在法国大革命（1789 年 7 月 14 日）的影响下，德国的民族意识开始觉醒，一些知识分子，如歌德、康德、席勒等用他们的语言和作品，从根本上促进分离的德意志民族各部分之间互相联系起来。在法国入侵、德意志民族面临生死存亡的关头，费希特、阿恩特（Ernst Moritz Arndt，1769—1860）、克莱斯特（Heinrich von Kleist，1777—1811）、施莱格尔（Friedrich von schlegel，1772—1829）等文人学者号召抵抗拿破仑的入侵，宣扬爱国主义。费希特的演讲《告德意志国民书》更是极大地震撼了德国人的心灵。他以强调德意志民族的优越感，激发起德意志民族的精神与意志，认为振兴垂危的国家必须通过发扬国民的理性，号召“教育复国”、“教育救国”和“教育强国”，并由这位时任耶拿大学教授（1784 年）、埃朗大学教授（1806）为国王拟订了建立柏林大学的计划。1810 年秋，费希特出任了柏林大学第一任校长。柏林大学是世界上近代大学诞生的标志。它把大学推到了一个崭新的境界：大学具有教学和科研双重功能，大学必须关注社会的发展和需要，大学走进了社会的边缘，大学的命运与国家命运紧密相连，大学成为社会不可替代的组织机构，大学成了国家走向强盛的重要工具之一。因此，大学表现出了自己国家的特征和要求，体现了自己的民族性。

二、大学民族性的表现形式

（一）大学的国家性及其延展出的民族性

在现代国家里，基本上是多民族国家，真正的单一民族国家已经极少。现代大学经过几千年的发展，现在已成为国家的重要社会组织机构。它属于自己的国家，无论是公立大学或是私立大学，它都必须服务于自己的国家，忠实于自己的国家和民族，它必然表现出自己对国家的责任，对国家精神的追求和对国民同质文化的表现和探求。

无论全球化如何深入，只要民族国家还存在，那么，它的大学就一定会千方百计办成具有本国民族特点和意识的能够应对全球化挑战的现代大学，这是由民族国家的民族性决定的。大学必须同自己的祖国同呼吸共命运，必须以本国的民族气质和精神，屹立于世界大学之林。

（二）大学的教育制度和体系表现出民族性

在民族国家里，大学的教育制度和教育体系与国家的政治形态和民族结构有直接关系。

在资本主义民族国家里，因为其强调民族国家内部民族成分的单一性，并为此而对不同的种族、语言、宗教和历史文化共同体采取歧视、迫害、隔离、同化等压迫政策。因此，在它的大学教育制度和教育体系中，只考虑它国家民族这个层面，而不考虑国家内部多元民族成分的实际。所以，在资本主义民族国家里，大学教育制度和体系的民族性，只反映在国家这个民族（国族）的民族性上，而不反映国内民族结构上。

但在社会主义民族国家里，由于坚持的是马克思主义的民族国家观，它承认民族国家内部客观存在的民族成分的多样性，主张国家是国内各民族人民共同拥有的国家。因此，它建立的大学教育制度和体系必须是围绕国家的民族与地域具体实际，构建一种全民公平受教育的机制。在这一方面，中国做得最有特色，最具代表性和引导性。

自新中国成立以来，中国已经形成了独具特色的高等民族教育体系。先后成立了13所民族大学（学院），其中6所是国家民委直属大学，7 所为省属大学。在校各层次类型的大学生 20 余万人，其中少数民族的学生占 50% 以上。办学层次有专科、本科、研究生、博士，以及博士后流动站，形成了完整体系，专业学科门类涉及了国家专业目录的 11 个门类。它的宗旨是服务中国少数民族、服务民族地区。这是中国大学教育体系的不可替代的组成部分。在教育制度上，形成了预科教育制度，国家每年拿出一定数量的少数民族预科招生指标，在民族院校和部分内地高校招收少数民族预科生，经过一年或两年的预科学习后进入大学本科学习，对少数民族教育做出了重要贡献。在全面建设小康社会和实施西部大开发战略的今天。国家又出台了民族地区高层次人才培养计划，每年划出专门的硕士和博士研究生培养指标，定向（国家出钱）为民族地区培养高层次人才。这些都充分体现了中国大学教育制度和体系的民族性。

（三）国家的大学教育政策充分体现了民族性

这一民族性也只有在社会主义的民族国家——中国，才有丰富的内容予以证明：

（1）民族性高校招生政策。每年高考，少数民族学生加分录取，有些省、市、区还根据具体情况对民族地区再降低一定分数投档。研究生招生录取划线分 A、B、C 三个区域划线录取，B 区属于西部地区、C 区属于少数民族地区。B、C 区都有相应的录取政策和划线规定，远远优于 A 区政策，这一政策贯穿到全国各类高校中，使各高校都扎扎实实地为少数民族发展做贡献。

（2）国家实施西部大开发战略，要求东部地区高校对口支援民族地区高校和民族地区教育发展。这也充分体现了在中华民族大家庭里，民族多样性的交融和谐、团结进步。

（四）大学教育内容的民族性

在多民族国家里，由于民族的多样性产生的民族文化的多元性，地域差别带来的经济自然资源和生活方式的不同，带来社会对人才知识结构、文化的要求有异，那么大学教育的内容必然表现出本国民族及其国内民族结构、文化构成和经济发展的需求导向。教育内容的民族性主要表现在三个方面：

（1）大学教育使用自己的国家语言作为教学语言。用本国语言传播和宣扬自己的文化及其精神，学习其他外国语，都是为了拓宽学生视野，开发学生的应对潜力，以适应全球化挑战。

（2）人文教育表现出本民族和国家政权形式极强的个性。在大学人才培养的课程体系中，人文教育课程总是充分体现在本国民族的历史、文化与政治中，这除了可提升学生知识这个层面的作用外，还可激起学生对本民族的热爱和认同，对自己祖国的忠诚和热爱。

如在多民族国家的中国，在大学生课程体系中（无论文、理、工）都必须开设5门课程："马克思主义基本原理"、"思想品德修养与法律基础"、"中国近现代史纲要"、"毛泽东思想邓小平理论与'三个代表'重要思想"、"形势与政策"。这形成了中国大学生思想素质教育的基础理论体系，配合这些课程教育的是学校的第二课堂活动教育，也都是为提高人才思想素质和能力而开展的。

在民族院校和部分民族地区高校中，还开设有"民族理论与政策"课程，用于提高大学生正确认识中国的民族问题和基本的民族政策，以利于大学生在走进社会后为中国民族的共同发展、和谐繁荣做出应有的贡献。

（3）大学科学教育既赶超世界，又直接为自己的国家、民族的社会和经济发展服务。

三、大学的民族性格

大学作为组织机构，上千年的发展历程必然形成自己稳定的性格特征。在民族国家里，大学也必然表现出它的民族性格特征。大学的民族性格特征表现在以下几个方面：

(一) 大学理想充满民族发展思想

所谓大学理想是指：回答办什么样的大学、怎样办成这样的大学等问题。理想观念是大学在自身发展和社会发展中的角色定位，涉及大学的性质与目的、职能与使命等相关的概念。大学理想是大学的灵魂。在民族国家里，强烈的民族意识和民族精神是形成大学理想的思想根源。

我们从中国大学情况来看这一点，首先我们看大学的举办者所追求的大学理想。大学举办者由两方面组成：

一是国家政府（私立大学也是国家批准，并按要求办的），中国政府确定办世界一流大学和世界高水平大学的理想和目标，这实质上是一种民族意识、民族精神和国家需要的反映。旨在让本国大学以自己国家民族特点及实力屹立于世界大学之林。这也是一种民族国家实力的象征。同时，国家又要求大学要突出自己的特色，为中华民族的伟大复兴而努力奋斗。

二是政府委派的大学校长及其领导班子，他们根据国家的要求确定自己的大学理想，其中一个重要的思想基础，也是出发点和落脚点，就是为炎黄子孙服务，办中国人民满意的大学。这当然也是一种强烈的民族意识和民族精神。

教师的理想是要把自己的学生培养成中华民族的优秀一员，自己的研究能够为人民谋福利。所以在他们的教育活动中，不仅注意中国优秀文化的传授，而且十分注重学生的民族意识、爱国热情和精神的训练，力求使学生成为服务自己国家民族的接班人和建设者。

学生的理想从整体上讲是通过大学的知识训练形成的，具体地讲就是使自己成为社会需要的一员，通过能力培养、精神训化成为对本民族、本社会和谐有所作为的一员。学生的这种正面理想，一部分来自家庭和家族留下的教育传统；一部分形成于社会和学校教育。而这种社会和学校教育，在民族国家中表现出民族意识和民族精神。因此，学生的这种正面的理想根基仍然是民族意识和民族精神。

综上三个方面，我们看到在民族国家里，民族意识和民族精神是大学理想的思想根基，我们称其为大学的民族理想。因此，我们说大学充满民族理想，这是大学民族性格的第一个特征。

（二）大学的民族文化特征

大学的民族性格的第二个特征是大学的民族文化性，大学的民族文化性表现在大学的文化性格特点中。

（1）大学是一个文化有机体，它传承、研究、融合、创新高深学问，这些高深学问当然包括本国的民族优秀文化及传统，对本国民族文化的传承、研究、融合和创新是为了丰富祖国的文化，弘扬民族优秀文化，增强本国各民族的同质文化的认同感和优越感。这就是大学的基本职能之一。

（2）大学在坚守和扩充本族文化阵地的同时，善于吸收和融合优秀的外来文化，以增强大学文化的社会和民族适应性。所以，大学的民族性，在保守与开放的对立统一中不断进步和深化。

（3）大学文化在长期的文化积淀中形成相对稳定的品格。在这种稳定的文化品格中，民族性占有重要成分。如，中国的清华大学、北京大学在百余年的发展中形成了自己的文化品格，它们的文化品格始终是以中华民族文化为中心的，它永远也不可能是哈佛大学、斯坦福大学的同族兄弟。

（三）大学的民族责任特征

现代大学必然发展于自己的国家和国家民族，因此，它必须有强烈的国家责任和民族责任，必须把国家和民族的发展作为自己的根本使命。大学之所以得到社会的关注和青睐，是因为大学为社会的进步做出了其他组织机构不能替代的贡献；大学之所以受到国家的高度重视，是因为大学的的确确在国家和民族的发展中发挥了其他组织机构不可替代的重要作用；大学之所以能够生存和发展，是因为社会的不断进步、国家和民族的强盛与发展寄予大学以殷切的期盼，从而给了大学生存、发展的空间和必要条件。因此，现代大学具有很强的民族责任性。大学的民族责任主要表现在以下几个方面：

（1）大学为民族发展服务的意识和行动是主动的而且是有效的。不仅如此，还在这个过程中实现了大学的最大价值，也就是大学功能的充分实现。既培养对国家和民族负责并为之奋斗的人才，又关注国家、社会、民族发展中的问题，并用智慧和创造成果去尽力解决这些问题；直接参与国家和民族发展的事业。这是民族国家大学责无旁贷的使命。

（2）大学的民族性与国际化的辩证统一。大学的国际化是指大学加强国际学术交流，开展合作办学和研究，与国外大学界保持广泛、直接和频繁的接触。这对于借鉴其他国家发展大学教育的经验教训、取长补短、兴利除弊等开放办学的模式是有积极作用和非常必要的。因此，面对信息时代的今天，大学加大国际化的力度无疑是正确的。然而，我们应该特别关注的是，大学国际化并不能取代大学的民族性，相反，大学的国际化必须以大学的国家性、民族性为基础，脱离国家教育目的去追求国际教育的理想是不可能的。

大学根植于自己国家和民族的传统文化土壤，这是大学民族性的根基。大学在国际化过程中，必须对外来文化进行精心的鉴别、选择和改造，使其与本土文化的优良因素相交融，形成既有时代特点又有本国特色、国际性与民族性相统一的大学教育理论和制度。这样，异质的大学教育文化的引入不断为本国大学教育注入了近现代科学和技术教育的新鲜内容，而且使本国大学教育的形成得到了改造和更新。传统的民族文化不仅没有被取代，而且在新的形势下获得了新的生命力。克拉克·科尔指出："大学就其发展普通知识特性而言，基本属于国际化的机构，但是他们的确一直生存在对其有所图谋的国家环境之中。"① 他还预言，未来社会将是一个从国家主义高等教育的分散状态朝着更加普通运用的国际主义方面发展的时代，而且同时也是大学通过国际教育来实现对民族化教育服务的时代。一个发达的民族国家的教育家受美国教育的熏陶，并站在教育发展规律的高度对大学教育的民族性有这样的认识，这正说明大学的民族性之深厚的根基。然而，对一个发展中的民族国家来说，大学的民族性就更为突出，在大学民族性和国际化相统一的进程中，民族责任更加重要。

综合以上三个特点，笔者认为：大学的民族性格是在守护大学的"学术自由、大学自治"基本理念的前提下，坚定地担负起国家教育目的和民族教育目的的历史使命，且为之竭尽全力，并以其特有的民族精神性格，在国际化进程中成长和壮大，从而服务于自己的国家和民族。

参考文献：

[1] 费孝通：《中华民族多元一体格局》，中央民族大学出版社，1999 年。

[2] 宁骚：《民族与国家》，北京大学出版社，1995 年。

[3] 陈永龄：《民族词典》，上海辞书出版社，1987 年。

[4] 王天玺：《民族法概论》，云南人民出版社，1988 年。

[5] 贺国庆、王保星、朱文富：《外国高等教育史》，人民教育出版社，2003 年。

[6] [英] 安迪·格林（王春华译）：《教育与国家形成》，

① Clark ker. Higher Education Cannot Escape History, State University of New York Press, 1994: 64。

教育科学出版社，2004 年。

［7］［英］安迪·格林：《教育、全球化与民族国家》，教育科学出版社，2004 年。

［8］青觉：《马克思主义民族观的形成与发展》，民族出版社，2004 年。

［9］滕星：《文化与教育》，民族出版社，2002 年。

［10］陈烘捷：《蔡元培的办学思想与的国的大学观》，《高等教育研究》，1994 年第 3 期。

［11］刘宝存：《科尔大学理念述评》，《比较教育研究》，2007 年第 10 期。

［12］刘宝存：《威斯康星理念与大学的社会服务职能》，《理工高考研究》，2003 年第 5 期。

［13］柳亮：《论高等教育在我国和谐社会构建中的作用》，《大学教育研究》，2005 年第 5 期。

［14］淑光：《文明本土化与大学》，《高等教育研究》. 1998 年第 6 期。

［15］王大中：《清华人的使命》，《清华大学教育研究》，1997 年第 1 期。

［16］王冀生：《中国大学理念研究》，《高校探索》，2002 年第 4 期。

［17］曾宁波：《试论费希特的高等教育思想》，《比较教育研究》，1993 年第 3 期。

［18］哈经雄：《民族地区教育均衡发展问题》，《西北师范大学学报》（社会科学版），2005 年第 6 期。

（本研究系全国教育科学“十一五”规划国家重点课题（AMA010033）的子课题成果之一）

24. 当代小民族教育：社会碎片化场景中的边缘化压力

何　群

（内蒙古师范大学）

19世纪末和20世纪初期以后，分布在亚洲、非洲、美洲等地从事传统狩猎、采集、简单农耕的无文字的小民族社会，即经常被称为“原始人”、“部落人”、“小民族”中的部分群体，在现代化潮流冲击下，处境往往不佳。他们的社会遭遇到了巨大的冲击，以致传统文化和生活方式残存无几，甚至出现整个群体的灭绝。对现代化潮流中小民族命运的关注，不仅是理论探讨，而是事关一部分人、一部分弱势群体的生存、发展，因此就显得更为重要。

我们注意到，教育作为小民族社会系统的重要组成部分，伴随小民族社会总体上呈现的社会碎片化趋势，以民族学校为体现的民族教育，同样承受着边缘化压力。本文利用文献资料、作者田野工作获得的第一手资料，通过我国比较典型的小民族——鄂伦春族一所民族学校、使鹿鄂温克人——敖鲁古雅鄂温克民族乡民族学校为个案，借助文化功能、环境与文化等理论，对上述问题进行梳理和原因辨析，并尝试性提出小民族教育理念需要调整的初步设想。

一、问题的提出：“小民族”及民族教育

“小民族”，是对当前人类社会在文化、生活形态上具有特殊性的一部分群体的概括。大体上，主要被理解为两个方面：一是从“人口少”这一数量概念出发；二是注意到传统文化和现

实生存状况的某些特点。费孝通教授是在两个意义上使用小民族概念的：人口因素和文化因素，即“根蒂不深，人数又少”。“根蒂不深”，是指这些民族相对社会进化水平低，传统文化普遍较为简单；“人数又少”，是指相对蒙古族、壮族、回族等人口较多的少数民族，这些民族的人口数量比较少，如鄂伦春族目前有 8000 余人，赫哲族有 2000 余人，而作为鄂温克族的一部分——从事传统驯鹿生产的敖鲁古雅鄂温克人只有 200 余人。根据联合国的统计，具有以上小民族特征的群体，世界上大约有 3 亿～5 亿人，他们分布在 70 多个国家和地区，讲 5000 多种语言。“在全球化浪潮的冲击下，每年都有一些这样的小民族在无声地消失。很多人对此熟视无睹，认为你既然落后就必然要消亡，没有办法，怪不得别人；认为这是人类社会发展的必然规律，不可抗拒。但如果我们分析一下这些小民族消亡的原因时，就会发现，小民族的生存问题，主要是由外部环境急剧变化而他们的传统文化不能有效适应而引起的。而外部环境变化的原因往往是周边的一些强势民族造成的。所以，小民族的消亡并不仅仅由于他们自己的落后，还由于其他民族为了自己的发展而改变了甚至侵占了小民族生存的环境和地域”。① 与小民族在当代社会的命运相伴随，新中国建立后，作为党和政府落实民族政策重要内容的民族教育——民族中小学校，因主流社会现代化冲击，传统社会不断解体，碎片化态势和走向，使作为其社会系统重要组成部分的民族教育——民族学校，承受并继续承受着巨大的边缘化压力。这一点，可以通过世代生活在中国东北大、小兴安岭、1949 年新中国建立前从事传统狩猎生产的鄂伦春族以及传统使鹿鄂温克人个案得到证实。

---

① 杨圣敏“序”，见何群著：《环境与小民族生存——鄂伦春文化的变迁》，社会科学文献出版社，2006 年。

我国境内的鄂伦春族，近300多年来，即繁衍生息在现内蒙古自治区和黑龙江省大、小兴安岭深山密林地区，依靠简单的狩猎、辅之以采集、捕鱼为生。俄罗斯远东地区有一定数量的鄂伦春族人口。据2000年全国第五次人口普查，全国鄂伦春族总人口8196人，其中男3872人，女4324人。内蒙古自治区鄂伦春人口3573人，黑龙江3871人。内蒙古自治区鄂伦春族自治旗，是鄂伦春族的主要聚居区，共2050人，占该民族总人口25.01%，分布在自治旗首府阿里河镇以及4个猎民乡镇、7个猎民村。牙克石市南木鄂伦春民族乡，有鄂伦春族人口84人。[①] 黑龙江省鄂伦春族人口主要聚居在黑河市、逊克县、塔河县、呼玛县、嘉荫县境内的6个乡镇8个鄂伦春猎民村。作为鄂伦春族的古老邻居、东北森林草原地区的鄂温克族中富有特色的部分——使鹿鄂温克人，是我国境内极富文化特色的古老群体。2003年8月，该部落响应政府生态移民号召，由中俄边境的额尔古纳河向东南方向迁移200余公里，在距离根河市西南4公里处建“新敖乡”。50多年来，该部落人们的生活，一直吸引着中国政府和中外学者的注意力。因其人口太少，更因为与主流社会完全不同的生活方式——掩蔽在大兴安岭西北坡深山密林中的4个猎民营地，住帐篷，半野生的驯鹿是人们生活的核心，有另外一套时间安排和价值追求，设身处地，易使人联想起埃文思·普里查德在《努尔人》中描述的“他者”的传奇生活场景。同时，不难意识到的是，现代化大环境变化的裹挟，其生活世界早已不同于传统时代“原汁原味”。可以认为，鄂伦春族和使鹿鄂温克人的社会、文化变迁，能够为人们观察、比较、把握人类社会的差异与整体状况带来有益启发。因此，能够作为本文论题的个案。

---

① 根据内蒙古自治区统计局、内蒙古自治区第五次人口普查办编：《内蒙古自治区2000年人口普查资料》（上册）整理，中国统计出版社，2002年。

二、小民族社会碎片化与民族学校边缘化压力态势

个案一：黑龙江省嘉荫县乌拉嘎镇胜利鄂伦春小学

嘉荫县乌拉嘎镇鄂伦春族胜利村，是1953年政府组织游猎鄂伦春各个部落定居、以村落形式居住的20个左右猎民村之一。[①] 该村位于嘉荫县城西南96公里处，在乌拉嘎镇行政区域内，距乌拉嘎金矿2公里，交通、电力、通信较为方便。据资料：嘉荫县很早以前就是多民族聚居的地方。17世纪中叶，鄂伦春族人自精奇里江南下小兴安岭，汤旺河至嘉荫河流域是鄂伦春族游猎之地。清同治三年（1864）毕拉尔路鄂伦春族共有551户，其中一部分1953年9月定居在乌拉嘎金矿团结沟的胜利村，鄂伦春人口1938年为101人、1950年为64人……2000年为109人。[②] 到2006年，该村有43户，140多人。

如同其他鄂伦春猎民乡镇和猎民村所经历的曲折历程，该村定居后很快即面临传统狩猎业滑坡、“转产”等社会、文化问题。对此我在他处有过探讨。[③] 该村鄂伦春人的生计，资料载：2005年，嘉荫农民年人均收入为3515元，同年鄂伦春居民年人均收入为1820元。现全村还有特困户13户，人口39人，贫困人口占全村总人口的27%。当地政府认为，该村鄂伦春族发展缓慢，究其原因，一方面由于历史原因，鄂族群众不会生产、不善持家理财，但主要原因是胜利村村民素质普遍偏低，依赖政府

① 如同多数猎民村在后来因各种原因均发生整体移动一样，现在的胜利村址，并不是最初的地点。

② 嘉荫县民宗局组织编写：《嘉荫县鄂伦春族百年实录》（内部印刷），资料来源：2006年9月嘉荫县民宗局。

③ 何群等著：《狩猎民族与发展——鄂伦春族社会调查研究》，内蒙古人民出版社，2002年；何群著：《环境与小民族生存——鄂伦春文化的变迁》，社会科学文献出版社，2006年。

救济、扶持思想严重，缺乏自强、自立、自尊观念，为此应结合农民学校教育，增强法制观念，进行素质提高教育。[①] 这些认识，重复了我们所熟悉的数十年来有关“鄂伦春族问题与出路”的主流话语。然而总有一种感觉：这个熟悉的结论是否揭示了全部“病根”？

地处小兴安岭腹地的鄂伦春族胜利村，确有另外一些值得回忆的经历，而村中成年人记忆最深的是国家开发乌拉嘎团结沟金矿与胜利村的搬迁。有文献描述：1975 年，现乌拉嘎矿区兴起，而最初其定居地团结沟——老胜利村，恰好处在富含金矿地段。1986 年，因国家开发此处金子，需要 1953 年定居的鄂伦春族胜利村迁移至距老胜利村 3 ~4 公里处的新址。[②] 问题是，村子的搬迁，很大地改变了村民的生活。引出的一大问题是，搬迁失去了老胜利村的熟地，[③] 新胜利村不仅土地质量不好，可利用亩数又少，各种变化也不利于农业丰产。这使该村鄂伦春人有些信心的转移——由猎转农半途而废。2006 年 8 月 28 ~29 日，我在该村听村民讲，搬迁后过团结沟山，而山的这边，土地积温与搬迁前老村时不同，新址积温低。而积温与庄稼需要的日照强度、时间长短有关，也与土质有关。从土质看，因新址周围多为白浆土，一锹下去就露出黄泥，庄稼难以很好扎根。总之，搬迁后种地的自然条件劣于搬迁之前，简单地讲，就是不丰产。另外，村民有权利用开展农业、牧业的草地、林地已极为有限。如很说明问题

---

① 资料来源：2002 年“嘉荫县鄂伦春族胜利村经济和社会发展规划”，资料来源：嘉荫县档案史志局。

② 黄金采掘工业是嘉荫县最早的工业企业。自清光绪十九年（1893）至今，虽经历了曲折的、波浪式的发展过程，但一直是国家重要黄金生产基地之一。1962 年 6 月乌拉嘎金矿升格为局，改隶黑龙江省冶金局黄金公司，名为乌拉嘎金矿局。资料来源：2002 年“嘉荫县鄂伦春族胜利村经济和社会发展规划”，嘉荫县档案史志局。

③ “熟地”，指已经适合耕种的耕地，与刚刚开垦的处女地对应。

的木耳业的昙花一现。村民介绍：1985—1986 年政府鼓励发展木耳生产，但到 1990 年时，搞木耳生产需要的柞木因附近林业企业的砍伐限制，作为村民收入重项的木耳生产难以为继。因此搞木耳生产成本大增。林业部门规定：砍伐 14 段柞木，需上交林业局 500 元林业损失补偿费。同时，木耳市场价格不稳也影响了村民搞木耳的热情。在该村，我没有看到一户园子里有木耳段，只发现一户堂屋倚北墙，堆放着几乎齐墙高的晾晒完好的干木耳垛。问及为何不出售，告之在等一个好价钱。

仅就木耳生产的命运，便可以发现鄂伦春人社会生活与外界因素的密切关系。问题有来自自身文化的，而起决定作用的是外部因素。以作为生存必需的自然资源利用论，那么，谁在利用胜利村周边更广大的森林、耕地？关于此，当地一些资料说明了这方面的信息。如嘉荫县人民政府文件——嘉政呈［1999］52 号《关于嘉荫县乌拉嘎镇胜利村免收占用林地资源补偿费的请示》中陈述："嘉荫县乌拉嘎镇胜利村是我市[①]唯一的鄂伦春族村，该村位于新青林业局北沟林业场地区和乌拉嘎经营所施业区内，面积 92 公顷，现有居民 44 户，人口 143 人，现有耕地 1800 亩。新青林业局根据《关于林地管理有关情况的通报》（龙森联字［1997］52 号）对该村收取占用林地资源补偿费。由于该村开发较晚，定居时间较短，耕地相对较少，该村经济发展一直比较缓慢，我县始终对该村免收各种费，为促进少数民族经济发展，恳请市政府同意免收胜利村占用林地资源补偿费。"[②] 另据资料："胜利村生产队解体时有耕地 40 公顷，年底合同到期收回归村委会。另有以前在兴农村开的 30 公顷耕地，共计 70 公顷。这些土地要作为解决胜利村村民以后生产、生活的主要来源。土地收回

① 嘉荫县隶属黑龙江省伊春市，此处"我市"指伊春市。

② 资料来源：乌拉嘎镇政府档案室。

后，按规定每人5亩口粮田，其余作为责任田，并由县农委协助办理土地使用证，落实到户。有条件还可再多开一些荒地作为经济田，由村委会统一使用，发展村集体经济。以上工作由镇政府抓紧落实，然后把落实情况、工作记录、村委会记录、村民意见协议书和有关法律依据向县政府汇报。县政府听取汇报同意后，征求市民委意见，同意后上报省民委。"① 以上来自当地政府部门的文件，第一份表明作为行政区划意义的"胜利村"社区，实际上是处在林业企业的施业区内，施业区内林、草等地上资源利用权属林业部门。因此，村民要利用由林业企业控制林草资源，按照林业企业管理规定，需要交纳占用林地资源补偿费。胜利村所属上级政府嘉荫县委考虑到鄂伦春族的特殊性，因此，打报告希望所属上级政府伊春市政府能够出面与林业企业协调，促使林业部门免收该补偿费。一个问题是，缺乏政策及法律依据的自然资源利用权，就无法做长远发展规划。因此，鄂伦春族与外部社会关系上的依附性和被动性可以想见。第二份文件恰好为上述分析做了佐证——可用来设计村落未来、规划村民生产的土地的窘迫。我们看到，在既有条件下，当地政府对该村土地管理的精打细算和周全考虑，不失为是负责任的政府。但是，处于生产转型、发展关键时期传统狩猎社会，怎样才能摆脱可利用自然资源有限、难以扩大再生产的窘境，从而获得某种产业的持久、稳定发展，保全这一部分人有个安定并相对舒适的生活呢?

需要提出的是，问题不仅表现在谋生出路迷茫，还表现在社会、文化的其他层面：与大社会互动中传统文化的解体，传统文化的边缘化——传统文化功能的大部分丧失——通婚的普遍、族内领袖权威的衰落、观念——信仰什么？——侯金花老人信基督教，缓解了与长子的冲突——认为长子是魔鬼附身才胡闹，值得

① 资料来源：乌拉嘎镇政府档案室，拉嘎镇政府文件。

同情，等摆脱魔鬼就好了……不远处的乌拉嘎镇有基督教教堂，因此到那里去听牧师讲课。我们看到，一个过去时代相对自成体系的传统狩猎社会，已经发生比较严重的分化。

上述作为考察民族教育——民族学校状况的社会背景，我们看到，在与外部社会的互动中，因历史的、文化的、体制的等诸种因素的长期作用，所形成的依附和被动地位，使传统鄂伦春族社会呈现碎片化态势。这使人们能够预见，作为该民族村重要政治、文化象征的鄂伦春小学的命运。

一个社会的有序和谐，依赖于社会结构的稳定，而文化作为一个整体，能够维持某一群体生存，需要文化各个层面功能的相对正常发挥。狩猎鄂伦春人的传统教育模式是口耳相传，与生产生活浑然一体的。就现代意义的学校教育而言，“1949 年新中国建立初期居住在胜利屯的鄂伦春族全是文盲。1952 年在乌拉嘎金矿北沟办小学一所，共有学生 13 人，其中鄂伦春族学生 6 人。1955 年增加到 10 人。鄂伦春族学生的衣、食、住、学等各项费用全由国家承担，每个学生全年供给费约 180 元。1956 年为方便鄂伦春族儿童就近入学，在胜利屯建小学。1956 年 10 月初开课，招收学生 25 名，除食宿费外，其余费用仍由国家承担。伴随新村社区配套建设，新建了胜利鄂伦春小学”。① 我在当地了解到，乌拉嘎镇胜利小学是嘉荫县唯一的少数民族学校，配置了微机、电视机、放映机、摄影机等电教设备，并按标准配置了各科教学仪器和卫生设备。虽然鄂伦春族学生人数较少，县政府仍配置了 6 个事业编制，并选调有丰富教学经验和业务素质较高的教师担任校领导。1997 年，该小学被评为市级合格小学。据当地政府反映，这所建于 20 世纪 80 年代末期的胜利村鄂伦春小学

① 2002 年“嘉荫县鄂伦春族胜利村经济和社会发展规划”，资料来源：嘉荫县档案史志局。

存在不少问题，如房屋面积小，设计不合理，缺少音乐、体育、美术教学设施，微机是386型，已老化；房屋铁皮破损，每逢雨天漏雨不止，锅炉房属老锅炉既不卫生又不安全；学校没有图书馆，缺少必要的工具书；课桌椅破损严重，缺少篮球场、排球场、乒乓球室等必要设施。[①] 为了贯彻落实黑龙江省民委《关于编制人口较少民族人才培训规划（2006 — 2010年）通知》精神，按照省民委具体要求，嘉荫县根据本县人口较少民族实际及工作实际，及时制定了《嘉荫县扶持较少民族发展规划(2006—2010年)》，配合上级部署，乌拉嘎镇出台了《乌拉嘎镇胜利村鄂伦春族发展规划》，并且纳入县建设社会主义新农村总体方案。县《规划》指出：嘉荫县乌拉嘎胜利鄂伦春族村是我县唯一一个少数民族聚居村。为进一步改善该民族的生活环境，提高生活质量，2006—2010年，我县拟在胜利鄂伦春族村安排扶持人口较少民族发展项目5项，总投资288万元，其中申请国家投资215万元，地方投资73万元。其中包括改扩建村民族小学，拟于2007年投资60万元，改扩建150平方米的村民族学校一所。资金来源：申请国家补助50万元，省级配套10万元。[②] 问题是，还没有等到《规划》着手实施，2006年8月，胜利鄂伦春学校已经合并到附近乌拉嘎镇中心校。此事件，浓缩了该族的戏剧性命运。

个案二：敖鲁古雅鄂温克民族乡民族学校

正如世代生活在此地的使鹿鄂温克人对世界和中国四面八方眼球的吸引，带给中国最西北端深山密林中这个中等城市的特有色彩，敖鲁古雅鄂温克民族学校，也是所属根河市唯一一所少数

① 2002年“嘉荫县鄂伦春族胜利村经济和社会发展规划”，资料来源：嘉荫县档案史志局。

② 资料来源：2006年9月嘉荫县民宗局。

民族学校。与狩猎鄂伦春人传统教育方式一致使鹿鄂温克人文化中的教育是与生产生活融为一体的。1952 年，政府在该群体最初的定居社区奇乾乡建立奇乾小学，1958 年更名为奇乾鄂温克学校。与中国农村普通学校不同，所有学生免费入学，享受助学金，住集体宿舍，供给伙食、衣服和日常用品，新中国党和政府的民族政策在此得到充分体现。

1965 年鄂温克猎民由奇乾迁到满归镇附近，建立敖鲁古雅乡。

敖鲁古雅乡是民族教育事业发展最好的阶段，教学环境不断得到改善，师资力量逐年得到加强，特别是 1985 年，由内蒙古自治区投资 30 万元为民族学校兴建了一所 1000 平方米的三层教学楼，开设了学前班至初中的全部课程，学生入学率、巩固率、普及率、合格率均达到 100%。民族学校不仅被评为呼盟普及初等义务教育示范学校，而且多次被评为市级先进集体和市级民族团结进步先进集体，并于 1996 年通过两基复检。目前，该地区在各条战线上工作的民族干部、技术人员、教师等优秀人才均在敖鲁古雅乡民族学校就读过。2000 年有教职工 45 人，其中少数民族 19 人，占 42%；专任教师 27 人，其中少数民族 12 人，占 44.4%；学生 90 人（小学 43 人，中学 33 人，学前 14 人），其中鄂温克族学生 54 人，占 60%。学校有二类配备的教学器材和图书以及计算机室、图书阅览室、实验电教室、多功能活动室等教学设备。以上情况显示，作为政府落实民族政策的重要组成部分，该民族学校在学校硬件配备上，已经远远优越于其他普通同等规模的乡村学校。

2003 年 8 月，政府组织生态移民，敖鲁古雅乡整体迁移至距原址以北近 400 公里处的根河市郊。2003 年 8 月，笔者在新敖鲁古雅乡（相对于搬迁前的老鲁古雅敖乡）看到，与崭新的白墙红瓦的猎民新村相辉映，颇具现代气派的敖鲁古雅乡民族学校同样引人注目。

据乡领导介绍：学校占地8000平方米，新建的教学楼面积700平方米，配有根河市唯一的多功能电教室设施。政府考虑到体现民族政策的优越性，保证该民族学校正常运行，考虑到学生家庭困难、都是低保户的实际，减免了每个学生的所有费用。

2005年共减免学生38人次，得到地方财政的投入为71590000元。

2006年减免38人次，得到地方财政投入77292840元。

2006年根据《国务院关于深化农村义务教育经费保障机制改革的通知》，得到了中央、自治区补助费和公用经费6347万元。此外，学校内部还开展了捐资助学活动，每学期都为学生捐款。

据2007年年末实地调查，[①] 生态移民搬迁至距离根河市几公里的新址后，敖鲁古雅乡民族学校经历了一个历史性的变化，并最终走向了终结。

当地政府根据新敖鲁古雅乡靠近根河市区，中学教学向市区中学转移的方针，解散了敖鲁甘雅乡民族学校初中部，保留了民族小学。

2007年敖鲁古雅乡民族小学有专任教师13人，全部是大专以上学历，其中鄂温克教师7人，学生16人，鄂温克族学生8人。2007年9月开学，由于学校仅剩下9名学生，教育局决定敖鲁古雅鄂温克民族学校与根河市第二小学合并，正式合并时间、

① 2007年，我安排硕士研究生恭宇同学就敖乡民族学校现状及存在问题进行了田野调查。在此向她致谢。

挂牌时间尚未确定,[①] 学生已经都到根河市二小上学，教职工已经分流到根河市各个学校。持续了50多年的敖鲁古雅乡民族学校，在从下山至搬迁4年后，画上了句号。

个案分析：

上述两个案例，传达了一个清楚的信息，即大社会环境下民族学校呈现边缘化走向。而代表主流话语的大社会，无论是现代文化的吸纳能力、社区规模、社区静态实力及动态张力等方面，微小社区以及某种意义上作为政策、制度、文化符号的民族学校，与临近的现代化中、小城市均构不成势均力敌，这是小民族教育承受边缘化压力的根本原因。

从胜利村的情况看，该村所在的社会环境，主要包括乌拉嘎镇和乌拉嘎金矿。从政府对胜利村村民的生产规划，可以洞察出本文论题“主流话语、社会环境与边缘化趋势”密切的话语意向。这份政府文件载：乌拉嘎金矿现有人员6500人左右，每年的蔬菜需求量很大，但主要是依靠外进，价格较贵并且也不新鲜。如果利用鄂伦春族胜利村离矿区近，交通便利的优势建造3栋日光节能温室，发展蔬菜生产，市场前景将十分可观。为了让当地群众和矿区的职工吃上本地生产的新鲜蔬菜，鄂伦春族胜利

① 2003年搬迁后敖鲁古雅乡民族学校转学学生情况统计表

姓名	性别	民族	出生年月日	转出年、班	转入就读学校	转出时间	转出原因
张华中	男	汉	1993. 6	五年	二小	2004. 3	搬家
古特梦	男	鄂	1997. 3	一年		2003. 12	投亲
刘宇宁	女	汉	1995. 8	二年	一小	2003. 10	搬家
金　英	女	鄂	1997. 8	二年	满归林小	2004. 3	搬家
杨松瑞	男	汉	1999. 8	一年	二小	2005. 3	搬家
达维尔	男	鄂	1995. 4	四年	海博望学校	2006. 3	投亲
张振宇	男	汉	1999. 10	一年	根河二小	2006. 7	搬家

资料来源：2007年12月恭宇根据实地调查资料进行的统计。

村计划在2002年建造3栋日光节能温室，一是优化种植结构；二是让当地的群众吃上价格满意的蔬菜。

另外，考虑到扩大胜利村村民土地面积，可设立采金废气地改造项目。几年来，乌拉嘎镇辖区内由于无序开采黄金，植被遭到了严重破坏。原沼泽地、河套到处都是堆积如山的沙石，草木不长。鄂伦春族胜利村附近采金废气地大约有200余公顷。过去胜利村村民以采金业和种植木耳为主业，但随着资源的枯竭和国家林业天保工程的实施，采金业已走到尽头。根据本村现状，县委、县政府研究决定，对其进行改造，旨在恢复植被，增强鄂伦春族农民的土地面积，提高农民的经济收入。① 我们看到，无论是胜利村新挣钱出路的选择，还是“转产”需要的土地，都与近处的乌拉嘎社会直接相关，并很大程度上受其社会运行态势左右。一个事实是，尽管有党和政府民族政策的制度保障，也难以阻挡大社会对小民族社会肢解狩猎文化的边缘化，小社会的碎片化。

就作为落实国家民族政策象征的胜利鄂伦春小学的弱化——民族教育而言，问题不仅在于主要表现在硬件建设上的原因——“房屋面积小设计不合理，缺少音乐、体育、美术教学设施，微机是386型，已老化；房屋铁皮破损，每逢雨天漏雨不止，锅炉房属老锅炉既不卫生又不安全；学校没有图书馆，缺少必要的工具书；课桌椅破损严重，缺少篮球场、排球场、乒乓球室等必要设施”等。我们看到，当乌拉嘎镇政府“包括改扩建村民族小学，拟于2007年投资60万元，改扩建150平方米的村民族学校一所”的2006—2010年胜利村鄂伦春族发展规划尚未见动手，2006年夏天，镇政府即决定将胜利村鄂伦春小学合并到乌拉嘎

① 2002年“嘉荫县鄂伦春族胜利村经济和社会发展规划”，资料来源：嘉荫县档案史志局。

镇中心校，实行两块牌子，即同时挂出“中心学校”和“鄂伦春小学”的牌子。2006年8月28日上午，我在胜利村走访，无意间听村民谈起合校的事，而在进村之前我对此完全不知。几位村民认为合并到镇中心校后，胜利村孩子们上学不方便了，上学要走三四里，孩子接送成问题。但是不同意合并，就断电，不提供给学校费用。而该村小学校除上述所列困难，如房屋面积小设计不合理，缺少音乐体育美术教学设施，微机是386型，已老化，房屋铁皮破损，每逢雨天漏雨不止，锅炉房属老锅炉既不卫生又不安全等以外，我在实地了解到：该小学校合并前只有学生22人，分5个班，每班平均4~5人；教师6人。政府从整合教育资源、节约开支、费用考虑将其合并到就在近处的镇中心校，也似乎并无不妥。

笔者在村中感到，合并学校一事，确实令该村鄂伦春人感觉到伤筋动骨，尽管很难认为他们不清楚合并到镇里中心校的诸多好处：如接触社会面的增大，教学条件、教师知识结构、各种有利于子女成长的机会等。问题恐怕在于，如果我们将小民族社会当做一个有机整体，而制度化的民族学校的设立，已经组织进该民族群体民族意识、民族自我认同层面，成为村落社会“小生境”中积极、活跃因素。民族学校，或许早已超越了其本身的价值和内涵，而上升为体现民族某种特殊性、某种权利的象征，因此，面对学校被“合并”，他们有自己的感觉和认识。是感受到的民族权利的削弱？还是感受到本民族地位的下滑？总之，在当地得知，就合并学校一事，族中领袖们组织起来找政府理论、谈判。小民族放不下的是什么？然而该村传统社会毕竟碎片化程度已很严重，草根力量事实上已不足以控制其社会生活。而草根力量对于一个社会生活的和谐有序展开具有重要功能。如果一个社区缺乏草根力量，只有单一的政府组织，是脆弱而容易动摇的。问题是，像许多鄂伦春猎民村一样，因异族通婚的普遍，出面接待外来人的多为汉族或其他民族人，这或许是因了解鄂伦春人性格多内向寡言，总得有人出面接待来访者，而异族又多汉语流利、且多喜欢交际。有时这种表现使笔者也感觉有些过头，那份机敏，尤其是对政府给予鄂伦春族优惠政策的敏感和机会、话语意识……正如有鄂伦春猎民所言“比鄂伦春还鄂伦春”。这种现象，揭示出一个道理，即一项好的政策，随着最初设计时社会条件的变化，同样会有社会负面效应。

敖鲁古雅乡民族学校的解体，与多年来该微小群体传统使鹿生计的危机，以及传统社会解体趋势存在必然联系。

我们看到，搬迁结束后，上级政府下拨专款为猎民准备了生产生活必需品，并为每户发放了生活补助费 300 元，无偿为猎民提供了液化气炉具和小灵通手机，同时为 62 户猎民的院落进行了平整并铺设了砖道。在细微处，又于搬迁那年的冬天，政府统一给在林中营地过年的猎民送去饺子等。然而，政府做的这些细致周到的“工作”依然使人不觉得舒服。笔者认为，一个群体，他们最关注与自身生存和未来有关的重大问题是什么？如果在这一点上让群众失望，零零碎碎的“优惠、照顾”只会进一步让群众失望，甚至会鼓动起群众与政府玩“捉迷藏”游戏的兴趣。

或许，这些优惠政策一时会有短期效果，因核心问题并未解决好，如规划的驯鹿圈养计划的失败——重又放归山林。在没有周到考虑到饲料来源与猎民经济承受能力、半野生的驯鹿是否适应圈养的环境——“驯鹿的蹄掌早已适应了苔原、林间那略有弹性的地衣或厚厚的积雪，而不是这些平整的硬地”，[①] 以及如果实现圈养那么是否经验已经成熟等，这些均造成“夹生饭”，为新问题的衍生打下伏笔。

---

① 郝时远：《传统的生产方式需要科学的现代化改造》，《中国民族报》，2007 年 10 月 19 日版。

就使鹿鄂温克而言，50多年来历史累积形成的发展负担，如驯鹿的圈养和我国唯一的传统驯鹿业的前景问题，年轻人因观念、习惯、技能等因素出现的迁移后的就业难问题，猎民的依赖感与传统驯鹿文化的未来问题，这些问题，并没有因生态移民而获得淡化，反而在新的时空中更为凸显。至于“依赖感”，或者是一种社会病，也是历史累积出的一种痼疾，是长期以来小民族不甚理解外部社会环境急剧变化，被动接受、消极承受长期以来形成的心理学上的“习得性无能为力”的结果。关于此点，笔者在另一项研究中，通过生活于内蒙古和黑龙江省两地鄂伦春族社会的比较，分析因两地制度环境的某些差异形成鄂伦春族自立、自强方面表现出程度上的差距。①

生活于现代社会的使鹿者，日益感受到被边缘化的境况。因驯鹿生活环境恶化，驯鹿种群的退化，从事驯鹿饲养的人员的日益减少，如果不通过有力而符合实际的外部干预，传统驯鹿业最终会滑向自生自灭。地方政府目前正想办法扭转这一局面。问题是驯鹿的习性，需要相对无地域限制的游走寻找林中野生的地衣、苔藓，这与驯鹿所活动的空间已隶属一定部门管辖、利用——界限明确的林场、农场地界划分形成严重冲突。据知情人士讲，改革开放后，林业、农业企业管理体制建设加强，各家都很强调各自的责、权、利，只是因使鹿鄂温克村落与当地农林企业一直关系比较好，企业多照顾、让利给他们，即允许猎民在林场、农场属地上放养驯鹿。实际上，猎民和驯鹿是在“人家”的地盘上生活。即使这种状况在相当长的时期内不成为问题，但是，现代森林保护与传统驯鹿饲养确实存在矛盾，如火灾的隐患等，尽管盲流和企业职工也是引发森林火灾的因素。另外，尽管

① 何群：《环境与小民族生存——鄂伦春文化的变迁》，社会科学文献出版社，2006年。

对外树立着“敖乡”使鹿鄂温克文化特色的招牌，而敖乡的收入大户，以及乡办木材公司，实际处于社区经济生活主导地位，而这些大户以及在公司里从业的人员又少有猎民。由100多人口构成的使鹿鄂温克群体，一部分在山上，一部分多在乡里闲逛，一部分则当干部职工。

作为该传统社会重要系统的下一代接受现代学校教育状况，同样存在其他群体不曾存在的特殊境遇。这与传统社会的衰落态势一脉相传，是传统文化与现代文化介入、碰撞的结果。这与仍然延续的传统使鹿、狩猎生计方式直接相关。早在老敖鲁古雅乡时，问题就很明显。家长在山上，孩子在山下定居的社区家里，或者寄养在亲戚朋友家里。1980年以后，学校才建立学生的集体宿舍和食堂，而当地薪柴——家里取暖做饭用的拌子无大人拉，孩子只能经常逢周六、周日上山拉拌子，学生缺少来自家庭的生活照顾和稳定有序的社会化教育。另外，还有不为外人所了解的学校本身的问题。如教师队伍不稳定，老师流动过于频繁。当年考虑传统使鹿、狩猎方便而定居的离中心城市远、便于驯鹿和猎人的自然、人文环境，即位于满归镇17公里处的敖鲁古雅乡，在现代化、个人追求成功的潮流中，已不具有吸引人才、留住人才、培养现代人才的区位优势，无论现代资讯、媒介、交通、多元文化的魅力和资本、商业化、各种升迁机会等各方面，显然是滞后于周围哪怕是中、小城市。尽管如此，与搬迁之后比较，教师队伍仍算相对稳定，一些最初到敖乡学校工作的教员，在当地成家，定居在敖鲁古雅乡，就算留住了。

2003年8月搬迁到根河市附近后，敖鲁古雅乡民族学校出现了新问题。首先是生源问题。由于在生态移民定居点只为鄂温克族猎民提供了住房，而过去老敖鲁古雅乡政府所辖各个事业单位及企业职工，即有敖鲁古雅乡户口的敖鲁古雅乡居民，没有为其提供房屋，大多数居住在根河市区；又因在老敖鲁古雅乡时敖鲁古雅乡学校包括中小学，搬迁后，中学撤销、合并到根河中学；更因为新敖鲁古雅乡距离根河市区仅有4公里，坐车10多分钟的路程，市区有3所小学，2所初中，各方面条件优越于敖鲁古雅乡学校，条件好的家庭都会把子女送到市区上学，虽然给家庭和学生带来很多困难，如坐车的花费，中午吃饭的问题。凡此种种，迫使本来学生人数就少的敖乡学校，出现了有的班级只有2名学生，人数最多的班级也只有六七名学生。其次是家庭环境问题。因圈养驯鹿的设想失败，使鹿者重归山林，居住在新敖乡的鄂温克族孩子，依然是父母常年在山上，他们则被寄养在亲戚或朋友家里。如达维尔的父母在山上饲养驯鹿，偶尔下山一次，姑姑家居住在根河市，有时达维尔只能两边跑，有时周一至周五由姑父陪伴在老敖乡居住。有的孩子家长无业，靠最低生活补助维持生计，加之教育方式、管理疏忽等原因，学生的学习状况可想而知。

学校学习环境、氛围也发生前所未有的变化。学校中的教师只有一位家是安在敖乡的，其余的教师都居住在根河市区。夏天多数教师骑自行车上下班，其余季节坐每日三趟去往敖乡的通勤车，教师只能赶车上下班（个别的教师有摩托车），这种条件，影响到教学。虽然正常教学进度可以完成，但课下的辅导以及师生交流因居住的隔离而谈不上。有家长抱怨老师不负责任，只要回根河的班车一到便忙着去赶车。再加之缺乏大学校的学习气氛，小学生们很难自控搞好学习，加上家里的状况，如家长在山上，或家长的教育经验、责任感等，因此出现学生厌学甚至弃学。由此，家长选择转学也在所必然。正因为上述种种因素的共同作用，出现了前面提到的在2007年9月开学后，由于敖乡学校仅剩下9名学生，教育局决定敖鲁古雅鄂温克民族学校与根河市第二小学合并，学生已经都到根河市二小上学，13名教职员工分流到根河市各个学校工作的结局。[①]

三、怎么样最好？——“民族教育”理念需要调整

胜利鄂伦春族民族小学和使鹿鄂温克人民族学校的个案，所具有的社会意义和学术研究价值，不是本篇文章所能够承担起来的。而仅就小民族教育视角的考量，也是本篇所难以诠释清楚的。在此，不得不面对的一个问题是：在目前现代化话语下，作为主流社会系统、也作为小民族社会系统重要部分的民族教育，若争取成为新时期民族生存发展的积极促进因素，怎样的理念最好？从新时期民族生存发展计，笔者认为，围绕怎样才能用来改善小民族生存发展状况的核心，对包括小民族教育在内的民族教育理念，进行反思和调整。这涉及教育与社会的关系。教育与社会的关系是复杂的。而以建立民族学校为样式的民族教育在当代社会的运行，尤其与更多的社会、文化因素纠缠。因此，辨析小民族教育的社会功能，观察其在民族社会发展链条中的作用，是必要的。

就一般意义的学校教育而言，现实中，特别是大学教育，不是成为政治权利的附属品与传播意识形态的阵地，就是被戴上为经济建设服务的帽子。本来现实功利性价值与非现实超功利性价值是现代大学教育始终存在的相辅相成的两翼，而现实中现实功利价值尤其是国家功利价值常常被片面地、急功近利地理解为大学的唯一功能，令大学教育始终游移于政治功利主义与经济功利主义之间。由此问题意识，我们将问题引发至民族教育理念。开办具有少数民族特色的大学、中学是为了实现何种教育功能？设计、理论与实际执行的结果如何？关键是问题的主体——少数民族学生受益如何？因诸多因素形成的教育质量问题——初中升高

① 以上分析根据学生恭宇实地调查资料整理。

中率、高中毕业率以及毕业生实际能力等，多数人毕业后留在当地，形成当地所认为的传统的不会干不愿意干，现代的无能力干，以及客观的就业机会少。当地因学校教育而获得流动的年轻人极少，女性嫁出本地、男性外出当兵，大多转业后又回到本社区现象比较引人注意。谁都清楚，设立少数民族学校，是国家民族政策落实的重要部分。而很纯粹的少数民族特色学校，纷纷被合并到附近城镇普通学校说明了什么？一个迹象是，在国家民族优惠政策遮蔽下，民族学校教学质量往往不高，而学生的社会化程度在“民族特色”这一封闭、同质性社会、文化环境中实现得并不理想。

我们说，类似鄂伦春族人口较少民族，因有国家优惠政策的保障，收入不在农村贫困人口即弱势群体之列。但需要引起注意的是，其因传统文化和文化转型带来的家庭教育及社会教育缺失，以及现行教育体制问题，使其青少年社会化和学校教育存在特殊问题。因此，小民族的民族教育中存在的问题，或许与教育公平无关，甚至因有民族政策保障使其超越了社会运行的一般框架，率先享有教育公平权利。那么，问题来自哪里？是文化资本？社会资本？还是什么？一个事实是，民族内部分层，精英阶层多将子女送到非民族学校。而贫困、少有社会资本的民族底层，成为国家民族优惠政策的享有者，也成为政策负面效应的牺牲品。笔者的一项问卷调查统计显示：猎民阶层已经看到，让子女毕业后选择“当干部”好处最多；而干部、职工阶层则希望子女将来从事其他技术含量高的职业。[①] 另外，依笔者观察，作为制度化的“民族学校”安排，因冠以“民族”引起的社会“过分关注”，隐藏的学生“异类感”压力与盲目优越感，不利

① 何群：《环境与小民族生存——鄂伦春文化的变迁》，社会科学文献出版社，2006 年。

于少数民族青少年学习与成长。当然，作为制度性安排建立民族学校，存在诸多合理性和可行性，特别是在建立初期。而长期下来其带来的负效应，也日益显现，提出了调整与反思的任务。

沿着上述讨论线索，实际上，需要对以往民族教育理念进行反思的问题已浮出水面。一些国家对此的探索和做法已经为我国提供了借鉴。如有研究指出：现代土著教育①中有两种截然不同的模式：第一种模式仅仅是从土著人的视角来看问题，而排除其他一切，通常是在陈旧的基础上来发展理论与方法。这种模式倾向于拒绝接受广泛的基础教育，强化狭隘的本土观念，进一步使土著人更加孤立，从而限制他们在主流社会中的教育机会；第二种模式是结合西方人和土著人的视角，运用比较的方法对两种社会进行比较，有意识地培养学生掌握跨文化认识问题的理论和方法。这种模式……允许土著学生以有效的、有文化意义的方式来解释历史和现实社会，同时培养他们具备解决跨文化冲突的能力。② 简而言之，就是将民族教育与民族生存、发展挂钩，通过教育的方式来改善民族生存状况。③ 除了必须注意借鉴中的本土化问题，还可以看到，目前国际社会关于民族教育的价值取向，集中表现为：封闭、固守不是出路。积极接触、学习、开阔视野，知己知彼，努力使民族教育成为当代民族生存发展以及多民族社会整体运行中的积极因素。

---

① 本人理解，这里的“土著教育”，问题核心类似于我国的民族教育，即体现为民族学校，学生主要由少数民族构成，并有发展民族文化事业、培育少数民族人才的办学方针。

② 韦斯利·赫伯著，彭雪芳译：《加拿大土著人的教育与交流》，载中国民族学会主办，何星亮主编：《族学通讯》142 期，2005 年 12 月《民族学通讯》编辑部编辑出版。

③ 同③，第 70 页。

25. 民族高等教育在西部大开发中的发展思索

普丽春
（云南民族大学）

世纪之交，党中央站在历史和政治的高度，作出了实施西部大开发的战略部署。西部大开发急需大量人才，而人才的培养又依赖于教育，特别又是民族高等教育。西部大开发对民族高等教育提出新的要求，同时也为民族高等教育的发展创造了良好的机遇。因此，怎样抓住机遇，发展民族高等教育，成为民族教育工作者的重要使命。

一、西部地区民族高等教育的基本情况

民族高等教育是从少数民族历史文化传统、经济和社会发展的差异性出发，为贯彻落实国家的教育方针和民族政策，以少数民族为主要培养对象而建立的一种具有鲜明特色的高等教育体系。民族高等教育的实施机构，主要由三部分组成：一是以招收少数民族学生为主的民族院校；二是招收少数民族学生比例较大，主要为民族地区经济建设和社会发展服务的民族地区高等学校；三是内地普通高等学校中设立的专门招收少数民族学生的“民族班”和“民族培训中心”。我国的民族院校大多建于20世纪50年代，截至2000年年底，独立设置的民族院校计有11所，分别是：中央民族大学、中南民族大学、西南民族大学、西北民族大学、西北第二民族大学、云南民族大学、广西民族大学、贵州民族学院、西藏民族学院、青海民族学院、大连民族学院，其中有8所位于西部地区。此外，在全国101所民族地区高校中，

大部分也集中分布在西部，因而，民族高等教育是西部地区高等教育的主要组成部分。

从20世纪50年代以来，民族院校在党和国家的关怀下，为民族地区的经济建设和社会发展做出了重要贡献，培养了大批各类人才。据统计，截至1998年年底，全国各民族院校共计为少数民族地区培养人才约19万人，21%的具有大专以上学历的少数民族干部和专业技术人员毕业于仅占全国高校总数1．1%的民族院校，60%以上的民族中学专任教师和民族地区州（地、市、盟）县（区、市、旗）的党政领导干部来自民族院校。例如，新疆维吾尔自治区县处级以上领导干部中有700余人毕业于中央民族大学，四川省凉山彝族自治州17个县市中有13个县市的党政主要领导人毕业于西南民族大学。据不完全统计，在云南省16个地州市毕业于云南民族大学在职人员中有126名地厅级干部、800余名县处级干部。这批为数可观的少数民族干部，在民族地区的社会主义现代化建设和维护祖国统一、民族团结的伟大事业中做出了重要的贡献。因而可以说，没有民族高等教育，就没有今天民族地区的社会稳定和经济繁荣。

二、民族高等教育在西部大开发中的地位和作用

大力发展科技和教育，充分利用高素质的科技人才，把自然优势化为经济发展的优势，是实施西部大开发的重要条件。西部大开发急需大量各类人才，高校是培养人才的重要基地，从民族高等教育在历史上的贡献来看，在实施西部大开发的整个过程中，民族高等教育具有举足轻重的作用。

首先，民族高等教育为西部大开发提供人才支持

实施西部大开发战略，关键在人才。江泽民同志指出："科技和经济的大发展，人才是最关键、最根本的因素。"西部地区大部分属于欠发达地区，受自然、经济、历史等诸多因素的影

响，人才队伍建设中存在不少问题。突出表现在：人才队伍的知识、技能结构不尽合理，科学技术专业人才和经济管理人才特别是高层次人才严重匮乏，人才总量不足且分布失衡，人才资源没有得到充分利用等，从而制约了西部地区的经济、科技和社会发展。西部大开发，最关键的是人力资源的开发，是民族创新能力和劳动者综合素质的开发，而开发人力资源、培养创造力和提高广大劳动者的综合素质，最根本的要靠人才。在这方面，民族高等教育具有得天独厚的优势。其一，民族高等教育为西部大开发提供人才支持是时代和历史赋予的使命。促进民族地区经济文化发展，是西部大开发的重要内容，从某种程度上讲，西部大开发就是民族地区的大开发。民族院校大都位于西部地区，历来以培养少数民族人才、振兴民族经济为己任，理应成为西部大开发人才培养的重要力量。而西部大开发战略的实施，将为民族院校从事人才资源开发提供更有利的条件和更广阔的空间。其二，民族高等教育是培养少数民族人才的重要基地，目前面临着教育大发展和西部大开发的双重良好机遇，民族院校可以借此扩大办学规模，提高办学水平，增强办学效益，为西部大开发提供更有力的人才支持。

其次，民族高等教育为西部大开发提供科技基础

西部地区地域辽阔，自然环境、气候条件千差万别，且社会基础、经济发展水平等也不尽一致，从而决定了西部大开发既不可能采用单一的发展模式，也不可能一蹴而就。西部大开发是一项庞大的系统工程，涉及教育、经济、文化、生态等诸多方面，因而需要大量的智力投入和全面的科学规划。《中国教育改革和发展纲要》明确提出："高等学校担负着培养高级专门人才，发展科学技术和促进现代化建设的重大任务。"高等学校的科技人才和力量是我国发展科学技术的主力军，与此同理，西部高校尤其是民族高等院校也是西部大开发的生力军之一。民族高等院校

和民族地区高校的科技人才长期生活在民族地区，服务于民族地区；对民族地区有较深入的调查研究，且经近半个世纪的积累，现已普遍具有学科齐、基础厚、队伍强、设备全等优势，是为西部大开发提供科技基础的重要力量。

最后，民族高等教育对促进西部地区精神文明建设的重要作用

高校的教学科研工作，不仅包括促进社会生产力发展和社会主义物质文明进步的自然科学领域，而且包括改善生产关系、促进社会主义精神文明进步的社会科学领域。随着我国社会主义现代化建设的不断深入，在物质文明建设取得了辉煌成就的同时，还迫切需要加强社会主义精神文明建设。为此，江泽民同志指出："我们进行现代化建设，无疑要致力于发展生产力，把物质文明建设好，同时，必须把社会主义精神文明建设提到更加突出的地位，要把物质文明建设和精神文明建设作为统一的奋斗目标，始终不渝地坚持两手抓，两手都要硬。"西部大开发同样需要物质文明、精神文明"两手抓"，这样才能保证西部大开发的顺利实施。民族院校和民族地区高校的专家学者长期立足民族地区，熟悉少数民族地区的情况，有能力并有条件通过研究西部开发中经济体制和经济增长方式"两个根本性转变"及由此而涉及的上层建筑等诸多领域的根本变革带来的大量新情况、新问题、新经验，针对不同地区和民族特点，继承和发扬少数民族的优秀传统文化，保证各民族优秀文化在经济改革的大环境下得到继承和发展。因而民族院校的人文科学对推动西部地区精神文明建设也具有不可或缺的重要作用。

西部大开发是一项宏伟的系统工程，民族高等教育应充分发挥自身在西部大开发中的地位和作用，不断提高自我发展能力，为西部大开发输送大批合格人才，从而为民族地区经济文化发展做出应有的贡献。

三、民族高等教育在西部大开发中的发展思路

当前，民族高等教育面临着两大良好的发展机遇：一是教育大发展的机遇。1999年，党中央、国务院召开了第三次全国教育工作会议，进一步强化了“科教兴国”的发展战略。先后颁布了《中共中央、国务院关于深化教育改革全面推进素质教育的决定》、《面向二十一世纪教育振兴行动计划》等纲领性文件，提出要大力发展高中阶段教育和高等教育，通过对高等院校实施“211工程”、教育评估、共建、合并、专业调整和扩大招生等种种改革政策与措施来增强高等院校的办学实力，加速高等教育的发展。2000年7月，教育部、国家民委在云南民族大学召开了第二届全国民族院校领导联系会，并在《关于进一步办好民族院校的意见》中明确指出：“民族院校不仅有必要继续存在，而且还要通过改革加快发展。”党的十七大再次确定了教育优先发展的战略地位，这些都为民族高等教育的发展提供了难得的机遇。二是西部大开发的机遇。为实施西部大开发战略，中央推出一系列重要政策，从各方面加快西部的发展。民族院校绝大部分位于西部，能够享受中央西部大开发的优惠政策，加之教育的发展在西部大开发中所处的重要位置，无疑更是民族高等教育发展的大好机遇。因此，怎样抓住机遇，迎接挑战，努力实现民族高等教育事业的发展呢？笔者的看法是：

1. 明确办学方向和培养目标，不断调整人才培养结构

20世纪五六十年代，民族高等教育以培养少数民族党政干部为主。党的十一届三中全会以后，随着党和国家工作重心的转移，为适应新的形势与任务的需要，民族高等教育的培养目标逐步从主要培养少数民族干部转变为包括培养少数民族干部在内的各类专门人才。

随着科教兴国和西部大开发战略的实施，民族高等教育在坚

持为民族地区的现代化建设事业服务，坚持以培养各类少数民族专门人才为主的同时，还应根据形势发展和民族地区对人才的实际需要，调整人才培养结构，逐步加大下列三大比重：

首先是要逐步加大对少数民族地区在职干部的培训比重。重视培养和使用少数民族干部是党和国家的一贯方针，少数民族干部与本民族群众有着广泛而密切的联系，是做好民族工作的骨干力量。邓小平同志指出："在少数民族地区，党必须用最大的努力培养本民族干部。"西部大开发从一定意义上讲就是民族地区的大开发和大发展，西部大开发离不开民族工作，因而必须努力造就一支德才兼备的少数民族干部队伍。当前，民族院校和民族地区高校少数民族干部的培训工作，既要在数量上有计划地扩大，也要在提高素质、改善结构上狠下工夫，以适应新形势的需要。培养形式可考虑采取以下几种类型：一是与少数民族地区党政主管部门取得联系，以"走出去"或"请进来"等不同方式，为民族地区举办专门的干部培训班，进行专业培训。二是民族地区党的组织部门，可以在本科高年级的学生中选拔后备干部，毕业后安排到民族地区进行锻炼。三是为县、处级以上具有本科学历的领导干部举办研究生课程进修班，进行较高层次的培训。四是为难以脱产学习的干部举办函授教育。

其次是要逐步加大为少数民族地区培养师资的比重。西部大开发，关键在人才，而人才的培养要靠师资。对民族地区的各类学校师资的培养和培训，历来是民族院校的重要任务之一。民族地区特殊的地理环境、人文环境、相对艰苦的工作、生活条件使内地高校毕业生到民族地区任教的较少，而民族地区的教师队伍则普遍存在学历较低、数量不足、教学能力较弱等问题。西部大开发，重在开发西部的自我造血功能，因而不仅需要补充合格的教师，还需要对在职教师进行继续教育。为此，民族院校可以在少数民族地区师资的培养、培训方面发挥自己的办学优势，提高培养少数民族师资的数量和比重，采取适应西部开发和当前民族地区特点的更为灵活的师资培训方式：一是根据民族地区各级政府教育主管部门的要求，定向招生，培养当地需要的专业教师；二是为难以脱产学习的教师举办师资培训函授班；三是开办短期继续教育培训班；四是经主管部门批准，在原有专业的基础上设置兼招师范生的专业；五是对边远地区的少数民族学生适当放宽录取标准；六是在成人教育中，接受师范专科和专升本的保送生。

最后是民族院校要适当加大招收少数民族地区汉族学生的比重。长期居住在少数民族地区的广大汉族群众，自古以来与少数民族朝夕相处，共同为建设和保卫祖国边疆做出了卓越贡献。其子女与当地少数民族群众的子女所处的教育环境基本相同，理应给予适当照顾。因此，加大招收少数民族地区汉族学生的比重不仅有利于各民族学生的相互了解、互相帮助，而且有利于各民族的团结与进步，同时还有利于民族院校自身的发展。因而民族院校在以招收少数民族学生为主的前提下，要适当扩大招收民族地区汉族学生的比重。在这方面，云南省已开始实施新办法。例如，云南民族大学、云南省民族中专经有关部门批准，从2000年起，招收汉族学生的比例从原来的5%扩大到15%，招收边疆地区、民族自治地方和自治地方以外的民族乡的汉族考生。此外，云南民族大学还对东南亚语言文化学院的泰、缅、越语专业的汉族考生不限比例，录取标准与少数民族学生相同。从而达到扩大民族成分，确保生源质量，促进各民族的交流与团结的目的，对云南民大自身的发展也起到积极的推动作用。

2. 努力探索和建立新的办学模式与运作机制

由于历史、自然、经济、文化等诸多原因的影响，西部地区的文化教育与内地相比存在较大的差距，西部地区高校的办学条件和办学水平也与内地高校有明显的差距。随着市场经济的建立和发展，这种差距非但没有缩小反而正在进一步拉大。因此应尽快建立高校联合办学的机制，通过办学模式与运作机制的改革，促进形成政府宏观管理、社会广泛参与、市场适当调节、学校自主办学的良性运行机制。联合办学可以是形式多样，不拘一格，包括民族院校与当地政府的联合共建、与企业的联合共建、与其他重点大学的联合共建或者与其他大学院系之间联合共建。通过联合共建、资源共享、优势互补，增强高校的办学实力，促进民族院校在新形势下更大的发展。同时，扩大对外交流与合作，充分发挥民族院校汉语教学和民族类学科的优势，加强与国外院校的联系，拓宽国际交流合作途径，积极开展科研合作，互派教师或留学生。

云南民族大学在积极探索与兄弟省区民族学院对等交换招生路子方面迈出了可喜的一步。2000 年，云南民大试行与广西民大、贵州民院对等交换招生，至 2004 年对等招生的省份扩大到四川、陕西、湖北、湖南、江西、河南、山东、重庆、内蒙古、黑龙江、吉林等 13 个省区。不仅拓宽了生源渠道，改善了生源结构，而且还有利于省内外学生的交流，相互学习，共同提高。此外，云南民大还比较注重与国外的交流，自 1995 年以来，与国外新建和保持校际交流关系的学校达到 26 所，并争取到挪威国王哈拉尔五世、福特基金会、香港伍达观先生等国际组织和个人捐赠的奖学、奖教金，为创建具有自身特色和优势的云南省属重点大学和全国一流的民族院校奠定了坚实的基础。

3. 扩大办学规模，调整专业结构，提高适应能力和竞争能力

西部大开发需要大量人才，但少数民族地区人才严重匮乏，而且难以在短时期内得到缓解，同时西部少数民族地区人才外流现象更是令人担忧。据调查，从 1987—1996 年，云南楚雄彝族自治州共流失大专以上文化程度人员 570 人，甘肃省甘南藏族自

治州教育战线流失228人。另据统计，仅从1979—1997年，内蒙古自治区便外流科技人才达1．5万多人，其中大部分是中高级科技骨干人才。在这种情况下，制定一系列的优惠政策吸引人才显得尤为重要。此外，西部地区民族院校如何扩大办学规模，培养大批的“进得来、学得好、回得去、用得上、留得住”的各类少数民族高层次人才，乃是改变西部地区人才缺乏状况的根本途径之一。

民族院校和民族地区高校要抓住西部大开发和扩大办学规模的良好机遇，不断改善办学条件，大力扩大招生数量，并从主动适应当前民族工作和民族地区经济建设的需要出发，发挥优势，加强学科建设，调整专业结构。其中，对近期社会需求不大，但属于民族工作和民族地区不可缺少的专业，如民族史、民族学、少数民族语言文学、民族理论和民族政策等民族院校的优势专业与特色专业，应采取有效的保护措施，使其得到延续和提高。应充分认识和肯定办好这些民族类特色专业对研究、解决我国民族问题，继承和繁荣少数民族文化具有重要的意义。同时要充分考虑到社会需求和少数民族学生的就业状况，对招生和就业困难的专业应进行必要的调整。对一般的本科专业逐步改造，积极培养应用型、复合型人才，大力发展社会需求的学科专业，逐步加大应用型学科专业的招生比重。并针对少数民族学生在民族心理、风俗习惯等方面具有的不同特点，制订科学的教学方法和合理的课程设置，切实加强教学管理，建立良好的学风和教风，努力提高教学质量，全面推进素质教育。

4．强化师资队伍建设，为西部大开发提供智力支持

建设好一支高水平的教师队伍并充分发挥其作用，是办好高等院校的关键。《中国教育改革和发展纲要》明确提出：“振兴民族的希望在教育，振兴教育的希望在教师，建设一支具有良好政治业务素质、结构合理、相对稳定的教师队伍，是教育改革和

发展的根本大计。”百年大计，教育为本，而教育发展则以教师为本，要改变西部地区教育落后的现状，要完成培养西部所需人才的任务，要提高西部地区的国民素质，就必须建设好相对稳定、具有较高素质的教师队伍，这是西部地区教育事业所面临的一项重大战略任务。

西部地区各高校的师资队伍建设，改革开放以来得到了长足的发展，目前基本上已形成一支较稳定的师资队伍。随着社会主义市场经济的不断完善与发展以及人们自由选择职业和人才交流制度的兴起，西部高校的不少骨干教师到内地谋求职业现象与日俱增，严重影响了教师队伍的建设。主要原因是西部地区高校教师待遇低、条件差、继续深造或发展的空间小等，其结果是直接影响到了教师队伍的稳定。对此应给予高度重视，采取有效措施，加强师资队伍建设。根据教育部《关于新时期高等学校教师队伍建设的意见》提出的指标，到2005年，高校占编教授与副教授在教科型大学为45% ~55%，教学型大学为30% ~40%；具有研究生学历的教师比例教科型为80%以上，教学型为60%以上。目前，各高等院校正处在教师大换班时期，20世纪五六十年代毕业的老教师正陆续退出教学第一线，今后主要由改革开放以来培养的中青年教师来接班。因此，西部地区高校要采取有力措施，加强中青年学术带头人的培养，抓紧解决教师队伍的断层问题。通过特聘教师、骨干教师、访问学者等制度吸引、留住和培育优秀学术带头人和中青年拔尖人才。通过进修、参与国内外学术交流、合作科研等方式，提高教师队伍的整体水平，优化教师队伍的年龄、学历、知识结构，改善教职工的工作、学习和生活条件，努力建成一支忠诚党的教育事业、热爱民族教育、结构优化、具有高学历、高职称、素质优良、富有活力的高水平师资队伍，以适应素质教育发展和西部大开发的需要。

5. 发展具有民族特色的科学研究

高等学校要根据西部地区的实际需要和自身特点，进一步加强科学研究工作，以科研促进专业建设和学科发展。特别是要不断提高优势学科的科研水平，加大对现实问题研究的力度，建立有利于专业建设和学科发展、有利于学术人才成长、有利于教学内容更新和技术创新、有利于密切院校与社会联系的科研管理新机制，促使民族院校的科研工作有特色、出成果、上水平。充分利用民族院校的人才智力资源，与当地各级政府、企业及社会各界建立广泛的合作关系，使科研和市场接轨，有明确的针对性，解决实际问题。

总之，党的十七大为教育事业的发展指明了方向，担负着培养西部大开发所需少数民族人才重任的西部地区民族高等教育，不仅任重而道远，而且应在世界、国家的发展与西部大开发的机遇中推进自身的改革和发展，为西部大开发、为民族地区经济文化大发展做出应有的贡献。

26. 云南文化多样性与民族高等教育发展

雷　兵
（云南民族大学云南民族研究所）

一、云南文化与教育多样性

云南是一个边疆、山区、少数民族三位一体的省份，西部、南部与缅甸、老挝、越南三国接壤，陆地边境线长4060公里。全省总面积39．4万平方公里，地势西北高东南低，山区、半山区面积占94%，坝子（盆地、河谷）仅占6%。全省现辖16个州（市）、129个县（市、区），有8个民族自治州、29个民族自治县、197个民族乡，有25个边疆县。人口超过5000人的少数民族有25个，其中，白、傣、汉、傈僳、佤、拉祜、纳西、景颇、布朗、阿昌、怒、德昂、基诺、普米、独龙15个民族为云南所独有，有尚未确定族系的克木人、空格人、拉基人、老缅人等10多个族群。有壮、傣、布依、苗、瑶、彝、哈尼、景颇、傈僳、拉祜、怒、独龙、阿昌、佤、德昂、回16个跨境而居的民族。据2000年人口普查，云南省少数民族总人数为14158814人，占总人口的33．4%。

云南25个少数民族中，除回族、满族、水族已使用汉语外，其余22个少数民族共使用26种语言，其中怒族使用怒苏、阿侬、柔若三种语言，景颇族使用景颇、载瓦两种语言，瑶族使用勉、布努两种语言。这些语言分别属于汉藏语系的藏缅、壮侗、苗瑶三种语族和南亚语系的孟高棉语族。各民族语言大都有方言的区分，如彝族语有东部、西部、南部、北部、中部、东南部6大方言，有的方言之间通话很困难。从现代语言的使用情况看，可以分为母语型、双语型、多语型和母语转用汉语型4种类型。母语型主要有居住于边疆地区的傈僳、藏、傣、景颇、佤、拉祜、独龙、怒等民族。双语型分两种类型：一种兼通汉语，主要有白、纳西、蒙古和居于内地的部分彝、哈尼、苗、傣等民族；另一种兼通本地区人口较多民族的语言，如部分拉祜、佤、哈尼、布朗兼通傣语。多语型如一部分德昂族兼通汉语、傣语、景颇语。母语转用汉语型有回、满、水族，以及昭通的彝族和昆明的白族等民族。① 云南少数民族人口中约600万人不通汉语，14个少数民族用20种文字或拼音扫盲，有11个少数民族小学生使用14种文字，教师授课必须采用双语教学。

云南有佛、道、伊斯兰、基督、天主五大宗教。佛教于公元7世纪传入云南，派系齐全，宗支繁多。傣族、布朗族、阿昌族、德昂族信仰南传上座部佛教（巴利文经典系佛教），藏族、纳西族、普米族信仰藏传佛教（藏文经典系佛教），白族、汉族信仰阿吒力密教（梵文经典系佛教），汉族、白族、彝族信仰汉传佛教（汉文经典系佛教）。佛教的主要特点是自传入之时就与封建政治经济体制相结合，形成政教合一或政教密切联系的体制，在内容和形式上与主要吸收和融合云南多民族的原始宗教及巫术文化有关。阿吒力密教和汉传佛教主要在汉文化教育比较发达的民族中传播与发展，并未对汉文化教育在这些民族中的推行产生不利影响。道教传入云南极为悠久，主要由汉、彝、瑶、白、壮、纳西、布依等民族信仰，道教传入之时就与云南各民族的原始宗教相融合，并与儒、释合一。伊斯兰教在云南的传播和发展，主要在公元13世纪的元代。云南伊斯兰教的特点是与回族的文化教育和风俗习惯融为一体，其经堂教育的传统是开展汉

① 杨光远、赵岩社：《云南少数民族语言文字概论》，云南民族出版社，2002年。

文、阿文并授。基督教和天主教于公元13世纪的元代开始传入云南，但在近代才开始快速发展起来，为傈僳、苗、拉祜、景颇等民族所信仰。云南基督教的基本特点是“乡村派”和少数民族生活习惯相结合，而不同于全国基督教“城市派”和与儒学结成同盟。①

1949年以前，云南省各少数民族教育处于多元、多层次、不平衡的状态，基本上有4种类型：第一是传统文化教育类型，主要是边境地区的独龙、佤、傈僳、怒、布朗、景颇、德昂、基诺等民族。第二是接受一定程度的汉文化教育类型，主要有壮、布依、哈尼、阿昌等民族。第三是宗教与教育合一类型，以傣、藏、回最为典型，以及布朗、德昂、阿昌、普米等民族的一部分。第四是汉文化教育类型，以白、纳西最为典型，以及彝、蒙古等民族的一部分。

当然这只是一种粗略的划分，事实上，各民族、各支系、各地域有很大的差异，呈现出一种多元教育的现象。白族支系勒墨人与傈僳族一道居住在怒江峡谷的山区，就属于传统文化教育类型。小凉山和内地高寒山区的彝族几乎全是文盲，而周围汉族较多的彝族则较早接受了汉文化教育。景泰《云南图经志书》楚雄府条载：彝族“更慕诗书，多遣子弟入学，亦有中科举者”。傣族以宗教教育为典型，但德宏各土司衙门设有汉文教习，民间许多人到腾冲、保山、龙陵、昆明读书，各县都有人出国留学。② 布朗族、德昂族虽然在佛寺中学习傣文经典，但整体教育仍以言传身教为主。傈僳、拉祜、佤、哈尼、独龙、景颇、苗等民族则因基督教和天主教的传入，创造了本民族文字，除传统教

① 杨学政：《云南宗教史》，云南人民出版社，1999年。

② 德宏傣族景颇族自治州志编撰委员会：《德宏傣族景颇族自治州概况》，德宏民族出版社，1986年。

育外，还部分接受了现代宗教教育。

从接受汉文化教育角度来看，就民族而言，白、回、纳西、满、蒙古等民族较高，壮、布依、彝、傣、哈尼、阿昌、普米等民族较低，傈僳、苗、瑶、佤、拉祜、景颇、布朗、怒、德昂、基诺等民族最低。[①] 就地理区域而论，澜沧江以东、红河以北地区的民族教育发展水平较高，其中以昆明为中心的滇池文化区，以大理为中心的洱海文化区，以曲靖为中心的爨文化区、以建水通海为中心的滇南文化区、以保山为中心的永昌文化区，以元谋永胜为中心的越嶲文化区更高。

二、1949 年以来云南少数民族高等教育的发展

1949 年年底，云南有 4 所普通高等学校：云南大学、昆明师范学院、私立昆明五华学院、私立昆明英语专科学校，共有在校学生 1653 人，其中少数民族学生约 30 人（据教育厅档案），占在校大学生总数的 1. 8%。云南民族自治地区没有一所高等学校，许多少数民族没有本民族大学生。云南民族学院虽然成立于 1951 年，但其任务是轮训少数民族干部和开办高考预科班，长期未列为高等院校。1953 年，云南省共有在校大学生 3217 人，其中少数民族 262 人，占 8. 1%，有回族 107 人、白族 77 人、纳西族 33 人、彝族 19 人、壮族 7 人、傣族 4 人、拉祜族 4 人、苗族 3 人、藏族 1 人，其他少数民族有 7 人。1956 年，哈尼、佤、傈僳、景颇、瑶、布朗、阿昌、怒、独龙、蒙古 10 个民族都还没有大学生。1957 年，云南省有 4 所普通高等院校，共有在校大学生 6996 人，其中少数民族 356 人，占 5. 1%。其中，昆明师范学院少数民族在校大学生所占比例最大，共 162 人（本科 84 人，专科 78 人），占 45. 5%，其中白族 73 人，纳西族 22

① 董建中：《云南少数民族教育发展与改革》，云南民族出版社，1993 年。

人，彝族 14 人，土族 7 人，满族 2 人，布依族、傣族各 1 人。[1] 1958 年 4 月，中央教育部发出《关于高等学校和中等技术学校下放的意见》，云南省在民族自治地方建立了滇南大学（蒙自县）、滇西大学（大理县）、德宏人民大学、楚雄工学院、文山人民大学。1959 年 6 月，为贯彻中央提出“调整、巩固、提高、适度发展”的教育方针，停办了德宏人民大学、楚雄工学院、文山人民大学。1960 年，在民族自治地区成立红河师范学院和大理师范学院，1961 年年底，红河师范学院并入滇南大学，大理师范学院并入滇西大学，1962 年，滇南大学和滇西大学被撤销。1962 年，云南省有普通高等学校 6 所，在校大学生 13500 人，其中少数民族 1432 人，占10. 6%，傣、景颇、傈僳等 16 个少数民族都有了大学生。

1971 年，云南民族学院得以恢复，并被列为高等院校，云南省从此开始有了少数民族高等院校。1975 年，云南省有普通高等学校 9 所，在校大学生 10669 人，其中少数民族 2474 人，占 23. 2%。其中云南民族学院少数民族学生共 787 人，占全校学生总数的98. 3%；昆明师范学院少数民族学生共 458 人，占全校学生总数的30. 1%；少数民族学生比例云南农业大学为27. 3%、云南中医学院为20. 2%、昆明医学院为20%、云南林业学院为18. 6%、云南工学院为14. 7%、昆明工学院为10. 5%、云南大学为2. 3%。1977 年，在民族自治地区成立蒙自师范专科学校和下关师范专科学校（1984 年改名为大理师范专科学校），1978 年 12 月，增设大理医学院。从 1980 年开始，云南有 8 所高校先后开办了少数民族预科班。1983 年 10 月，增设楚雄师范专科学校，1984 年增设文山师范专科学校、德宏教

[1] 云南省教育委员会教育志办公室：《云南民族教育发展概况》，云南大学出版社，1992 年。

育学院、西双版纳教育学院。1990 年，云南省共有少数民族在校大学生 8726 人，占大学生总数的 20%，但大学生占本民族人口的比例差别相当大，最高的满族为 1. 36%，蒙古族为 0. 54%；最低的德昂族仅为 0. 013%。1990 年全省总人口为 3697. 3 万人，少数民族人口为 1234. 4 万人，占总人口的 33. 39%；全省拥有大学文化程度的人口为 299481 人，占总人口的 0. 81%；少数民族拥有大学文化程度的人口为 48265 人，占少数民族总人口的 0. 39%。①

从 1999 年开始，云南省高校迅速扩大招生。2001 年 5 月，楚雄师范高等专科学校和楚雄民族师范学校合并成立楚雄师范学院；2001 年 6 月，大理医学院、大理师范高等专科学校合并组建大理学院；2001 年 7 月，西双版纳教育学院、西双版纳州民族师范学校、西双版纳广播电视大学三校合并组建西双版纳职业技术学院；2003 年 4 月，蒙自师范高等专科学校与云南省广播电视大学红河分校合并组建成立了红河学院。2007 年，云南省有 50 所普通高等院校，其中有独立设置的民族院校 1 所——云南民族大学，在民族自治地方建立的院校有 7 所：楚雄师范学院、大理学院、红河学院、文山师范高等专科学校、西双版纳职业技术学院、德宏教育学院、楚雄高等医学专科学校。全省共有在校大学生 284230 万人，其中少数民族 66595 万人，占 23. 43%。

1949 年以来，云南少数民族高等教育取得了很大的发展，超过全省的平均发展水平。从 1949—2006 年，全省在校大学生的平均年增长率为 16. 59%，少数民族平均年增率长为 28. 86%，超过全省 12. 29 个百分点；少数民族所占在校大学生的比例从 1. 8% 上升到 23. 43%。但自 1999 年高校扩大招生以

① 杨崇龙.：《云南教育四十年》，云南大学出版社，1990 年。

来，全省在校大学生年均增长21．35%，少数民族大学生年均增长21．06%，低于全省平均水平（见表一）。1982年、1990年、2000年三次人口普查表明，全省总人口中每万人中拥有大学文化程度的人口为39人、81人、201人，少数民族这一比例为15 人、39 人、115 人；1990 年相比1982 年，全省增长108%，少数民族增长160%；2000 年相比1990 年，全省增长148%，少数民族增长195%。均大大高于全省平均增长（见表一）。

表一：1949年以来云南在校大学生及年均增长（人、%）

年度	在校学生	年均增长	少数民族在校生			高等教育毛入学率
			人数	年均增长	占在校生比例	
1949	1653		30		1．8	
1953	3217	23．66	262	193．33	8．1	
1957	6996	29．37	356	8．97	5．1	
1962	13500	23．24	1432	60．45	10．6	
1965	10126	－8．33	1057	－8．73	10．4	
1975	10669	0．54	2474	13．41	23．2	
1979	18602	18．59	2075	－4．03	11．2	
1983	20856	3．03	3235	13．98	15．5	
1989	45114	19．40	8709	28．20	19．3	
1999	74402	6．50	16231	8．64	21．82	
2000	90409	22．34	19503	20．16	21．57	4．91
2001	119039	31．67	23227	19．09	19．51	6．11
2002	143419	20．48	29989	19．11	20．91	8．64
2003	175255	22．20	37441	24．85	21．36	11．00
2004	216308	23．42	47578	27．07	22．00	11．15
2005	254687	17．74	57846	21．58	22．71	12．65
2006	284230	11．60	66595	15．75	23．43	14．00
年均增长		16．59		28．86		
年均增长		21．35		21．06		

但总体而言，少数民族高等教育的发展水平还低于全省和汉族的平均水平，各民族高等教育发展的差距和不均衡的状况并没有根本改变。2000 年全省拥有大学文化程度的人口为 851438 人，少数民族为 163327 人，占 19．18%，比少数民族人口占总人口的比例 33．41% 低 14．23 个百分点。2006 年少数民族在校大学生的比例为 23．43%，比少数民族人口占总人口的比例低近 10 个百分点。以 2000 年每万人中拥有大学文化程度的人口作为衡量标准，满、蒙古、纳西、回、白族高等教育发展水平最高，超过汉族平均水平；藏、布依、普米、基诺、独龙、水族高等教育发展水平为第二档次，低于全省平均水平，但高于少数民族平均水平；彝、怒、阿昌、傣、壮、景颇、哈尼族高等教育发展水平较低，介于少数民族平均水平和平均水平的一半之间；布朗、傈僳、拉祜、瑶、德昂、佤、苗族高等教育发展水平最差，不足少数民族平均水平的一半。就发展的不平衡性而言，从 1982—1990 年，云南几个人口较多的彝、哈尼、傣、壮、瑶、拉祜族高等教育发展最快，超过全省平均水平 1．5 倍；独龙、德昂、景颇、怒、傈僳族高等教育发展最慢，不足全省平均水平的 2/3。从 1990—2000 年，拉祜、哈尼、彝、普米、布朗、水族高等教育发展水平最快，超过全省平均水平 1．5 倍；满、独龙、蒙古族发展水平最慢，不足全省平均水平的 2/3（见表二）。

表二：云南 4000 人以上民族每万人中拥有大学文化程度的人口及增长（人、倍）

	1982 年	1990 年	比 1982 年增长	2000 年	比 1999 年增长
全省	39	81	1．08	201	1．48
汉族	49	102	1．08	244	1．39
少数民族	15	39	1．60	115	1．95
满族	*（1）	979（1）		1522（1）	0．55

（续表）

	1982 年	1990 年	比 1982 年增长	2000 年	比 1999 年增长
蒙古族	105（2）	223（2）	1. 21	436（2）	0. 96
纳西族	50（5）	120（4）	1. 4	312（3）	1. 6
回族	61（3）	130（3）	1. 13	298（4）	1. 29
白族	38（6）	95（5）	1. 5	258（5）	1. 72
藏族	24（8）	52（8）	1. 17	157（6）	2. 02
布依族	*（9）	55（7）		158（7）	1. 87
普米族	17（12）	42（9）	1. 47	154（8）	2. 67
基诺族	20（10）	38（11）	0. 90	118（9）	2. 11
独龙族	54（4）	61（6）	0. 13	117（10）	0. 92
水族	16（14）	35（13）	1. 19	117（11）	2. 34
彝族	8（19）	27（14）	2. 38	101（12）	2. 74
怒族	27（7）	41（10）	0. 52	99（13）	1. 41
阿昌族	18（11）	38（12）	1. 11	92（14）	1. 42
傣族	11（16）	27（15）	1. 45	84（15）	2. 11
壮族	9（18）	24（17）	1. 67	76（16）	2. 17
景颇族	17（13）	25（16）	0. 47	68（17）	1. 72
哈尼族	5（23）	16（18）	2. 2	62（18）	2. 88
布朗族	6（21）	14（23）	1. 33	47（19）	2. 36
傈僳族	10（17）	16（19）	0. 6	48（20）	2. 00
拉祜族	4（25）	11（25）	1. 75	46（21）	3. 18
瑶族	6（22）	16（20）	1. 67	44（22）	1. 75
德昂族	12（15）	16（21）	0. 33	40（23）	1. 5
佤族	7（20）	15（22）	1. 14	38（24）	1. 53
苗族	5（24）	12（24）	1. 4	36（25）	2. 00

三、云南少数民族高校招生倾斜政策

为了消除各民族之间教育事实上的不平等，云南省在高校招生中，对少数民族一直坚持采取各种倾斜政策。1952 年，云南省教育厅在云南民族学院培训部的招生中规定：汉族和较先进的回、白、纳西族考生必须具有初中毕业以上文化程度，年龄在18~30岁，而其他民族的考生只需具有相当于小学毕业文化程度即可报名，年龄也可适当放宽。1956年，为照顾文化教育比较后进的边疆民族地区，云南省开始实行定向招生，当年中央民族大学招收的25名预科和附中学生，规定从德宏州、思茅、丽江、昭通专区的傣、哈尼、藏、傈僳、苗等民族学生中选送。由于采取了特殊措施，少数民族学生进入高等学校的人数逐渐增多，录取人数与报考人数的比例也逐渐增大，1957年，云南省共录取128名考生，约占少数民族考生的33%。

1962年制定的《高等学校录取办法》要求根据不同民族的情况区别对待：对先进的民族，如回、白、纳西等民族，采取“同等条件，优先录取”的办法；对边疆和内地特别落后的民族，采取降低标准录取的办法。1963年5月，中央要求不得借口控制城市人口而采取各种办法限制农村考生报考大专院校。为贯彻此政策，1964年，云南省共照顾录取少数民族考生29人，另外总平均成绩只有20多分的考生，也安排到云南民族师范学校补习，各地亦选送文化落后的民族考生到昆明学习一年，以后推荐报考。1964年，还增加一条规定：对后进民族中的已婚考生和已报考三次的考生，也可以录取到非重点院校。这段时期，对后进民族的考生，一直采取单独排列报考表，提前送交高校审查挑选的办法。此外，还特别强调对少数民族第一代高中毕业生、对先进民族中的后进支系（如白族中的勒墨人、那马人，纳西族中的摩梭人，小凉山的彝族等）的考生，要照顾录取。

1966—1976年“文化大革命”中，高校停止正常的招生，采取各地推荐“相当于初中毕业以上实际文化程度”的工农兵学员到高校就读的办法。对各地推荐的边疆少数民族学员，入学文化程度可放宽到“相当于初中的文化程度”，云南民族学院的学员还可放宽到“小学毕业文化程度”，从而使高校的少数民族学生迅猛增加。

从1979年开始，普通高等学校招生政策有三条具体规定：一是白、回、彝、纳西族因文化基础较好，与汉族考生在同一个分数段优先录取，其他少数民族考生放宽一个分数段初选；二是边疆27个县和怒江、迪庆两州的少数民族考生放宽两个分数段初选；三是瑶、独龙、佤、阿昌、普米、基诺、傈僳、景颇、拉祜9个民族的考生，不论分数高低，一律通知初选，然后择优录取若干名。当年云南省共录取21个少数民族的考生871名，占考生总数的15．13%。1982年制定的《关于录取少数民族考生的若干规定》主要内容有：第一，对居住在内地非高寒山区的白、回、纳西族，居住在内地县镇以上的彝族、壮族及省外来的其他少数民族考生，在同等条件下优先录取；第二，对居住内地的傣、哈尼、苗、佤、傈僳、拉祜、瑶、景颇、藏、布朗、阿昌、普米、怒、独龙、蒙古、德昂、基诺17个民族考生放宽一个分数段录取；第三，居住边疆及执行边疆政策的35个县和内地的考生，不分何种民族，放宽3个分数段录取；第四，经济文化基础特别薄弱的县和特别后进的民族，放宽分数照顾后仍无考生被录取时，可以选送若干名考生录取到民族班学习。省内各高等院校民族班限招边疆和高寒山区的少数民族考生，录取分数视考生来源和考生成绩而定。省外民族班放宽30~50分录取。1983年高等院校招生又在以上基础上进一步要求：边疆和执行边疆政策的35个县的苗、佤、傈僳、拉祜、景颇、瑶、藏、布朗、阿昌、普米、怒、独龙、德昂、基诺等民族考生的报考材料一律上送，供民族班选录。1984年共录取2645人，占少数民族考生的26．2%，1985年录取3519人，占29．3%。各民族录取人数在少数民族录取总数中，其比例分别为：白族26%、彝族21%、回族17%、纳西族11%、壮族8%、傣族6%、哈尼族

4.9%、景颇族0.9%、苗族0.8%、藏族0.7%、傈僳族0.5%、普米族、怒族、布朗族、拉祜族、佤族、阿昌族均为0.3%，瑶族、蒙古族均为0.2%，独龙族、基诺为0.1%，其他省区进入云南省的少数民族为0.3%。①

《云南省2007年普通高等学校招生工作规定》：（1）边疆及执行边疆政策县的少数民族考生加20分；汉族考生加20分（指土生土长或随父母到边疆，户口、上学逆推连续10年以上，现仍在边疆的考生）。上述考生，高中阶段在内地上学的相对减少10分；（2）云南省除白族、回族、纳西族、彝族、壮族、满族和省外进入我省的少数民族以外的19种少数民族在内地的考生加10分；（3）内地农村户口的彝族、壮族考生加10分；（4）各州、市人民政府确定的内地高寒贫困山区的少数民族考生加20分；（5）增加的分不值得超过20分；（6）内地白族、回族、纳西族、满族考生和内地彝族、壮族的城镇考生及省外进入我省的少数民族考生，同等条件下优先录取。

从中可以看出，对少数民族高考考生的照顾政策有逐步减弱的趋向，主要表现为：（1）任何民族，无论在何地域居住，最多只能照顾20分，而高考总分则逐步增加；（2）取消了后进民族考生材料一律上送供民族班及预科班选录等措施，更强调分数面前人人平等；（3）各民族院校及民族地区的高校均扩大了汉族学生的招生比例，并且都不再在高考初选线以下录取少数民族考生。

四、结论和建议

云南少数民族高等教育自1949年以来取得了很大的发展，超过全省的平均发展水平，无论从在校大学生人数的年均增长，

① 蔡寿福：《云南教育史》，云南教育出版社，2001年。

还是从每万人中拥有大学文化程度人口的增长变化来看，均大大高于全省及汉族，这主要得益于对少数民族地区在教育经费投入、高校设置，以及对少数民族学生学费、生活费、招生等方面的倾斜照顾政策措施。

但总体而言，少数民族高等教育的发展水平还低于全省和汉族。各民族高等教育发展的差距和不均衡的状况并没有根本改变。通用汉语，信仰道教、汉传佛教、伊斯兰教，历史上与汉族交往较为密切，受汉文化影响较深，儒家教育更为发达，居住于澜沧江以东、红河以北云南腹地的满、蒙古、纳西、回、白等民族，高等教育的发展水平最高，超过汉族的平均水平；而不通用汉语，信仰南传上座部佛教、藏传佛教、基督教、天主教，历史上儒家教育不发达，居住于边境一线的布朗、傈僳、拉祜、瑶、德昂、佤、苗等民族，高等教育发展水平最差，不足少数民族平均水平的一半。究其原因，表明云南高等教育并未建立起与少数民族文化多样性相适应的教育模式。

自从云南高等教育扩大招生以来，毛入学率由 2000 年的 4．91%上升到 2006 年的 14．00%，而同期普通高等教育少数民族在校生的年均增长则低于全省及汉族，居住于边境一线少数民族接受高等教育的人数出现下滑的趋向。表明在云南高等教育大众化的进程中，后进的少数民族受益面并不大，这与教育成本的增加和倾斜照顾政策的减弱有关。

因而，建立尊重少数民族文化多样性的教育模式，实现以“补偿教育”为理念的教育公平，是实现云南少数民族高等教育发展的根本措施。就目前阶段，有以下建议：（1）各民族院校和民族地区的高等学校应更多强调特色和多元性，在培养目标模式、学科专业设置、课程设置、教学形式等方面，应更强调与少数民族及民族地区的文化多样性相适应；（2）民族院校必须保证少数民族学生的招生比例，并对民族院校的少数民族学生免除学费及住宿费；（3）在高校招生政策上，实行一族一策，对教育后进的少数民族学生可在照顾政策基础上再降低 2 ~3 个分数段录取。

27. 文化多元化背景下高等旅游教育的战略选择

——兼论少数民族文化传承与桂林旅专的特色化发展

林娜　张博文

桂林旅游高等专科学校位于“山水甲天下”的广西桂林。这里，不仅有着独特的山水文化、民俗文化等旅游资源，而且是桂北地区侗、苗、瑶、壮四大少数民族文化的聚集地。如何依托当地旅游文化资源、发展独具特色的高等旅游教育，从而带动桂北地区乃至广西经济社会发展，促进各民族之间相互和谐与共同发展，一直是我们桂林旅游高等专科学校建设发展过程中面临的重大课题。经过多年的探索和实践，我们认为，挖掘、抢救和保护这些少数民族丰富的文化遗产，既是保持民族特性、促进各民族之间相互和谐与共同发展的迫切要求，也是高等旅游教育的神圣使命。对于桂林旅专来说，从挖掘、抢救和保护桂北地区少数民族文化遗产入手，建设旅游文化学科专业，促进旅游、教育与文化的互动发展，从而突出旅游教育的民族文化特色，是学校特色化发展的重要方向和办学战略创新的突破口。

一、少数民族文化的传承和保护是建设和谐文化、促进各民族和谐发展的根本要求

文化多样性是人类文化繁荣发展的重要前提。历史上，并不存在单一的文化模式，人类文化的起源从来都是多元的。一部人类文明的历史，从某种意义上说，就是各个民族多元文化发展的历史。正是各个民族文化的存在和发展，以及不同文化之间的交流和融合，才使文化在各个历史时期呈现出色彩缤纷的多样性。

但是，现代技术的发展和强势主流文化的冲击，正在改变着少数民族文化传承的环境，使得文化多样性受到前所未有的严重威胁。

以桂北地区为例，这里有侗、苗、瑶、壮等少数民族丰富的文化遗产，却遇到了诸如文化趋同化发展、个性缺失和民族教育滞后、商业化及现代生活方式的侵蚀等问题，导致这些少数民族文化的生存和发展面临着严峻挑战。一些民族歌谣、曲艺、传说等开始流失；一些精湛的民族工艺和建筑开始衰微；一些有利于培养人类美德的传统礼仪和习俗被逐渐废弃等。因此，如何应对挑战，挖掘、抢救和保护这些少数民族文化特别是非物质文化遗产，显得日益重要。

值得庆幸的是，多元文化共存特别是少数民族文化的传承和保护，近年来开始引起人们广泛关注。一方面，少数民族文化的生存和发展问题被提升到了文化自觉的高度。无论是政府，还是社会各界，都强调要怀着一种对少数民族文化的热爱和强烈的文化责任感，担负起少数民族文化的抢救、保护、传承的责任。另一方面，构建社会主义和谐社会，也需要和谐文化的强有力支撑。和谐文化的一个重要特征，就是多元文化共存，能够发挥各自民族文化的特长和优势，即各有不同，各得其所。只有承认并尊重少数民族文化的存在和发展，切实解决好少数民族文化传承和保护的问题，才能建设和谐文化、实现民族文化的不断繁荣，从而带动少数民族地区经济，特别是旅游业的发展，促进各民族的和谐相处与共同发展。

道理其实很简单，文化的繁荣发展从来都不是孤立的，而是与社会的政治、经济发展联系在一起的。经济的发展，政治的民主化，背后是文化的不断繁荣；没有文化的繁荣，经济的发展，特别是持续发展，将失去内在的精神动力和足够的智力支持，政治民主化进程也将受到公民文化素质和参政议政能力的严重制约。当前，构建社会主义和谐社会，实现社会的和谐发展与各民族的共同繁荣，文化的繁荣发展更是必不可少。

正如胡锦涛总书记所指出的："我们所要建设的社会主义和谐社会，应该是民主法治、公平正义、诚信友爱、充满活力、安定有序、人与自然和谐相处的社会。"这些基本特征都围绕实现社会和谐、促进人的发展而相互联系、相互作用，体现了社会主义物质文明、政治文明、精神文明、社会文明的协调发展和有机统一。党的十七大报告明确提出："构建社会主义和谐社会是贯穿中国特色社会主义事业全过程的长期历史任务，是在发展的基础上正确处理各种社会矛盾的历史过程和社会结果。"并进一步强调，"社会和谐是中国特色社会主义的本质属性"。费孝通先生也认为：文化是为了让人更好地生活在这个世界上。可见，对于少数民族地区来说，文化的传承和保护不仅是少数民族文化繁荣发展的需要，更是构建社会主义和谐社会、建设和谐文化，从而实现社会和谐发展与各民族共同繁荣的迫切要求。

二、促进旅游、教育与文化互动发展是挖掘、抢救和保护少数民族文化的战略选择

挖掘、抢救和保护少数民族文化是少数民族文化传承的重要前提。从近几年一些民族地区经济社会发展的实际情况来看，旅游、教育与文化的互动发展日益成为少数民族文化传承、保护的有效形式和重要途径。目前，桂北地区主要分布着侗、苗、瑶、壮等少数民族。面对少数民族文化特别是非物质文化遗产不断流失的严峻形势，挖掘、抢救和保护这些少数民族文化遗产，已不再是单纯的文化多元化发展的问题，而是一个关系地区经济社会发展的根本问题。

当然，实现旅游、教育与文化的互动发展更多的是政府层面的事情，尤其是政府主导下地区、各行业、各部门之间横向联系和密切协调的问题。但是，作为地处桂北地区的高等旅游院校，且拥有独特的人才、技术优势和丰厚的教育资源，桂林旅专有责任、有义务、也有能力承担起民族文化传承的神圣使命，为这些少数民族文化的传承和保护，进而为地区经济社会发展做出自己应有的贡献。因此，学校可以在促进旅游、教育与文化的互动发展方面有所作为，而且这种作为对于实现多方共赢、尽快促成上述互动发展是必不可少的。

经过 20 多年的建设和发展，学校已经积聚了相当的办学资源，特别是与旅游行业、政府相关部门打交道，可以说是游刃有余。如此一来，不仅能够在推进校政企合作、共育旅游人才方面发挥社会人才库作用，而且也应该在挖掘、抢救和保护桂北地区少数民族文化遗产，进而促进旅游、教育与文化互动发展等方面承担相应责任。主要是将旅游文化学科专业建设与少数民族文化传承结合起来，即加强旅游文化学科专业建设，通过对桂北地区少数民族文化的挖掘、整理和深入研究，弘扬少数民族先进文化，为民族学的科学研究和建设和谐文化、促进多元文化的繁荣发展有所贡献；同时，利用少数民族文化研究的成果，不断充实和丰富旅游教育的文化内涵、提高各专业教学的学术水准和文化品位，并为旅游产品的开发和服务品质的提升提供智力、技术等方面的支持。

从挖掘、抢救和保护桂北地区少数民族文化遗产入手，建设旅游文化学科专业，促进旅游、教育与文化的互动发展，也是桂林旅专谋求特色化发展的战略选择，且有利于学校继续积聚办学资源、进一步提升办学层次和水平。学校地处旅游业比较发达的广西桂林，本身就是一种得天独厚的优势，必须善于利用这种地缘优势、依托当地丰富的旅游文化资源，把各种潜在的办学资源充分开发出来，以发展高水平的旅游教育。其中，这里会聚的侗、苗、瑶、壮四大少数民族文化，如果加以必要整理和研究开发，本身就是很好的办学资源。因此，加强旅游文化学科专业建设，并将他们与少数民族文化传承、保护结合起来，就能够很好地将这些独特的少数民族文化资源转化为办学资源。如此，无论是对于特色专业如民族歌舞、民族手工艺品设计与制作等专业建设及学校品牌专业的打造，还是民族、民俗学的科学研究和桂北地区旅游资源的深度开发、民族文化的产业化发展，都能起到带动作用，从而在推动产、学、研结合的基础上不断促进旅游、教育与文化的互动发展。

三、突出旅游教育的民族文化特色是桂林旅游高等专科学校特色化发展的重要方向

专业是办学的基本单元。如何建设具有明显地缘优势的特色专业、打造综合实力较强的品牌学科专业，是高等旅游教育办出特色、办出水平的关键，也是桂林旅专特色化发展的核心问题。这一问题的实质是桂林旅专在特色化发展过程中，应突出哪些方面的办学特色，怎样突出这些办学特色，才能实现把学校建成特色鲜明、专业体系相对完整，有一定国际影响的国内知名旅游高等院校的办学目标。

针对特色化办学的问题，我们认为，根据现有办学条件和潜在的办学资源，学校应重点突出旅游教育的民族文化特色，即适应文化多元化发展要求，把少数民族文化传承与旅游文化学科专业建设结合起来，将旅游文化学科专业建设作为学校特色化发展的新的增长点，推动校政企合作、深化产、学、研结合，从而促进旅游、教育与文化的互动发展；进一步突出旅游教育在传承和保护桂北地区少数民族文化、服务地方经济社会发展方面的重要作用，积极培育并形成学校在弘扬少数民族先进文化和优良传统、创新旅游文化等方面的办学特色。具体说来，应主要做好以下几个方面的工作：

一是依托广西完善的民族教育体系，大力加强旅游文化研究和教学，为桂北地区少数民族文化的挖掘、整理和传承、发展提供高水平服务。广西地处南疆，主要生活着壮、汉、瑶、苗、侗、仫佬、毛南、回、彝、京、水、仡佬 12 个世居民族，是我国少数民族分布比较集中的地区之一。新中国成立以来，为了维护民族团结、促进科技进步和经济社会的发展，中央和地方政府充分重视广西民族教育，采取一系列特殊优惠政策，逐步加大投入，不仅迅速改善了基础阶段的民族教育条件，而且大力发展民族地区的中等职业教育、重点扶持民族高等教育，从而使广西民族教育保持较高的发展水平，形成了包括幼儿教育、基础教育、职业技术教育、成人教育和高等教育在内的民族教育体系。而旅游文化民族性、地域性的特点，又决定了少数民族文化可以作为多元文化体验的极其重要的对象性资源，有着极高的旅游价值。事实上，少数民族文化资源是民族地区旅游业发展的重要资源基础，挖掘少数民族文化资源，既能保护旅游资源，又能增强民族地区旅游业竞争力。因此，充分利用广西民族教育资源，加强旅游文化研究和教学，谋求桂林旅专的特色化发展，对于少数民族文化的传承和保护而言，两者是相互促进、互动发展的关系。一方面，桂北地区少数民族文化可以作为旅游文化研究和教学的素材；另一方面，加强旅游文化研究和教学，可以促进桂北地区少数民族文化的挖掘、整理和保护，从而为少数民族文化的传承和发展做出知识、智力支持方面的重要贡献。

二是着眼桂北地区少数民族文化的传承和保护，大力加强旅游文化学科专业建设，为促进旅游、教育与文化互动发展打造校、政、企合作平台。文化本质上是一种生存方式，是人类按照自己的意愿进行生产、生活，从而使世界发生属于人的变化，包括人的自然化和人的社会化。民族文化是一个民族在长期的历史发展过程中形成并逐步确立起来的一种特有的生存方式，是该民族社会生产、生活的全面概括和真实反映。旅游本质上是一种文化体验，是人们在休闲状态下对社会生产、生活的一种比较自觉的文化体验，也可以说是一种休闲方式。教育作为一种培养人的社会活动，本质上是文化的选择、传承和发展。可见，文化的传承和保护绝不仅仅是一种文化活动或文化现象，而是包括教育、人们的生产和生活在内的极其广泛的社会活动。我们发展高等旅游教育，本身就包括为本地区经济社会服务、承担起桂北地区少数民族文化传承和保护的神圣使命。从这个意义上讲，加强旅游文化学科专业建设，已经不仅仅是旅游科学发展的需要，更是旅游教育发展过程中文化选择、传承的使命要求，是促进旅游、教育与文化互动发展的重要举措。由于肩负着文化传承的使命，具有文化选择的社会功能，且能够为旅游行业的发展提供智力和技术支持，旅游文化学科专业建设必然与政府有关部门、地区经济社会发展和旅游企业发展存在各种联系。因此，加强旅游文化学科专业建设，特别是通过一些涉及重大话题的高层论坛、旅游产品开发和项目设计、旅游公共政策的研究与咨询等活动，将为校、政、企各方提供多方面的交流渠道和合作平台。

三是立足桂林得天独厚的旅游文化资源，大力加强旅游教育环境和资源建设，为推进产、学、研的深度结合，继续积聚办学资源创造良好条件。作为世界著名的风景游览城市和历史文化名城，桂林以山水扬其名，以自然之美甲天下而又有名胜古迹增其色，不仅有着独特而优越的自然环境，而且更有着悠久的历史和丰富的民俗、民族文化资源。我们发展高等旅游教育，应该立足这些现有的旅游文化资源，重点加强旅游教育环境和资源建设，努力提升旅游教育的文化品位和对于经济社会发展的贡献率。为此，必须在三个层面推进产、学、研的深度结合，为积聚旅游教育的办学资源积极创造条件：（1）社会发展层面，强调要从思想上高度重视旅游教育，把旅游教育提升到城市发展乃至地区经济社会发展的战略高度，并纳入桂林经济社会发展规划，为旅游教育的发展提供重要的机制保障；（2）政府服务层面，呼吁从政策和投入上给予必要的关注和相应倾斜，加大旅游、教育和文化资源整合的力度，大力鼓励社会资本进入旅游教育市场，为旅游教育的发展提供宽松的政策环境和必要的经费支持；（3）学校发展层面，进一步深化旅游教育教学改革，重点围绕旅游文化学科专业建设和高素质、高水平、高层次旅游人才培养，探讨产、学、研深度结合的有效机制，以调动社会各方面的积极性，积聚办学资源。

四是面向全国旅游教育市场，整合各种办学资源，以资源共享和优势互补为宗旨，加强校际交流与合作，提升高等旅游教育的质量和水平。发展高水平的旅游教育，除了立足自身办学资源、依托当地的办学条件和突出民族文化特色外，还必须把握好旅游教育的办学共性，进一步加强全国范围内的校际交流与合作，即一方面要主动走出去，积极学习和借鉴其他省区比较成功的办学经验及其做法；另一方面，要善于请进来，借助计算机和日益发达的远程教育网络，努力实现优质教育资源共享和办学优势互补。只有这样，才能在各地区旅游教育特色化、差异化发展的同时，整合各种办学资源，相互取长补短，从整体上提升高等旅游教育的质量和水平。

参考文献：

［1］费孝通：《论文化与文化自觉》，群言出版社，2005年。

［2］孙杰远、黄李凤：《民族文化变迁与教育选择——对广西龙胜侗、瑶民族地区的田野考察》，《西北师大学报》（社会科学版），2007年第9期。

［3］陈明媚：《试论传承民族文化的自觉意识》，《黔西南民族师范高等专科学校学报》，2007年第7期。

第六编　各国多元实践

我国的少数民族，有很多是世居民族，与国外的原住民在很多方面具有相同的历史境遇，在当今全球化与一体化的双重挑战背景下，面临着同样的问题。因此，开展国外原住民教育方面的比较研究，对于改变我国民族教育研究过多依赖西方文化人类学和多元文化教育理论的局面，借鉴国外原住民及少数民族教育理念与经验，开拓民族教育研究新领域，具有重要的学术价值。本编为各国原住民及少数民族高等教育的实践，主要论述了新西兰现代大学与传统毛利人高等教育的调和问题、加拿大城市原住民教育面临的课题与挑战、印度少数民族教育的“保留”政策及中国民族学院高等教育的组织特性及其演变问题。

28. 新西兰毛利人学术的本土化

——不同文化系统之间的调和

Wally Penetito［新西兰］
（新西兰惠灵顿维多利亚大学）

现代大学和传统毛利高等教育能并存于统一制度下，是由于他们之间存在一种重叠性关系。近来，这两个机构基本上分别以独立体的形式存在，来满足不同群体的需要。大学应接受所有符合入学要求的学生。20 世纪上半叶大学业已通过设立介于人类学系或语言学系之间的毛利研究部来特别接收毛利学生，但是今天在大多数情况下，已经设立起他们自己的毛利系。尽管对毛利感兴趣非毛利语的学生不会被排斥，但传统的毛利高等教育差不多只招收毛利学生或对毛利感兴趣的学生。有人认为，一所新的、更具相关性的高等教育机构的设立，很可能是以加强各自机构为基本原则和目的会集的结果。因为他们的起点明显不一样（欧洲的大学和位于太平洋的毛利大学），二者的关系将只能从创造性张力这方面来说。同时，两校之间的张力将视其实力而定，因为哪一方都不能无限制地利用另一方，因此大学双方需要通过协商来保持大学的稳定性和为其学生提供服务。基于“实践”和“识别”与“存在”之间的相互关系，重叠关系即为“中间地带”和培养新要素的空间。本文旨在商讨一个新型的高等教育机构模式，此模式超越了适应差异的观念，超越了被视为一体化的概念，然而，如果主张两种模式并存，两所学校在一定空间上保持独立，内部也保持它们各自的整体性，将有理由不予以采纳。这种新模式就是合并实体。

跨文化组织中介结构的案例

在新西兰同时期的大学中，已经形成中介机构和文化界面，基本前提是新西兰人表露出来想学会群居的愿望，迄今为止，这个愿望已经被新西兰主流文化所规定的对分享的片面需求所打破。对毛利人的挑衅总是存在的，如果你想分享高等教育，那么实现目标的唯一途径是进入大学。毛利人在欧洲殖民时期的前50年就接受了挑战。19世纪末和20世纪初，Ngata，Te Rangihiroa，Pomare等一批最早的毛利学者不容置疑地证明他们能够很好地接受大学教育，实际上，他们已经有所超越。受过高等教育的现象对毛利人而言是没什么大惊小怪的，因为他们已经拥有毛利高等教育的传统，这一传统可以追溯到1000年以前。

大学组织和它在新西兰教育史上所起的作用在西方世界得到重现。大学的中心主题是关于诸如合理性和客观性等某些价值的判定和关于各种标准和国际化。毛利高等教育和其他大学的关系问题往往成为矛盾之一，但它们也会分享彼此达成一致的各种途径。鉴于这种考虑，我决定寻找两所大学之间的一致性。我已运用了许多关联理论结构，例如中介结构、中间地带、跨文化中介等，并以此作为使新西兰内部的学术本土化的途径。我是指，既能够转化毛利高等教育和现代大学，同时又不减弱彼此的实力，旨在加强双方的实力以满足学生和它们所在社区的期望值、知识的进步与传播以及他们起源文化的延续。

有人可能会问，为什么不允许他们以各自的方式谋求自身的发展呢？原因很简单，毛利大学还不具备最起码的资源，不会像其他大学那样发展和繁荣起来。毛利社会和白人社会的关系的比较，也是同样的道理。毛利人没有机会获得充足的资源设立能支持他们上层建筑的基础设施。这些结构在毛利社区这样的毛利人社会中是存在的，那里总会或到处都会遇到日益增加的不同程度的玩忽职守和心理压力，这些都来自于对传统保持的无能为力，而那些把这里当做 turangawaewae 人聚会所或应该叫做家的地方的人却十分的渴望这些传统。

这并不是说大学不会由于新的政治决策而承受缩小规模的威胁，但是他们资源丰厚同时享有作为备受尊敬的教育机构的公共地位。无论如何，这种比较都是非常重要的：双方都来源于深深地扎根于它们各自文化土壤的价值系统；它们都非常需要那些愿意参与它们的课程的人；那些把学习者引入“神圣”知识的泥潭的人必须首先保证是这些专业毕业；所提供的课程被视为文化永存的中心；同时将举行仪式来记录下“学生”在他们大学生涯的认同中的重要阶段。

现代毛利大学和毛利社区组织

怀唐伊特别法庭报告指出：依据 1989 年教育法令第 162 条规定，毛利大学已经被给予法定的认可。由此毛利大学已经被视为大学、理工大学和教育学院一样的大学。第 162 条第 4 款规定：毛利大学的特点是其教学和研究要保持、提高和传播知识，发展知识的独立性，并促进毛利的传统知识的运用。

根据报告的另一条款规定，毛利大学的本质特色在于：

（1）是以独立组织的形式由部落设立的，其目的是为了迎合整个毛利部落的发展需要。

（2）鼓励部落的所有部门、人员参加，不论是当学生的年轻成员还是当老师的年长成员。

（3）所举行的各种活动以毛利文化的保持、发展和传承为中心。

（4）其运行是遵照毛利已建成的部落的风俗习惯而进行的，在其环境和运营中的语言是可以辨认的毛利语。

（5）学校拥有大部分学生是“二次机会”学习者，他们进入毛利大学之前的教育经历不是很令人满意。

(6) 把发展学生的精神实力和精神深厚程度作为学校规划中重要组成部分。

(7) 大学是由毛利人民来领导和控制的。

作为一个典型例子，由 Raukawa 毛利社区的董事们设立的 Te Wananga – o – Raukawa 学校成立于 1975 年，它代表了 Te Ati Awa，Ngati Raukawa 和 Ngati Toarangatira 的部落及其附属部落的利益。在为部落发展的旗帜下，毛利大学遵循四个原则：

▶我们的人民是我们的财富。

▶语言是一种财富。

▶毛利社区是我们主要的家。

▶我们必须为民族自决而奋斗不息。

以上所有的设想都是设立在已有哲学的基础之上的：教学和科研是为了知识的发展、传播和保持。

传统毛利高等教育的现代化包括政府部门批准的诸如 Raukawa，Awanuiarangi 和 Aotearoa 等高等教育机构。在 Hopuhopu 的 The Tainui Endowed College 却是另一种毛利大学的现代模式。

认识现代毛利大学的重要之处在于他们从体制上反映现代毛利社区的途径，这个现代毛利社区是 1000 多年以前从哈瓦基——毛利人的太平洋故居移植到新西兰的古老组织机构中。毛利社区是在欧洲殖民主义和西方帝国主义近 200 年的侵袭中顽强地存在下来，它堪称为经历了它的现代文艺复兴。从体制上，毛利社区在毛利社会持续发挥着举足轻重的作用，但毛利社区的维持和整合需要承受很多压力。现代毛利社区的维护者为了找工作总是生活在其他地方，并常常不得不经过长途跋涉去参加社区集会。说毛利语的人的数量衰减致使“应对”毛利社区的礼仪和仪式变得越来越困难。毛利社区的相对贫困意味着那些忠于毛利社区的人们应对如何保持毛利社区的物质结构进行深入的思索。

从一些部落的老人的话语中得知，毛利社区的作用和对于毛利人的重要性在以下他们呈递给毛利事务部的文件中得到了很好的阐释。他们向人们概要阐明了保存和维护毛利社区的重要性和正当理由：

Ko tatou marae he wahi piringa mo te iwi, he wahi totika hei tiaki i o tatou ahuatanga Maori i runga ano i o tatou kawa, i o tatou ture, i o tatou mana motuhake. Kia pumau ki i o tatou marae kia taea ai –

Te tu pakiri ki te whaikorero
Te tangi ki o tatou mate
Te inoi ki a Ihowa
Te manaaki manuhiri
Te whakahaere huihuinga
Te whakatutuki marena
Te whakatutakitanga whanaunga
Te ako i nga mahi a nga tipuna
a, kia mohio ai i te ataahua o te ao marama
mo tatou taonga tuku iho.

（上述为毛利人翻译，以下为英文翻译）。

毛利社区是我们的庇护所，它提供给我们设施来继续我们的生活方式，在这里我们的语言和价值观得到了完整的呈现。基于以下理由我们需要毛利社区：

（在毛利社区里）
我们可以发扬毛利语言，
我们可以在此悼念亡者，
我们可以在此祈祷上帝，
我们可以在此宴请宾朋，
我们可以在此集会，

我们可以在此举行婚礼，

我们可在此聚会，

我们可以在此唱歌，我们也可以跳舞，我们可以学习我们的历史以了解生活的丰富性，毛利社区是我们真正值得自豪的遗产。

高校和毛利大学

根据 O'Sullivan 的观点，大学意味着一种机构，在这里一个人可以体验自己在宇宙中的位置。对于毛利人而言，毛利大学可以教会他们怎么学习自己的宇宙观，怎么适应宇宙，在这个宇宙中生活。在近代大学里，对于“宇宙学”这一术语的理解看起来是那么的模糊和神秘。在毛利大学里面，对于宇宙学的理解相对比较完整，然而它却受到现代资本主义社会实用性的攻击。

大学是一种典型的世界性机构，然而毛利大学，从其定义来看，既具有民族性又具有普世性。有时这两种作用可能会彼此冲突。2005 年的唐怀伊特别法庭报告中关于新西兰机构的宣言是这样说明的：

至少在一定程度上，毛利大学具有王权管理和部落自觉的功能。因此，一方面毛利大学必须执行政府的决策，另一方面也必须提倡和维护毛利学生利益和愿望，这些学生想通过毛利人特有的方式来学习。换句话说，虽然毛利大学是高等教育机构，但是如果它们要真正履行自己的全部义务的话，它们必须超越高等教育机构。它们是一种独特的机构。

大学的世界性功能，当运用于实际的时候，存在着争议。后现代哲学家 Appiah 曾经论述过普适性的两种完全不同的观点，他将其描述为对别人的义务和观念的不同。

我们应该对别人履行义务，这种义务的范围超出了亲戚的范围，甚至包含更为正式的共同的公民关系。另外，我们严肃认真地对待全人类的生命，不仅仅是个人的价值，这就意味着我们必须关注实践，同时相信会增加它们的重要性。各个民族是不同的，这是普适性的应有之意，我们可以从这种不同当中所学甚多。无论我们对别人的义务是什么，别人都有权利过自己的生活。因此这种普适性和对合理差异的尊重有时会相互冲突。

从国际文化和跨文化的角度来说，对责任和差异的认同则呈现出更大的意义。Appiah 的论点在上下文中再一次得到了充分的肯定。每当涉及不同的语言时，“如果讨论的一方提出一种很容易令另一方反对的概念，这种情况就是分歧的最底水平了”。这种分歧问题的提出不是为了得到赞同，而只是为了理解。这种区别是非常关键的。人们常常想当然地认为有了彼此的理解，就一定会得到赞许，然而这种情况不适用于新西兰正在试图通过大学来追求高等教育的毛利人。毛利人一直不断地提醒新西兰各大学他们也是新西兰人。他们可能是欧洲移民过来的，但现在他们超越了这些，他们属于这里，因此，他们必须把这个事实反映到他们的行动中。校园中的毛利社区机构是一种文化象征，它代表了土著的毛利人和太平洋地区的人民和区域的特色，同时，大学图书馆和科学实验室也同样是欧洲和西方文明的文化象征。

大学对史前与其毫不相干的毛利人的管理方式，更注重于把毛利人和非毛利人的生活方式差异相联系起来。Appiah 说：“世界性意味着所有文化的词汇的价值在论坛伊始就具有相当的重叠性。”我相信在新西兰也会发生这样的情况，这次论坛将会呈现外滩及特别法庭的重要工作是修正古往今来新西兰主流社会的不公平。

校园中的毛利社区是传统毛利社区的现代阐释。为了区别这两种形式的毛利社区我采用了“机构毛利社区”这一专业术语。这种社区设立在某种机构之内（本个案之中是在大学之内），是主流教育设施的一部分。在过去的 20 年中，机构毛利社区在新西兰的中学和高等教育机构中出现了。很难在新西兰中学中查明第一个机构毛利社区出现的确切时间，但是根据 Clareburt 的观点绿湾学院的 Te Roopu o Kakariki 机构毛利社区是奥克兰地区第一个设立的以学校为基础的机构毛利社区。该社区在 1978 年开放。那时这种机构成立的目的是为教师提供一种资源设施，或者为校园社区的联络提供一个特别的地方。高校中第一个成立的机构毛利社区是北帕麽斯顿师范学院的 Te Kupenga o Te Matauranga，它于 1980 年开放。现今，在很多州立中学和大多数高校中都设立了这种机构。

我认为机构毛利社区起着中介机构的作用，它为在陌生环境甚至敌对环境中寻找庇护的毛利学生提供了一个“小客栈”。他也为那些想学习毛利世界的非毛利学生提供了一个“小客栈”。由于处在这种不同的环境中，在某种意义上，可以说它是被“错误放置”在一个陌生的地方。这样一来，关于机构毛利社区作为中介机构在区别毛利学生和教职工身份中的作用问题和机构毛利社区通过诸如建立联盟、文化占有、知识产权等方式来影响整个系统的问题也就出现了。

在最近的一个调查中，Penetito 问道：为什么新西兰高校中要设立毛利机构社区？以下是一些原因：

▶让学生在没有此种机构的校园里学习好比学习艺术的学生没有录音室。

▶为那些与毛利有关的专业提供一种适当的环境。

▶新西兰二元文化社会的生动展示。

▶机构内二元文化活动的生动展示。

▶为所有毛利学生提供学习、理解他们独特身份、语言和文化特性的机会。

▶为所有非毛利学生和教职工提供学习、了解土著历史和愿望的机会。

▶提供给职工一个学习的“庭院”。

▶在部分意义上，还可以实现《唐怀伊及条约》中规定的义务。

▶不是进行死亡仪式、生日庆祝等活动的普通社区，地方的毛利社区具有这种作用，机构毛利社区提供学习环境——一种毛利大学。

▶提升协作的概念。

▶在机构中所有的系别和专业进行宣传和发扬毛利哲学。

▶提供发扬二元文化的环境，让所有人了解文化的丰富性。

▶为毛利文化的学习提供一个传统课堂之外可供选择的环境。

▶为所有人提供固定的场所来发扬和丰富校园生活的氛围。

▶确保理工学院的宗旨、机构和课程中包含有毛利文化和语言，以此来提供学生和实现文化自尊。

▶加强跨文化交流。

▶拯救和维护毛利文化。

▶为毛利和太平洋联络教师、毛利教师和教育资源提供一个基地。

▶培养学生学习和成功的潜在能力。

▶拥有一个传授和保护毛利语言文化的恰当环境。

▶在这些机构可以进行开场白和正式演说，而不会因为有人穿过而影响这一活动的神圣性。

▶不会受到外来的影响而进行一些仪式。

▶提供一个神圣的地方来讨论宗教和一些共性问题。

▶人们到这里放松休息同时感到平和、安宁。

▶提供一个学院和社区 都可利用的场所。

▶提供某些仪式活动的场所或平台，并且为参加人员提供一种有利的环境。

▶为机构内所有的毛利人提供一个精神的空间，为所有非毛利人提供一个学习的场所。

▶使毛利人更容易了解大学。

▶为教职工提供特殊的教学空间。

▶为社区的周末论坛提供场所。

▶为致力于毛利研究的人提供环境。

▶为学校在自己的校园里举行会议提供适当的设施。

▶为学生积极参加毛利机构或组织，并且胜任其职务提供准备。

▶让大学在新西兰多元文化环境中发挥作用，并且帮助同学们了解这种文化环境。

▶提供某种关注的焦点来联合大学内的不同元素以形成一个更有效的协作机构。

▶经与部落磋商，结果已经决定在新的复合体中不包括具有传统特色的毛利社区的存在。

▶毛利社区除了作为一个毛利研究和毛利语言学习的焦点，它将不顾及文化关系，提供代表全体大学社区成员和全体师生的权利。

▶可以更广泛地、更好地利用毛利社区来使所有的学生能学会感受同胞关系的精神实质和毛利本土知识的真正意义。

▶从所掌握的那些密切相关的资料中可以看出设立机构毛利社区的第一个主要原因，即环境是否能提供有助于毛利人认知方式、行为方式和生存方式的教学。这个原因主要体现在一些概念的运用上，如安全场所、休息场所和精神基础等。第二个重要原因关系到身份问题和与之相关的价值观，如立场观点、保持关系和归属感。第三个原因是出于保护的考虑，尤其是对于诸如毛利社区的首次迎接仪式、正式的迎接演说和仪式咒语等仪式的保护过程。在每一次体制性回应中，人们理所当然地认为毛利语应该能够在毛利社区中得到充分的展示。第四个原因也可以跨越机构来识别，中心围绕联盟的各种模式来展开。帕克认为一个成功的联盟就是把“不同的观点和不同的人（不管是个人还是组织的代表）合并在一起。统一体不是通过同质性而完成的而是把各种异质元素结合成一体”。毛利人完全懂得这个观点。支持联盟这一概念的动力是为唐怀伊条款所固有的，也是合作关系、二元文化和多元文化等理念所固有的性质。

机构性毛利社区设立的诸多原因是在承认和促进毛利人对新西兰社会所做出的贡献的情况下展现出来的。这些原因不仅反映了对毛利人通过参与高等教育机构来实现他们的地位、义务和合作意识的正式化的关注，而且表达了白种人对承认毛利人在这些机构中的存在的愿望。这并不意味着这些机构的设立必须得到新西兰白种人的准许。实际上，在上述例子中的任一事项，努力争取批准并付诸实施是一种耐心和执著的实践。

机构性毛利社区被看作是中介机构

在社会学术语中，毛利社区是一个整体环境。它是过去的毛利人和现行的新西兰的一种联系。到毛利社区中参观和工作就是要被移植到过去，这种与“我们的最深层根源”的接触对民族文化的持续不断的蓬勃发展来说是极其重要的。毛利社区也是现存生命生活的场所，是交往形成和发展的场所，亦是概括所有人类超越时空的联系的场所。由此看来，对于毛利人来说，机构性毛利社区从两个方面说明它是一种中介结构：它不仅让人们了解过去，而且从整体上了解这个机构。机构性毛利社区是校园中的校园，又不单纯存在于任意一个校园中。

Mahuta 认为，“毛利人和白人之间有一个基本的社会区分。这种社会分歧包括意识形态的差异（主要是起源），主要表现在毛利人口述传统而白人用文字记载历史。”这些意识形态的差异在行为上具有其自己的表现如文化适应。从一开始，白人从思维和行动上就存在这样的想法：毛利人可以改变并成为“他们”，即毛利人会被他们同化。即使这种同化不会立即发生，随着时间的推移也一定会发生，跨越文化界限的特征分散和转变也将不可避免地发生。可以实现社会化、通婚和共同居住，但价值观的转变可能永远都不会完全达到。鉴于实力和文化资本的不平衡，这种分散不可能在毛利人和白人两个方向一起进行。在不同却平行的情况下，Urion 这样描述土著第一民族和加拿大白人：“两种文化从开始就相互冲突，其中一种文化必定起统治作用，然后随着时间的推移另一种文化沦为附庸。文化适应模式的问题在于它证实了文化界限的现状和停滞。”

在新西兰，联系一经建立，一个民族的视野和目的与另外一个民族的视野和目的一经重合，这些文化界限就会显现，同时来自动机、价值观和权利的困惑就很快成为征服的产物和后果。怀唐伊条款中的合作关系词汇就是其首次表现之一。

尽管很乐意把高等教育中的机构性毛利社区用作桥接机制，直到校园中至少大多数学校、系和学院在以他们教授的课程、指定的教职工和生产的材料所组成的结构中能够实现一点点所谓的双重认识论，否则这些机构性毛利社区的建立将会无果而终。到那时，毛利人将会继续发展机构性毛利社区，并把它当做远离家园的家、庇护所、半途站和文化的集中营。校园内的毛利社区是商讨内部、外部地位的关键场所，在这里不易于受到大学的强烈影响。

高等教育和本土化

毛利人需要一个和其他一样好的教育。它需要一种教育来反映毛利人自身以及一般来说对他们进入这个世界的许可。它需要从宇宙观中和从科学实证主义中得到同样的启示。从总体上看，毛利人总是拥有他们坚定信念和胆量，总是时刻准备着，运用他们自己对世界的理解而不是依赖于白种人西方的知识和思维。近年来，白种人对他们自己的文化优越性的观念的专注，作为一种集体本体论而非个体主义本体论，已经开始让步于毛利人的文化自决意识。

在过去的20多年，高等教育机构（教师培训、技术机构、毛利大学和其他大学）中的毛利学生的数量已经有了大幅度增长。毛利博士生和本科生的增长也是令人瞩目的。其促动因素来源于三个方面：其一是知识，毛利语将会灭绝，除非及时采取措施给它注入新的活力来把它与文化混为一体；其二是实现，由于怀唐伊特别法庭在修正过去的不公平的工作结果，如果特别法庭研究员能够成功面对皇家研究员，他们将成为迫切需要；其三是教育过程的期望，需要教育来提供各种治愈由殖民统治带来的历史创伤和不公平。

加拿大跨文化心理学研究者 Kirmayer 主张："关于任何愈合机制或实践的关键问题是它能起作用吗？效能观念取决于对实现积极改变、发展和健康等变化的基本构成要素的道德观和审美观。"他对本论坛的跨文化瞭望的主题的深刻见解与毛利人对文化间关系的慎重讨论的理解产生共鸣，这些关系常常被解释为人们熟悉的二元论即自我中心论或个人主义文化观，与之相对的是社会中心论或地方自治主义、集体主义文化观。毛利文化被明确地描述为具有集体主义性和关系取向性，但文化的个体自治和个体的独立意识，对于毛利人身份来说，同关系的集体主义倾向一样重要。Kirmayer 的观点认为："许多土著人民具有一种观念，这种观念最好被称为'生态中心论'，即对于个人来说，其他人、土地和动物都与其自身进行能量、信息等的交换。这种观念明显适用于毛利人的环境。"他还补充说："对土地的破坏、占有和空间限制，而后都会对个人构成直接的报复。"

在新西兰学术本土化过程中对关系的讨论问题上，在毛利社区、大学图书馆和实验室所占据的空间构成了一个“中间地带”，它是由历史学家理查德·怀特在理想主义术语中提出的。“中间地带是空间之间的地方：文化与民族之间，帝国与非政府组织的村落之间……在中间地带，不同的民族不断调整他们的差异，如此一来逐渐发展成为一个有创造性的和便利、误解不断的过程……他们总是误解和扭曲彼此双方处理事情的价值观和实践，但从这些误解中又会产生新的含义，透过这些误解又会出现新的实践——中间地带的共同含义和共同实践。”

在新西兰大学和毛利传统高等教育之间的中间地带在含义的搜索上依旧保持着距离。本文主张当空间在意义上的空间距离影响场所的尊严时，这些空间体现在意义上。同时当归属感产生时，对人们来说空间将变成场所。也许受“自己动手”这一生活实践观的影响，新西兰人喜欢考虑自己，之所以有这种观念致使学术本土化可能会以一个对全体新西兰公民都能欣然接受的方式来实现。如今，这一过程的发生将会是缓慢而又肯定的。

参考文献：

Appiah, K. A. (2006). Cosmopolitanism - Ethics in a world of strangers. NY/London: W. W. Norton & Company.

Berger, Peter L. (1979). In praise of particularity: the concept of mediating structures. In Facing up to modernity - Excursions in society, politics and religion. Penguin Books (pp. 167 ~180).

Clareburt, Joy. (1992). He Marae mo te Kura: the Changing Role of a School - Based Marae. An Unpublished MEd Thesis, University of Auckland.

Handler, Richard. (1985). On having a culture - Nationalism and the preservation of Quebec's Patrimoine. In George W. Stocking Jr.

(Ed.). Objects and others – Essays on museums and material culture. History of Anthropology, Vol. 3, University of Wisconsin Press.

Hayward, Janine and Wheen, Nicola R. (Eds.) (2004). The Waitangi Tribunal – Te Roopu Whakamana i Te Tiriti o Waitangi. Wellington: Bridget Williams Books.

Kirmayer, Laurence J., Brass, Gregory M., & Tait, Caroline L. (2000). The mental health of Aboriginal peoples: Transformations of identity and community. Canadian Journal of Psychiatry, 45 (7): 607 – 707.

Kirmayer, Laurence J. (2004). The cultural diversity of healing: meaning, metaphor and mechanism. British Medical Bulletin 69: 33 – 48.

Lear, Jonathon. (2006). Radical hope – Ethics in the face of cultural devastation. Cambridge: Harvard University Press.

Merriam, Sharan B. & Johnson – Bailey, Juanita; Lee, Ming – Yeh; Kee, Youngwha; Ntseane, Gabo & Muhamad, Mazanah. (2001). Power and positionality: negotiating insider/outsider status within and across cultures. International Journal of Lifelong Education, 20 (5): 405 – 416.

Mahuta, R. T. (1979). The Ideology of Myth. Paper delivered to Anthropology Section, 49th ANZAAS Congress, Jan. University of Waikato.

Nakata, Martin. (2007). The cultural interface. The Australian Journal of Indigenous Education, 36 Supplement, pp. 7 – 14.

O' Sullivan, Edmund. (1999). Transformative learning: Educational vision for the 21st century. London: Zed Books.

Parker, Sharon. (1991). Understanding coalition. Stanford Law Review, 43 (6): 1193 – 1196, July.

Penetito, W. T. (2005). A Sociology of Māori Education – Beyond Mediating Structures. A thesis for the Doctor of Philosophy in Education, Victoria University of Wellington.

Rata, Matiu. (1975). In Marae (p. 18).

Te Wananga – o – Raukawa. (2007). Kei a koe te kaha! 2008 – You have what it takes!

Urion, Carl. (1991). Changing academic discourse about Native Education – Using two pairs of eyes. Canadian Journal of Native Education, 18 (1): 1 – 9.

Waitangi Tribunal Report. (1999). The Wananga Capital Establishment Report (WAI 718), Wellington: GP Publications.

Waitangi Tribunal Report. (2005). The Report on the Aotearoa Institute Claim Concerning Te Wananga o Aotearoa. (WAI 1298). Wellington: Legislation Direct.

White, Richard. (1999/1991). The middle ground – Indians, empires, and republics in the Great Lakes region, 1650—1815. Cambridge University Press.

Winiata, Pakake & Winiata, Whatarangi. (1994). Whare wananga developments in 1993—1994. New Zealand Annual Review of Education, Hugo Manson. (Ed.), vol. 4: 137 – 159.

（译者：许衍琛，男，北华航空工业学院教师）

29. 加拿大城市原住民教育所面临的问题

Wesley Heber
（加拿大第一民族大学）

导　言

本文所涉及的原住民一般是指《1985 年加拿大法案》所定义的原住民，即加拿大的印第安人、因纽特人和梅蒂人。其中印第安人包括注册和非注册人口。所谓注册人口就是在官方印第安人注册机构有备案的人口。加拿大原住民人口大约有 130 万人，占总人口的 4．4%。，当然注册印第安人占了大多数，大约有 976，305 人（Government of Canada，2001），约占全国总人口的 3．3%。

在 20 世纪期间，加拿大的原住民人口增加了 10 倍，而全国总人口增加了 6 倍。原住民人口的快速增长出现在 1951 - 2001 年期间，这期间原住民人口增长了 7 倍，而全国总人口才增加了 1 倍（Government of Canada，2001）。20 世纪下半期原住民人口的增长，主要是卫生保健条件的改善，婴儿死亡率降低，人口自然增长，人口普查中的漏报以及承认原住民身份者的增长等原因所致。类似地，在依照《联邦立法法案 C31》，即《印第安法的修订案》申请注册的人口中，注册印第安人口最近也有了快速的增长。现在有三分之一的原住民是在 15 岁以下，而非原住民人口中只有 19% 在 15 岁以下，这意味着原住民人口还将继续快速地增长。

历史关系以及印第安人的教育

加拿大的印第安人被承认为独立民族已有很长的历史，而且这在条约执行过程中得到了强化。英国王室和印第安部族的第一个历史条约，即第一个《和平和友谊条约》签订于1713年。最后一个正式协约签订于1921年。在条约中，印第安人拥有某些权利和特权，这包括对保留地、卫生保健以及教育等方面的权利。在19世纪，西部的印第安人在他们的条约中要求由“女王陛下英联邦加拿大自治政府”以分配给每一部族的方式，向每个保留地上的学校和教师提供教育经费（Government of Canada，1992）。根据这一条约以及联邦有关印第安人的立法，加拿大政府承担了有关原住民的一些责任，其中包括教育的责任。然而虽然联邦政府认可了对于印第安人中小学教育的责任是一种条约权利，但政府并不认可中学后教育的条约权利，因而只是以随意的形式对其进行很有限的资助。

针对印第安人的《印第安人教育法》是强化印第安人同化的一个方面。为了达到这一目的，政府出台了一项“隔离、教育和同化”三步走政策。印第安人首先被隔离在保留地上，而后接受住宿学校的教育，通过这种教育同化他们，使其融入主流社会。政府相信以这种方式，可以最终摆脱对印第安人的责任，从而彻底地解决这众所周知的印第安人问题。而这一政策可以说导致了“错误的同化”，因为它不能克服人们对原住民的社会偏见以及一个不欢迎社会对原住民的拒绝和排斥。

政府关于印第安人教育的政策

在《印第安人法案》的形成期间，即1867－1950年间，对原住民同化的过程因有关选举权的各种政策而得以深化。比如，有一政策规定：任何一个具有大学学历的注册印第安人都可以被赋予选举权，这样他们的注册印第安人身份就被取消（Government of Canada，1886）。这些旨在同化的政策一般都以失败告终。当然，这些政策为培养一批具有大学学历的印第安人提供了条件，这批精英后来成为印第安人中学后教育发展的学术核心力量。另外一个通过教育达到同化目的的政策更具有侵犯性，那就是20世纪早期住宿学校的建立。住宿学校由联邦政府主办，教会具体管理，主要为离开家庭居住社区的印第安儿童提供小学教育。这项政策的基本信条就是父辈已经是"垮掉"了，孩子们还是可以"挽救"的，因此必须让他们远离家庭和社区的文化影响，这样才能比较容易地教育他们，同化他们，从而融入更广泛的社会。然而孩子们不可避免地要受到家庭和社区的文化影响，因为在生命最初的几年里，他们是家庭的一部分，而他们的假期也要在家里度过，到了16岁，父母就要把他们从学校领回家。所以尽管住宿学校可以施加外文化的影响，但学生们还会继续习得他们自己的传统文化。

到了20世纪50年代中期，住宿学校在印第安教育中陷入了不受欢迎的境地，取而代之的是印第安保留地的走读学校。但是印第安儿童要接受更高一级的教育，还是要离开他们的保留地社区的。住宿学校让学生离开家庭环境和文化，而走读学校则让人们离开土地和传统的生活方式。因为印第安人孩子在本社区的学校上学时，他们就再也不能以家庭为单位出去狩猎了。从这种情况看，印第安人的走读学校对其文化和经济独立所造成的损害比住宿学校还要大。从住宿学校到走读学校教育政策的变化是令人费解的，但却缺少调查，而人们对错误的教育政策及其危害的关注却集中在住宿学校上。

城市教育

《印第安人法案》等政府政策执行后的结果就是人口的迁

移，许多人离开了保留地来到城市谋生。目前加拿大有近一半的原住民定居在城市地区（Government of Canada, 2001），许多人正在通过教育来寻找新的机会。旨在同化印第安人的政策以及不断变化的环境给社会和文化的变革带来了压力。印第安人对与文化相关教育的需求正在不断地增长，这种文化相关教育强调的是对文化意识、文化认同以及文化传统的传播。1976 年，第一所由印第安人控制和管理的原住民大学萨斯喀切温印第安人联合大学（Saskatchewan Indian Federated College），即现在的加拿大第一民族族大学（the First Nations University of Canada）在里贾纳（Regina）建立。这是那个年代唯一一所由印第安人控制和管理的大学，它是在萨斯喀切温印第安人部落联［F1］盟（the Federation of Saskatchewan Indian nations）的管辖范围内，并与里贾纳大学（University of Regina）签有联合协议（Heber, 2004：8）。大学的任务是"……提高生活质量，保留、保护和理解历史、原因、文化以及艺术遗产"（SIFC, 2000 - 2001）。自那时起，全国 14 所大学设立了土著研究专业。然而大多数大学的土著研究专业都是由非原住民主持的，而且教师主要也是非原住民，因而他们无法开设突出文化的课程，也不能将原住民的知识和方法整合到专业中。土著知识，也就是土著的认识论（Ermine, 1995）认为："原住民的精神信仰是维系人类和世界关系的各种实践的基础（Heber, 2005）。

现在加拿大原住民教育所取得的成就大多落后于非原住民教育。完成高中教育的人在 15 岁以上的原住民人口中占 9. 87%，而在非原住民中则占 14. 48%，而在中学后教育中数字就更令人震惊。原住民中拥有本科学历的仅占 2. 27%，而非原住民中则有 10. 89%。只有在职业培训中，原住民比非原住民的比例略高些。原住民有 12. 12% 的人拥有贸易培训的证书，而非原住民有 11. 17%。接受中学后教育和职业培训的绝大多数原住民学生都离开了保留地，居住在城市，这样，他们才能学到高深的专业，谋到高级的职位。

对于原住民中学后教育的需求目前正在成指数级增长，但机会却由于原住民所处的社会经济条件而非常有限。其中最大的挑战和负担就是经济资助方面的，而且政策的局限性和获取资助的各种限制也使问题变得更加严重。许多非注册原住民学生是依靠学生贷款和打工收入来完成教育的。对于注册印第安人来说，他们的中学后教育属于一项条约权利，其经费由单个印第安人部落的财政预算管理。但这些经费时常很有限，而任何一个印第安人部落的教育经费需求都高于可供分配的经费。希望读研究生的学生申请经济资助的机会就更小了。

在发展印第安人中学后教育中存在有许多障碍。中学后教育权下放到第一民族的部落使得部落的教育行政官员在根据“居住地、教育水平、年龄和学习院校”分配经费资助时受到社会政策以及经费有限等因素的制约（Lanceley，2004）。另一个需要进一步关注的趋势是联邦政府欲将其条约责任委托给省级政府。许多印第安学生害怕中学后教育的经济资助落入省政府的管理和控制之下，因而转向其他领域，如社会帮助等来获取资助。由于联邦政府仍然在不断拿注册印第安人的协约权利开刀，所以向省级政府转移责任的趋势一直是个重大问题，也是人们关注的焦点。

原住民学生遇到的其他挑战来自于其所处的社会地位，经济和法律方面的障碍往往会使他们的状况更加恶化。大多数原住民经济上都处于劣势，许多人希望通过教育增加机会，改变贫困的状况。在印第安人保留地以及中心城市，原住民失业以及未充分就业成为长期难以解决的问题。许多离开保留地的原住民由于经常变换住所而流动性很大，这包括有些人又重新回到保留地社区。在2001年人口普查前的一年中，22%的原住民变换了居住地，而非原住民人口中只有12%变换了居住地（Government of

Canada, 2001)。

许多到中心城市接受教育的学生都希望学成后回到他们的保留地社区，为社区的福利以及社区发展做出贡献。这样，学生们就要选择那些能适合经济、社会发展需要的专业。

在原住民中学后教育中还存在着年龄、性别以及家庭的问题。原住民中学后教育中的学生绝大多数是成年人和女性。许多在保留地以外的学生是单身父母，这就需要考虑孩子的照料以及资助问题。最近的政府普查表明：在保留地居住的原住民儿童中有65%是和双亲一起生活的，而在都市地区只有50%（Government of Canada, 2001）。

而居高不下的失业率以及有些省份中原住民男性占到监狱人口的75%等问题则使得目前的现实更加雪上加霜。这些经济和社会的问题给原住民学生带来了更大的压力并且时常会影响他们顺利完成学业。

条件良好，价格便宜的住房也是城市学生迁移到城市中心区域后遇到的一个问题，在加拿大的许多中心城市，这些中心区域一般都成为弱势人群的贫民窟聚集的地方。原住民学生向城市的迁移需要通过住房来促进社区的发展。有个别印第安部族正在考察购买公寓楼，以供上大学的本部族成员居住。另一项支持举措就是在大学校园建立全日制的儿童看护机构，为有孩子的学生提供便宜的服务。

许多在中心城市生活的原住民学生要生存和成功必须依赖传统的社会结构。学生们时常要回到自己的家乡社区探亲并带一些传统的食物以贴补其微薄的学生津贴。许多学生在上大学期间还要靠亲戚朋友来给他们照顾孩子。2001年的调查中显示：大的中心城市中几乎有5%的原住民儿童与亲戚或者其他人一起生活，而不是与其父母；而在非原住民儿童中，这一数据只有0.6%（Government of Canada, 2001）。学生们的子女时常是留在保留地，长期与祖父母一起生活。这使孩子们有机会接受传统的影响，接触到在城市中所无法接触到的传统文化和语言。同时，学生们也从其津贴中拿出部分经费资助祖父母。这样老一辈的文化传统就会对青年一代产生影响，分担家庭责任、养家特别是赡养老人的传统美德也得以延续下来。

总 结

原住民教育所面临的问题是多样的、复杂的。原住民学生重新定居在中心城市接受大学教育会遇到许多问题。在早期，年轻人离开其保留地社区去接受高等教育是十分困难的，他们在家乡受到排斥，在城市受到歧视。现在，中学后教育不再被认为是外部的通往同化之路，而被认为是增加个人机遇，加强文化意识和增进社区福利的优势所在。然而，对一些原住民来说，定居在城市仍然是不现实的。而目前，远程教育以及网络课程的广泛运用，让学生们在家乡的社区就可以完成学业了。

为原住民提供中学后教育仍然存在着重要的挑战。必须攻克的基本障碍就是：联邦政府不愿将中学后教育视为一种协约权利，也不愿意将资助原住民追求更好的生活视为己任。在这片祖先留下的家园中，原住民将继续与贫困和歧视做斗争，而原住民中学后教育的未来，连同保存和保护原住民文化及其生活方式所面临的种种挑战都是难以确定的。

注释：

Ermine, Willie. (1995). Aboriginal Epistemology. In Pp. 101 –111. First Nations Education in Canada: The Circle Unfolds. Marie Battiste and Jean Barman, Eds. Vancouver: University of British Columbia Press.

Government of Canada. (1886) The Indian Act. Queen's Printers, Ottawa.

Government of Canada. (1992) Indian Treaties and Surrenders, Volume 2. Saskatoon: Fifth House Publishers. (original, 1891 Queen's Printers, Ottawa.

Government of Canada. (2001) Census Canada, Ottawa.

Heber, Robert Wesley. (2004) Comparisons in Aboriginal Education: Taiwan and Canada. In Pp. 1–15. Issues in Aboriginal/Minority Education: Canada, China, Taiwan. Robert Wesley Heber, Ed. Indigenous Studies Research Centre, First Nations University of Canada, Regina.

Heber, Robert Wesley. (2005). Indigenous Knowledge, Resource Use, and the Dene of Northern Saskatchewan. Canadian Journal of Development Studies, 26 (2): 247–256.

Lanceley, Darlene. (2004) Devolution of Post-Secondary Education Support Programs to First Nations of Saskatchewan. In Pp. 88–108. Issues in Aboriginal/Minority Education: Canada, China, Taiwan. Robert Wesley Heber, Ed. Indigenous Studies Research Centre, First Nations University of Canada, Regina, SK.

SIFC (2000–2001) Academic Calendar. The Saskatchewan Indian Federated College, Regina, SK.

（译者：熊耕，女，南开大学高等教育研究所讲师）

30. 印度教育“保留政策”问题探析

施晓光
（北京大学）

保留政策（Reservation Policy）是印度政府推行的一项保护“落后阶级”（少数民族）的特殊优惠政策，其目的在于改变少数种族和弱势群体在社会经济、政治和教育上所处的劣势地位。然而保留政策自酝酿到制定，从启动到实施，始终处于印度社会和公众普遍的关注和争议之中。尤其是进入20世纪80年代后，伴随高等教育人数的扩充，劳动力市场竞争日趋激烈，保留政策的合理性和公平性受到不断的质疑，并由此引发一次次的阶级冲突和地方骚动。在一段时期内，不论到那里，人们处处可见“你赞成还是反对保留政策”的询问和无休止辩论的情景。保留政策业已成为影响印度经济社会和教育发展的重要议题。那么，保留问题究竟是怎样一项政策？它是否可以被解读是印度版的“认肯行动"（Affirmative Action）？它对中国制定少数民族教育政策有何启示？本文试图通过考察印度保留政策的来龙去脉，以及制定和实施保留政策所产生的意见分歧，帮助我们理解和认识保留政策及其对印度社会和教育发展的影响，进而为我国政府制定少数民族教育，尤其是高等教育政策提供一些可资借鉴的经验和教训。

教育“保留政策”问题的历史嬗变

教育“保留政策”（Reservation Policy），也可以称之为“有关表列种姓（SCs）、表列部落（STs）和其他落后阶级（OBCs）

的特殊教育政策"[1]。该政策与"教育与劳动相结合的方针和强化道德教育"政策一起构成印度三大存有争议的教育政策之一。[2]从历史上看，印度的保留政策是一个古老而崭新的议题，其形成和发展过程大体可以分为四个时期：

第一，初步探索期（从19世纪后期到1950年）。早在英国殖民统治时期，有人就曾经提出保留政策建议，强调对少数民族和被剥夺权力的弱势群体实行优惠特殊政策。在南部和西北部低级种姓居住集中的各邦，尤其是迈索尔（Mysore）、巴罗达（Baroda）和考哈浦尔（Kolhapur）三个地区都曾试图通过实施这样的政策，提高当地落后阶级人群的素质，促进本地经济和工业的现代化。[3]例如，1918年，迈索尔土邦宣布：所有非婆罗门团体均为"落后阶级"，在大学和各邦机关中为各种姓保留席位、规定名额。这项措施实际上标志着保留制度在印度的开始。[4]然而，在英语成为官方语言现实世界中，在英国殖民地政府和行业中的重要岗位上，还有律师、医生等职业中，高等种姓和有产阶级占据绝对统治地位，SCs、STs和OBCs很少有机会进入到这些部门和领域。因此，1932年9月，印度人和达利特人（Dalits）的代表在哈拉施特拉邦（Haharashitra）的西部城市浦那签订了《浦那协定》（The Poona Pact），提出为被压迫阶级和其他弱势群体保留在中央政府议会18%的席位，人数总数为148人，其中马德拉斯（Madras）地区（现在的金奈）为30人；孟买地区（Bombay）为25人；旁遮普（Punjab）地区为8人；比哈尔（Bihar）地区 和奥里莎（Orissa）地区为18人；中央省地区（Central Provinces）为20人；阿萨姆（Assam）地区为7人；孟加拉（Bengal）地区为30人；联合省地区（United Provinces）为20人。上述名额是由当时殖民地政府总理（英国人）提出的[5]，但其交换条件是：落后阶级获得更多席位的同时，交出选举自己政党代表的权力，从而造成政治上新的剥夺，限制了落后阶级在其他领域的发展。[6]

第二，政策启动期（20 世纪 50－60 年代）。1947 年独立之后，印度政府迫切希望通过“纠正历史造成的不均衡”[7]建立一个“人人平等”的民主社会，帮助处于劣势地位的社会种族和成员早日加入印度主流社会，赶上时代发展的步伐。1950 年 1 月 26 日，印度颁布的新《宪法》规定：“废除不可接触制”（第 17 条），“维护表列种姓、表列部落在教育、经济方面的权益”（第 46 条），保留其在各级人民院中的议席和国家机构及国有企业中的就业请求权（第 221，225 条）；“在人民院中为表列种姓和表列部落保留席位”（第 330 条）；“在各邦的立法议会中为表列部落和表列种姓保留席位”（第 332 条）。“照顾表列种姓和表列部落的求职和工作”（第 335 条）。[8]在教育的政策方面，宪法还规定：“保护少数群体的文化及受教育的权利”（第 19，20 条），规定为 SCs 保留 15% 的名额，为 STs 保留 7.5% 的名额。1951 年《宪法修正案》进一步规定：“保证所有公民享有同等权利”（第 15 条），并要求各邦制订特殊的条款，促进在社会和教育上处于不利地位的落后阶级——SCs 和 STs 的发展。[9]为了实施保留政策，印度政府于 1955 年成立由克卡拉卡尔（K. Kalaker）领导的“第一个落后阶级调查委员会”。该委员会很快就提交了一份名为《卡拉卡尔报告》。该报告按照《宪法》精神提出把 SCs、STs 和 OBCs 的教育问题放在重要的地位。但在这时期，有关保留政策基本上属于纸上谈兵，没有得到真正落实。相反 1963 年和 1983 年印度最高法院两次做出了重要的判决，规定：在任何时候，保留的名额都不能超过 50%。[10]

第三，政策执行期（20 世纪 70－80 年代）。1977 年，作为反对党的人民党在人民院选举中以 2/3 的票数取胜。随后人民党又在 10 个邦议会选举中赢得胜利。选举胜利为保留政策的进一步落实提供可能性。人民党政府为此专门成立一个由曼达尔领导的“第二个落后阶级调查委员会”。很快，该委员会就提出了著名的《曼达尔报告》。[11]报告提出，为落后种姓在中央政府、国营企业和自治机构保留27%的职位，期限为20年。报告还要求，印度医学院（AIIMs）的各系科为SCs保留15%的名额，为STs保留5%的名额；印度理工学院（IITs）、印度商学院（IIMs）和其他中央大学也需要保留相同比例的名额。即使各大学的保留名额招不满，也不能转给其他阶层的人。[12]当然需要指出，这个时期保留政策执行得并不理想，因为《曼达尔报告》提出不久，人民党政府就下台，接任的英·甘地（Indira Gandhi）政府对报告基本持有消极态度，致使《曼达尔报告》在国会的冷漠之中基本上就被束之高阁。

第四，政策争论期（20世纪80年代以来）。进入20世纪80年代，保留政策遇到从来没有的挑战，由保留政策所引发的社会骚乱也屡屡发生。1989年，V·P（辛格（Vishwanath Pratap Singh）政府再次接受并正式推行《曼达尔方案》；一些邦，如北方邦（Uttar，Pradesh）、泰米尔纳德（Tamil Nadu）邦随之响应，开始为邦属医学、工程以及其他院校，包括部分私立院校规定名额分配。[13]这些政策的出台仿佛“潘朵拉的盒子”，马上引起北部各邦高等种姓学生，甚至高等法院律师协会的普遍反对和抗议，部分地区还爆发了骚乱。对此，虽然V·P（辛格政府有所准备，但骚乱规模之大、势头之猛，大大超出了其原来预想，最后政府被迫倒台。2005年12月21日，印度“统一进步联盟”赢得国会多数席位，并在“曼达尔委员会报告”（Mandal Commission Report）的基础上通过“第93次宪法修正案”，决定在中央院校和私立高等教育机构中单独为OBCs增加27%保留名额，从而使“落后阶级”（包括SCs、STs和OBCs）的名额总体比例达到49.5%。[14]该修正案一经通过，立刻引起高等种姓阶层的强烈反对。2006年，处在印度高等教育系统顶部的IITs、AIIMs、

IIMs 和其他高等院校的部分学生上街举行示威集会，抗议政府坚持实施保留政策。[15]目前，保留政策再次成为社会的焦点，各种政治力量的较量仍然在进行之中。

对教育保留政策的两种不同态度

自保留政策提出之日起，该项政策就存有争议，成为印度社会和阶级矛盾的“导火索”和“骚动温床”。尤其是上世纪 90 年代印度各地因反对实施《曼德尔方案》而爆发市民示威、冲突和骚动之后，保留政策问题立刻成为社会公众、媒体和学术界普遍关注、论辩的焦点。2006 年 8 月 15 日，印度在国庆日举行第一次全国性辩论大会，探讨保留政策的相关问题。其讨论的问题主要包括譬如除表列种姓和表列部落外扩给予“其他落后阶级”保留特殊待遇是否仍然具有合法性？保留政策如何处理教育机会均衡和高质量标准之间的矛盾？围绕这些问题的回答，形成了两种截然相反的观点和主张，积极支持者有之，抵制者更是无数。对比分析两种对立观点和主张可以进一步加深对保留政策的理解和认识。

首先，从赞同保留政策的观点来看，主要力量来自印度统一进步联盟政府、“左派”政党和少数政治精英。他们从提高整个国家国民素质，实现教育公平和机会均等的角度出发，基于贯彻《宪法》规定的“人人享有平等权利”精神的考虑，坚持认为，保留政策是印度的“认肯行动”，它通过给少数弱势民族予以特殊照顾的方式，改变其在经济社会，政治和教育上的不利处境。他们反复强调，在印度这样一个种姓制度区分严格的传统等级社会中，给 SCs、STs 和 OBCs 特殊的保留政策是非常必要和有效的，因为这样的政策可以保证落后阶级得到更多的社会平等和发展机会。在他们看来，“落后阶级”与其他高等种姓和贵族之间所形成的差距并非落后阶级自身的“过错”（no fault of their own)，而是历史文化和社会传统造成的。[16]印度银行顾问、经济学家恩·亚达夫（Narendra Yadav）在其出版的《不可接触制》（Untouchables）一书中曾经为保留政策辩护道："只有当全体印度人有平等的机会去发展其自身潜能的时候，我们希望成为经济强国的梦想才能实现。"[17] SCs、STa 和 OBCs 是印度的弱势群体和落后阶级，因此印度政府必须向他们伸出援助之手，使其具有与其他人展开竞争的能力。如果不能做到这点，印度社会本身就无法依靠自身向其全体民众展示正义和公平。[18]一般来说，政府实施保留政策主要基于三个基本的假设：（1）受惠的群体较之其他没有享受保留政策的群体处于社会的不利地位；（2）原来所规定的"不利者"只是最有效地表述为是直接获益的群体，而非具体到个人和家庭；（3）在所有可行的、基于落后群体的认肯行动政策中，保留政策是一种正确的选择。[19]2006 年，《印度时报》的专栏作家安·（拉尔（Amrith Lal）针对部分公民担心保留政策可能会引发"劣币驱良币"的问题时阐述了自己的观点。他写道："包括 SCs 名额保留在内的肯定行动政策（保留政策）对实现社会平均主义具有正面的影响……社会发展指标（Social Indicators）显示，在已经实施几十年以种姓为基础保留政策之后，南方和西印度各邦的社会和经济情况已经远远好于印度其他地方。与那些没有实施保留政策的地方相比较，社会所取得成就的主要原因在于民众具有良好的社会和政治意识，而高等教育对此做出了重要的贡献。"他还认为，保留政策不会危及"优秀价值"（merits）的保持，相反，却赋予广大民众更多实现社会和经济流动的权力。他指出："如果一个社会将'享受优质资源'（Portals of Merits）的机会限定在有特权的少数人，特别限定在从出生就被决定享有这种特权的少数人身上，那么它必然是一个退化的社会。"[20]

其次，从反对保留政策的观点来看，主要力量来自那些高种姓中产阶级，其中包括政府文官和雇员、教师、医生、律师及来自这些人员家庭的学生等。另外，反对的声音还来自那些没有享受到 SCs、STs 和 OBC 一样待遇的其他少数种族和宗教群体。[21]他们认为，保留政策并非理想而有效的方法，它使“有价值和有效率的东西都处于危险之中，必须予以废除”。[22]在他们看来，实施保留政策弊大于利，因为保留政策导致种姓矛盾日益加深，一方面，出生低微的阶级成员感到，从保留政策中获得了利益只是落后阶级中的少数人，相反，真正需要帮助的落后群体并没有获益。分配名额为落后阶级中少数人的腐败提供可能性；另一方面，出生“高贵”的高等种姓人则认为，不断给予落后阶级增加名额，对于他们来说是不公平的，因为尽管他们表现很优秀，但却需要与落后阶级展开不对等的竞争，这让他们感到保留政策的不公和威胁。他们批评“保留政策不过是政党出于选举需要而采取的取悦‘落后阶级’选民的政治策略，有损于印度民主社会的发展”，[23]不但无助于国家的稳定，而且还导致国家竞争力的丧失，是滋生腐败和低效行政的主要原因。这种质疑和批判的声音自 90 年代之后变得越来越强大。多数学者认为，在高等教育中实行保留政策正在损害有价值（merit）或者优秀（excellence）的发展。[24]甚至有学者呼吁：已经需要考虑废除保留政策，建立真正“认肯行动”制度的时候了。具体的步骤应该包括：（1）必须废除或者减少继续制定任何种类的保留政策的措施和诉求；（2）必须逐步废除或减少保留名额比例；（3）有必要加快在农村地区发展良好基础设施建设，缩小地区差别。[25]

另外，需要强调的是，对保留政策的不同态度还反映着不同地区和不同党派的不同执政理念。一般来说，代表北方邦高等种姓和富人利益集团的国大党总体上对保留政策采取比较消极的态度，甚至反对。例如国大党领袖尼赫鲁（Nehru）总理就“不赞成对表列种姓和表列部族以外的种姓实行保留”。[26]他在 1961 年

6 月给内阁部长们的信中写道："我不喜欢任何形式的保留，尤其不喜欢在政府职务中的保留。"[27] 相反，代表南方中下层利益的印度人民党（联盟）就积极主张实施保留政策。例如在其两次暂短的执政期间，始终积极主张和实施《曼德尔方案》，为落后阶级扩大保留名额等。

教育保留政策遇阻的归因分析

保留政策实施 60 年的实践证明，这项政策对改变印度"落后阶级"社会经济和教育状况做出了巨大的贡献，尤其是通过保留政策的实施，南部落后阶级人口集中的各邦，人口素质整体水平有了很大的提高，促进了当地经济社会的发展。然而，这样一个"好"的政策，为何不断受到人们的抨击，并一次次引起社会动荡？其原因是非常复杂的，这里有必要作一个简单的分析，以便帮助我们从另外一个侧面理解保留政策。

第一，深刻的社会文化和历史根源。印度的种姓制度传统已经有千年的历史，许多印度人头脑中高等和低等种姓区分泾渭分明，保守等级观念根深蒂固。在高等种姓阶级中，许多人都认为，SCs，即贱民，是不可接触者；STs，即土著人，同属于落后阶级，处在社会的底层。"贫穷"、"缺少教养"、"教育水平低"几乎是他们的代名词。从理论上讲，高等种姓人同意给予这些落后阶级以特殊的关怀和照顾。但在实践中，一旦他们敏感地感到自己的权力以及自己后代的优势逐渐被落后种姓所取代时，他们就自然会感到不平，开始阻挠保留政策的实施。尤其是当《曼德尔方案》提出除了 SCs、STs 之外，为 OBCs 增加在最好的医学、理工和商学院校，以及其他私立院校的名额，使之比例达到 27% 时，他们再也不能容忍这种情况的蔓延，纷纷站出来直接反对保留政策。

第二，保留政策自身的制度性缺陷。保留政策制度设计目的是追求教育公平，确保落后阶级在经济和教育上得到与其他种姓阶级同样受教育的权利和机会，但问题是，其制度设计的前提主要基于种姓群体（Caste - based），而非个体的优良表现（individual merits）。目前有16个邦和2个中央直辖区都采取了这样的做法。[27]这就让人感觉，保留政策本身存在不公，具有明显的“反向歧视”（reversed discrimination）的倾向。事实上，在今天的印度，落后种姓从人数上已经不再属于“少数民族”，人数基本达到70%，[28]如果继续按照“少数民族”政策一律对待，这对于那些非少数民族人来说，显然是不公平的。另外在贫穷人口中，高等种姓人口比例也占很高比例（30%）。这些人的教育和经济水平并不比落后阶级高，据国家统计，有25%以上的高等种姓人口是文盲，65%的家庭收入每月在525卢比以下。如果按照种姓实施保留政策，并不能真正解决人口素质低下问题。[29]正因为如此，保留政策的反对者抓住这缺陷，对其展开了猛烈的抨击。

第三，保留政策问题越来越政治化，成为政党选举和统治的一种工具。从70年代起，在选举中，无论哪个政党都开始把实行保留政策作为一种吸引落后阶级选民的工具。选举后的执政党为巩固自己的统治，兑现自己的承诺，它们必须继续坚持利用保留政策。因此，保留政策越来越偏离了最初的宗旨，成为各政党，首先是邦执政党争取落后种姓的策略。正如R. 达卡（Rina Dhaka）在《印度教徒时报》上撰文指出：“我们都知道这个决定是一种政治暗箱操作，目的在于取悦落后种姓和赢得选票，政治不会产生创造性，这是一个羞耻的决定，它只会降低民族素质。”[30]另外，由于20世纪80年代之后保留政策被频繁使用，从而使种姓之间矛盾日益加深，种姓冲突不断发生，对印度社会稳定构成极大威胁。

结 论

对少数民族和弱势群体实行特殊的优惠政策是世界各国普遍采用的做法。印度也不例外。落后阶级在印度处于社会底层，属于被剥削和被压迫的群体。因此，保留政策符合世界教育政策发展的趋势，有利于提高印度人口的整体素质。在过去的仅60年里，印度为落后阶级接受良好教育提供了法律和制度上的保障，并取得了初步的效果。然而，由于印度是一个种姓等级制度严格的社会，固有的传统观念根深蒂固，社会保守势力，尤其是高等种姓阶层实力仍然非常强大。他们不愿真正看到落后阶级与之平起平坐，甚至取代他们既得利益。加之，保留政策本身存在某种制度设计上的缺陷，从而导致保留政策的社会公平性受到越来越多的质疑。因此，围绕保留政策实施所展开的斗争不会在短时间内结束，其结果如何还将拭目以待。

参考文献：

[1][3][6][21][22] Kruti Dholakia. Reservation Policy for Backward Classes in India. www. utdallas. edu/~kruti.

[2] 郑信哲：《印度政府对表列种姓表列部落的特殊教育政策》，载《世界民族》，1998年第2期。

[4][7][10][邱永辉：《试论印度保留政策》，载《南亚研究季刊》，1991年第1期。

[5] Britannica online encyclopedia article on Poona Pact www. ambedkar. org/impdocs/ poonapact. htm.

[8][9] Sukhadeo Thorat, Affirmative Action India. Policy Brief 14 February 2006.

[11][12] Dinkar Sakrikar. The Mandal Commission Report. PUCL Bulletin, August 1994

[13] [20] [26] [27] 高鲲:《印度的保留政策和种姓矛盾》,载《南亚研究》1992 年第 2 期。(总第 47 期)

[14] [15] Sarbeswara Sahoo&Aparimita Pramanik Kalpataru. Political Economy of Reservation . www. gdnet. org/fulltext/Sahoo

[16] [17] [24] [28] Asha Gupta . Affirmative Action in Higher Education in India and US: A Studies in Constrasts. CSHE. Research & Occasional Paper Series June 2006

[18] Punwani, Jyoti, in conversation with Narendra Jadav. 2006. "Caste System has become Subtle and Sophisticated". The Times of India. New Delhi. April 25.

[19] [25] Rohini Somanathan (2006) The assumptions and the arithmetic of Caste - based reservations. www. epw. org. in/epw/uploads/articles/2211.

[23] Zoya Hasan. Countering social discrimination. http: //www. hindu. com /2006060202711000. htm

[29] The Rozaleenda Group, Inc. 2006 Indian anti - reservation protests edit. en. wikipedia. org /wiki/Reservation_ in_ India - 134k.

[30] Rina Dhaka. The Hindustan Times, April 10, 2006: 2

31. 中国民族学院的历史演变及其组织特性

陈·巴特尔 Peter Englert

（南开大学，美国夏威夷大学马诺阿分校）

我国是由56个民族组成的多民族国家，在长期的历史发展过程中形成了多元一体的文化发展格局。在这里，“多元”指我国56个民族各具特色的本土文化，“一体”是指由56个具有本土文化的民族组成的统一国家及其相互融合的过程。和我国多元一体的文化发展格局相适应，我国的高等教育也具有多元的属性。而民族高等教育便是我国高等教育的重要而且是独具特色的组成部分。实施民族高等教育、承担民族高等教育任务的机构，由三部分组成：一是以招收少数民族学生为主的民族学院；二是招收少数民族学生比例较大，主要为民族地区经济建设和社会发展服务的民族地区高等学校；三是内地普通高校中设立的专门招收少数民族学生的“民族班”和“民族预科班”。在上面三种形式民族高等学校当中，民族地区的高等院校、内地高校民族班除了招生对象的不同之外，在管理体制、运行机制方面与其他普通高校具有很大的共性，其产生和发展的路径基本上与其他普通高校相差无几。而民族学院无论在历史发展上，还是在制度构建上都表现出很大的变异性。“民族学院是为全体或多个少数民族办的，不管是招生环节、还是专业设置、学科建设、教学管理等方面表现的办学形式，既不同于其他普通高等学校，也不同于民族地区普通高等院校”。[1]也正是由于民族学院的这种特殊性，使得有人对民族学院的地位和作用及其继续存在的必要性提出各种疑问。本文拟从组织的观点，从高等学校组织的视角，来研究民族学院的组织特性及其演变问题。

一、高等学校的组织特性

高等教育具有培养人才、发展科学、服务社会的职能，而这些职能的实现、功能的发挥是通过高等学校这一机构来完成的。那么，高等学校是一个什么样的组织，这一组织又具有哪些特性呢？

社会上有许多形式多样、功能各异的组织结构，如何对其进行分类，是社会科学研究的重要课题。时至今日，社会结构分析模式从早先的国家一元论分析模式过渡到后来的国家—社会二元结构模式进而演化为现在的国家—经济—社会公共领域三元结构模式。著名学者塞拉蒙教授在分析美国社会结构时提出了政府部门—营利部门—非营利部门三元分析模式。政府部门是政治领域的主要组织形式，习惯上把政府相关组织的集合体称为第一部门，它是按国家机制运行的；企业部门是经济领域的主要组织形式，把企业相关组织的集合体称为第二部门，它是按市场机制运行的；非营利组织是社会领域的主要组织形式，把非公非私的介于政府与企业之间的由非营利组织构成的集合体则称之为第三部门，它是按公益原则行事的。“高等教育作为社会领域的一个特殊的组织系统，‘不以营利为目的’，被认为是第三部门的成员”[2]。那么，高等学校自然就归属于第三部门了。

第三部门（the third sector）这一概念最早是由美国学者列维特（levitt）提出来的，他把非公非私，既不是国家机构也不是私营企业的组织称为第三部门，它们所从事的是政府与私营企业“不愿意做、做不好或不常做”的事情，可以填补市场与国家、企业与政府之间的巨大制度空白。根据组织结构和运作方式，可以把第三部门的组织特性归结为以下几点：1. 组织性：有内部规章制度、有负责人、有经常性的活动；2. 民间性：在体制上独立于政府，既不是政府的一部分，又不受制于政府，但这并不意味着完全不接受政府的资助，或完全没有政府官员参加活动；3. 非营利性：组织活动产生的利润服务于组织的基本使命，不能分配给所有者和管理者；4. 自治性：组织自己管理自己的事物，既不受制于政府，也不受制于企业，还不受制于诸如宗教组织这样的其他社会组织；5. 志愿性：参与组织的活动以志愿为基础，但并不意味着组织收入的全部或大部分就一定来自于志愿捐款，也并不等于说工作人员的全部或大部分是志愿者；6. 非政治性：指不是政党组织，不参加竞选等政治活动；7. 非宗教性：指不是宗教组织，不开展传教、礼拜等宗教活动。

从高等教育发展历史来看，作为高等教育原生机构的中世纪大学就是一种由学者志愿组成的介于教会和世俗中间的自治的非营利的民间行会组织。正是由中世纪大学发育而生的大学自治、学术自由等基本特性成为高等教育发展的内在逻辑，使大学成为涂尔干所描绘的“即使那么统一，又是那么多样；无论它用什么伪装都可以认出；但是，没有一个地方，它和任何其他机构完全相同”的独特的古老的学术机构。19 世纪晚期，随着内外环境的变化，尤其是民族国家的普遍兴起，使高等教育的发展问题成为各国的事业和各级政府的责任，最终使大学纳入了政府的管理当中。政府通过立法来规定高等教育的方向，使其为国家和社会服务。政府的投入成为高等教育经费的主要来源，大学部分丧失了原来的一些传统权力，开始离开了高高在上的象牙塔步入社会，成为第一部门影响下的组织机构。从 20 世纪 60 年代起，欧美高等教育开始脱离精英教育的轨道，向大众化乃至普及化的方向发展。高等教育规模的扩大和学生入学人数的增加，不仅衍生了许多不同于大学的其他类型高等学校，而且使政府的经费投入越来越吃紧，高等教育呈现出“市场化”的特征。企业和其他组织投资兴办高等教育，使私立高等学校成为推动高等教育事业发展的重要力量。大学与企业以资金纽带开始了密切的联系，高等教育步入了社会的中心，高等学校成为第二部门影响下的组织机构。

由于政府的控制使高等学校不断地失去自主权，而企业的影响使高等学校越来越具有实用主义的功利色彩。并且政府控制与企业影响的交互作用使当代的高等教育改革陷入了困境。目前出现的高等教育私营化、法人化与产业化观点都是这种困境的思想反映。于是有学者提出用第三部门的视野来看待高等学校，认为无论是政府的控制，还是企业的影响，都是大学的实然状态。而大学的应然坐标位于第三部门，大学自治和学术自由的传统使得大学存在着第三部门的天然倾向。“事实上，在高等教育改革的过程中，由于大学自治、学术自由等内在逻辑的要求，高等教育既要摆脱对政府的依赖，又要避免步入营利性部门的误区，只有向第三部门的方向发展”。[3] 在第三部门中，高等学校虽然需要政府与企业的权力、财力支持，需要更好地服务于国家、社会、公共利益，但是它们是一种相对独立的组织系统，应该以非营利性社团法人的身份平等、自愿地与政府、企业进行合作，与其他社会组织发生关系。高等学校既不是政府下属的行政性组织，也不是企业的技术代理，应该以独立的人格步入社会的中心，发挥真正的社会轴心作用。

我国的高等教育属外发再生型，是典型的第一部门影响下的高等教育，各级各类的高等学校是政府官僚体制下的一个行政事业单位，它们先天就缺乏应有的自治程度。虽然在 20 世纪初，蔡元培先生在北京大学倡导以“教授治校、学术自由”为宗旨的大学改革运动，其意义和影响较为深远，但是，由于没有相应的制度环境和文化土壤，只能如昙花一现无果而终。改革开放以来，随着社会转型，社会结构发生变化，经济上从计划经济向市场经济过渡，政治上从单一集权式治理向民主化管理过渡。在这样的社会大背景下，高等教育改革也在不断地深化，私立高等学校发展较快，高等学校的办学自主权问题得到重视，高等学校的第三部门化倾向开始显现。

二、民族学院的发展历程

与普通高等学校相比，甚至与民族自治地方高等学校以及内地普通高校的民族班相比，无论在对政府的依赖性上，还是对市场的敏感性上，民族学院都具有自己的特殊性。因此，探讨民族学院的组织特性，了解民族学院的历史变迁对改变人们对民族学院的模糊认识和深化民族高等教育改革无疑具有十分重要的意义。

民族学院的历史可以追溯到1941年我党建立的延安民族学院。它是一所专门招收少数民族青年，培养抗日民族统一战线骨干力量的政治取向性的学校。学院分为研究班、普通班、文化班三个层次，主要教学内容分政治课和文化课。20世纪50年代初，为了培养少数民族地区政权建设人才，根据行政区域的划分，陆续建立了西北民族学院、贵州民族学院、中央民族学院、西南民族学院、云南民族学院、中南民族学院、广西民族学院7所民族学院。当时民族学院的办学宗旨是“培养普通政治干部为主，迫切需要的专业和技术干部为辅”。学员的文化程度普遍较低，绝大多数仅有小学、初中程度，来自民族地区的基层干部、积极分子及部分民族、宗教界上层子弟；教学内容还是政治教育和文化教育两大类。此外，根据民族地区建设事业需要，开办了农牧、师范、财务、司法、民政、民族语文、体育、艺术等不同程度和不同类型的专业班次。“这个时期的民族学院除中央民族学院、西北民族学院开始了相当于大学层次的语文、政治等少数专业外，其他民族学院实际实施的教育只是中等程度的教育，尚未形成真正的高等教育办学形式”，“民族学院在性质上基本上是以培养党政干部为主的政治性高等学校”。[4]

1956年我国基本完成了生产资料私有制社会主义改造之后，进入了全面建设社会主义时期。为适应民族地区经济建设和社会发展对人才的需求，民族学院的办学宗旨得到了部分的调整。从以前的“培养政治干部为主，迫切需要的专业和技术干部为辅”调整为“培养政治干部与培养专业技术干部并举”。各民族学院在继续培养政治干部的同时，开始注重发展民族高等专业教育，又先后建立了青海民族学院、广东民族学院和西藏民族学院。这样，到1965年年底全国已有10所民族学院。与前一时期相比，这一时期的最大变化在于各个民族学院开始以学科为基础，划分和设置专业，建立科系，各民族院校先后设置了一批文科、理科、农牧、财经、师范类专业，实施大专和本科学历教育。按照霍文达教授的研究，开始实现四个方面的转向即开始从过去单一的政治干部训练教育转向多种科类的高等专业教育；从过去的专科专业层次教育转向本科专业层次教育；从过去单一的文科单科专业层次结构型转向文理学科专业型；从过去推荐选拔招生制度转向参加全国高等学校统一高考招生制。尽管如此，民族学院既不同于一般的少数民族政治干部学校，又不同于一般的普通高等院校，是兼具这两个方面特征的少数民族高等学校。在这期间，由于极“左”思潮的影响，使民族院校的办学方针摇摆不定。如1958年召开的全国第二次民族学院院长会议重新强调民族学院的性质是政治学校。1964年5月的第四次院长会议指出，民族院校是革命的抗大式的政治学校，要集中力量办好干训部，现有的专业学科要调整，没办的本科不再办。各民族院校的本专科专业又纷纷下马。1966—1976年的10年动乱，民族学院成为重灾区。除中央民族学院外，其余9所均先后被合并、停办和撤销。

改革开放以来，民族学院进入了恢复和调整发展的时期。已建的民族学院陆续得以恢复，新的民族学院也积极筹建。1984年在银川建立西北第二民族学院，1989年在湖北恩施建立湖北民族学院，1997年将筹建的东北民族学院改建为大连民族学院，2000年将内蒙古民族师范学院、内蒙古蒙医学院、哲里木畜牧学院合并组建为内蒙古民族大学。从1993年开始，已有部分民族学院如中央、中南、西南、西北等民族学院陆续更名为民族大学。这一时期对民族学院的定位已经发生了很大的变化，民族学院是培养少数民族政治干部和专业技术干部的社会主义新型大学。它既有培养少数民族政治干部的部分，又有培养各种专门技术人才的系科。干部培养由以前轮训式的短期培训转向正规化的学历教育，从推荐选拔制转为全国统考招生制；培养对象由过去的党政干部扩大到经济管理干部、行政管理干部、教育管理干部等多科类的专业技术干部；各民院正式成立干训部作为系一级的教学行政单位，设置各类专业及其课程。另外，在全国第五次民族学院院长会议上第一次把发展各类专业技术教育，培养各类专业技术人才提到了主要地位，作为今后民族学院的主要任务。此后，经过20世纪80年代和90年代的发展，民族学院也由最初单一的培训干部的学院，发展成为多学科、多层次的综合性大学。在办学层次上，可以进行预科、专科、本科、硕士研究生、博士研究生五个层次的高等专业教育，其中，以全日制本科为主，在学科专业建设上，在保持民族学学科特色外，加强了工科、财经、政法、管理等科类专业的建设力度，基本上改变了民族学院长期以来形成的传统的文理型高等院校的局面。

三、民族学院的组织特性及其演变

根据民族学院发展的历程，我们从组织的角度来梳理一下它的特性及其演变。从组织的目标来讲，无论是革命时期建立的延安民族学院，还是建设时期建立的10所民族学院，其办学主要宗旨意在培养少数民族和民族地区的政治干部，尽管这一宗旨后来有过一些调整如以政治干部为主、专业技术干部为辅或者二者并举，但是始终没有脱离干部培训这一主要的任务。可以说这一时期的民族学院是典型的第一部门影响下的政治性质的特殊的高等教育机构。从组织结构来看，这一时期的民族学院是隶属于政府下属的事业单位，它是受国家民族事务委员会领导的在业务上受教育部指导的一个附属机构，是一种严格按照下级服从上级原则行事的行政科层制组织。从组织行为来看，主要是干部培训式的教学模式，学员是民族地区的民族、宗教界上层人士，县、区、乡少数民族领导干部、军队中的营、连职干部和少数民族中的积极分子及部分社会青年和上层人士子弟，教学内容分为政治和文化两大类，政治教育以爱国主义教育、马克思主义民族观教育、阶级教育为主要内容，文化教育以汉语文、民族语文为主要内容。在这一时期，尽管有些民族学院开始举办三年制专科和四年制本科专业，但是要么专业仅限于语文和政治两科，要么被停办或者调整。如 1964 年召开的第四次全国民族学院院长会议，强调民族学院是革命的抗大式的学校，指出民族学院的首要任务是轮训和培养少数民族政治干部，干训生在全校学生中的比例要达到 60% ~70%，要求各民族学院必须集中力量办好干部轮训班。这样，减缓了民族学院向正规化、专业化高等学校迈进的步伐。

改革开放以来一直到 20 世纪末，民族学院的组织特性发生了很大的改变。从组织的目标来讲，和以前相比有了很大的不同，由以前的培养政治干部为主转变为培养高级专门人才为主，而政治干部教育也从最早的业余培训变成后来的轮流培训进而过渡到正规的学历教育。从组织结构来讲，在宏观上，民族学院也和我国普通高等学校一样存在着“条块分割”和“封闭办学”的问题。“以民族学院为例，5 所委属院校由国家民委和所在省市自治区人民政府双重领导，以国家民委领导为主。其余省属民族学院则由省民委、省教委双重领导，以教委领导为主”。[5]在微观上，民族学院内部形成了以学科专业为基础的教学院系和以行政科层为基础的部处组成的矩阵结构，形成了由学术权力和行政权力构成的二元权力结构，教学院系主要体现为“学术导向”，而各部处等职能部门主要体现为“行政导向”。从组织行为来看，民族学院内部基本上依靠行政权力来管理学校，而学术权力的作用没有得到很好的发挥。而这种行政权力是各级民委、教育行政部门和教育部、各级教委的民族教育行政部门的管理权力在民族学院的延伸和反映，最明显的标志就是在民族学院组织的内部都有相应的机构与上级机关对应与衔接。尽管如此，民族学院的组织行为越来越具有“底部沉重”的倾向性即院、系成为组织的主体。院、系处于组织矩阵的交叉点上，院、系尽管也是民族学院的一级行政单位，但是它不是诸如各职能部门那样的纯行政单位，而是以教学、科研为主的学术单位。院、系的组织行为具有双重性，既有行政上的制衡，又有学术上的规约。而教师的行为也有两重性，教师首先从属于某一个学科专业意味着要对自己的学科和专业忠诚，不断追求学科专业的发展；同时要从属于一个院系（事业单位）意味着要完成一定的教学和科研任务，并和同事一起努力实现学校的组织目标。

步入21世纪，随着高等教育发展内外环境的变化，随着高等教育改革的不断深化，民族学院的发展又呈现出一些新的特点。办学规模扩大，办学实力增强，民族学院相继更名为民族大学，除了1993年中央民族学院更名为中央民族大学外，2003年中南、西南、西北、云南民族学院分别更名为中南、西南、西北和云南民族大学；办学水平有了很大的提高，一些民族院校相继取得了博士、硕士授予权，研究生教育从无到有初具规模。截止2000年民族学院已有博士后流动站1个，博士学位授权专业点9

个，硕士学位授权专业点 101 个；办学质量得到显著的改善。中央民族大学列入国家“211 工程”和“985 工程”建设学校，并立志建设世界一流民族大学。中南民族大学本科教学工作随机性水平评估取得优秀，西北第二民族学院和大连民族学院通过教育部本科教学合格评估，西南民族大学在教育部本科教学水平评估中获得优秀。从组织目标来看，民族学院已经成为为我国少数民族和民族地区培养高级专门人才的具备了本、专科为主，兼有干部培训、预科、留学生和研究生多层次、多类型办学能力，兴办文、理、工、农、医、师范、财经、政法、体育、艺术等各学科门类的 300 多个专业的多学科综合性高等学校；从组织结构来看，宏观上民族学院过去条块分割、封闭办学的局面得到了很大的改善。目前，我国有 12 所民族学院。其中有国家民委直属的中央民族大学和西北民族大学、西南民族大学、中南民族大学、北方民族大学、大连民族学院，以及各省（区）所属的青海民族学院、云南民族大学、贵州民族学院、广西民族大学、湖北民族学院、西藏民族学院。民委所属的民族学院继续实行国家民委与学院所在省（区）、市政府双重领导，以国家民委为主的管理体制。随着我国高等教育管理体制改革的深化，民族学院纷纷迈开了合作共建的步伐。中央民族大学由国家民委、教育部、北京市合作共建；中南民族大学由国家民委和武汉市合作共建；西南民族大学由国家民委和成都市合作共建；云南民族大学由国家民委和云南省合作共建；广西民族大学由国家民委和广西壮族自治区合作共建。尤为重要的是除了上面省（区）部纵向合作共建外，中国科学院与国家民委直属 6 所民族学院的横向合作共建也拉开了序幕。这样，民族学院高等教育将摆脱以前的条块分割的局面步入条块有机结合的良性发展轨道。从微观上看，国家民委已确定，对 6 所委属民族院校由对所属院校的直接行政管理转变为运用多种手段宏观管理。这就意味着民族学院和普通高等学校一样逐渐成为面向社会自主办学的独立的法人实体。今后，民族学院不再是政府行政部门的附属物，国家民委和民族学院所在省（区）、市政府将逐步简政放权，改变以往的直接行政管理为运用财政拨款、规划、评估、信息服务等手段进行宏观管理；而民族学院将面向社会，主动适应民族地区和少数民族经济建设与社会发展的需要，依法行使自己招生、专业调整、机构设置、干部任免、经费使用、职称评定、工资分配和国际交流等方面的办学自主权。而在组织行为方面，具体承担教学和科研任务的学院和系所的地位和作用日益受到重视，而校内各职能部门开始改变以往的机关作风，树立服务专业学院和各系所的意识和态度，在人、财、物、信息、政策等方面提供保障，提高学校的教学质量和科研水平，教师的主体地位和学术权利有了一定程度的改善。

参考文献：

［1］马麒麟：《中国民族高等教育的改革与发展》，教育科学出版社，2000 年。

［2］邬大光、王建华：《第三部门视野中的高等教育》，《高等教育研究》，2002 年第 2 期。

［3］王建华：《走向第三部门的高等教育》，《比较教育研究》，2004 年第 6 期。

［4］霍文达：《略论我国民族学院学科专业建设的发展变化》，《中央民族大学学报》，1995 年第 6 期。

［5］马麒麟：《中国民族高等教育的改革与发展》，教育科学出版社，2000 年。

32. 日本的国际理解教育透视

赵永东
（南开大学）

多元文化教育（multicultural education）是当今世界教育领域中的热点问题，它以教育中的理解、认同、融合不同文化为特征，是一种开放型的教育。在一个国家内部，“多元文化教育”指对多民族的教育，以及在教育中对各民族文化的理解、尊重、融合。置于国际背景上，它表现为教育中的对世界多种文化的理解、认同与吸收。日本是一个单一民族的国家，1 亿多人有着相同的语言和文化，其多元文化教育特征主要表现为对别国文化的学习与融合，进而达到合作交流，亦即“国际理解教育”。

一、概念界定

“国际理解教育”是指世界各国在国际社会组织的倡导下，以“国际理解”为理念而开展的教育活动。其目的是通过教育增进不同国家和地区人们之间的相互了解，加强国际合作，以促进世界教育等各项事业的发展。

国际理解教育的理念可以追溯到夸美纽斯和康德等人（夸美纽斯在他生前强调了全民识字对社会和谐发展的重要意义）。有人称它为“面向新世纪的一个富有根基的理念”，也有人称它为“新的教育哲学”，这说明国际社会对这一新理念的关注与重视。

联合国教科文组织于“二战”结束后就倡导了国际理解教育。1974 年教科文组织发表《关于促进国际理解、合作与和平的教育以及关于人权与基本自由的教育的建议》，明确了国际理解教育的任务。1981 年教科文组织编写了国际理解教育指南，确定了国际理解教育的主要目标。1994 年第 44 届国际教育大会的主题是国际理解教育的总结与展望，大会通过了《第 44 届国际教育大会宣言》和《为和平、人权和民主的教育综合行动纲领》。根据《第 44 届国际教育大会宣言》，在青少年中开展国际理解教育是为了使青少年在对本民族文化认同的基础上，了解别国历史、文化、社会习俗的产生、发展和现状；学习与其他国家人们交往的技能、行为规范和建立人类共同的基本价值观；学习正确分析和预见别国政治、经济发展状况及其对本国发展的影响；正确认识和处理经济竞争与合作、生态环境、多元文化共存、和平与发展等方面的国际问题；培养善良、无私、公正、民主、聪颖、热爱和平、关心人类共同发展的情操；担负起全球公民的责任和义务。

为促进全世界教育的共同发展，分享各国的教育资源，应该说国际合作是必不可少的。而国际合作是建立在相互理解包容基础之上的。由此可见，国际理解教育是教育国际化的核心，开展国际理解教育是教育国际化顺利实现的基础和有力保障。

二、理念的嬗变

“二战”结束后，日本废除了战时军国主义的教育体制，重新确立了新的教育体系和制度，开始实施民主主义的教育制度。1947 年，日本通过了两项有关教育制度的法律，即教育基本法和学校教育法。这两项法律都明确地规定了教育的目标和原则。教育基本法中规定了教育目的是：“教育必须以完善人格为目标，把受教育者培养成热爱真理、正义、尊重个人价值、热爱劳动、有责任感、充满自主精神的身心健康的国民。”教育基本法的另一个原则也明确地规定了所有国民均有接受教育的权利。从 20 世纪 50 年代开始，日本积极学习和引进欧美的教育体制，不断地改进和完善有关教育的政策、措施，推动了教育事业的发展。

战后日本教育的飞速发展对日本经济的快速崛起发挥了巨大的作用。随着社会的不断发展，今天，国际相互依赖、相互生存的关系日益加深，经济方面的竞争也日趋激烈。特别是对于能源匮乏的日本来说，石油、煤炭等绝大部分依赖进口，日本从20世纪70年代开始，到海外旅游的人数不断增加，通过经济、文化等领域的门户进一步开放，日本和世界的联系逐步加深。在这样的国际形势下，为了解决世界范围的经济、环境、能源、地区性不同种族之间的冲突等各种问题，加强国际间的协作和保持国际社会的稳定以及维护世界和平就显得更为重要。面对严峻的国际形势，为了继续保持经济的不断发展和对国际社会做出应有的贡献，日本从教育着手，开阔视野，推行教育的国际化。根据日本教育的现状，日本临教审［F1］1认为：虽然高中、大学的升学率继续保持着世界的先进水平，但同时又指出了在目前教育中存在的若干问题，如统一、僵硬和封闭的学校教育；大学的教育和研究还没有走到世界的前列；大学机能的僵硬和封闭不能充分地适应社会和国际的要求等等。为此，临教审在“21世纪的教育目标”和“教育改革的视点”的议题中，把教育与国际化一项也纳入了教育目标和教育改革之中。指出：随着国际化社会的不断发展，旨在强调本国的传统文化和历史这样一种封闭式、单一的教育模式已经不能满足社会发展的需要，把学习、理解、尊重其他国家、民族的文化和历史纳入本国教育体系之中，通过对其他国家、民族文化和历史的学习，增进和加深对外了解，使日本的教育走向国际化。

20世纪70年代，日本就已提出要培养国际性人才的主张。80年代开始重视多元文化教育，并把“国际理解教育”作为深化第三次教育改革的重要部分。随着冷战的结束，国际的经济、社会、文化领域的交流日益频繁和广泛，为了适应国际形势的变化发展，日本的“教育与国际化”在20世纪90年代开始受到政府有关部门的大力关注。日本的教育与国际化包含两个方面的内容：一是教育的制度和政策；二是教育的内容和方法。从教育制度和政策来看，中教审在“展望21世纪我国的教育”的议题中，提出了为适应国际形势，作为经济大国的日本有必要在地球环境问题、科学技术和文化、世界的安定和发展等领域积极地做出贡献。日本政府在推进教育的国际化时提出了以下需要注意的几点事项：(1) 以开阔的视野和尊重的态度来对待和理解外来文化，培养日本国民与具有不同文化背景的人们友好相处的素质和能力。(2) 为加深国际间的理解，作为日本人或独立的个人，要树立正确的自我认识。(3) 在国际社会中，尊重对方的立场，同时，具有能够表达自己思想和见解的基础能力。从上述内容来看，在国际化的进程中，人和人之间的相互了解、相互交流是国际化教育的一个基本点。作为经济大国的日本，清楚地认识到，要想保持经济的发展和对国际社会做出积极的贡献，必须在错综复杂的国际关系中摆正自己的位置，不断地和国际社会成员进行相互交流。从某种意义上讲，为了达到以上目的，教育所起的作用越来越重要。中教审认为：今后，为了推进国际间的理解，首先应具有明确的理念，通过采取各种各样的形式，包括学校的各科教育、学校活动以及在道德方面进行的国际化教育，来达到增进和加深对其他国家、民族的了解。

三、国际理解教育的兴起

随着日本经济的高速增长，“教育国际化”的问题成为一个热门话题。培养“能生存于国际社会中的日本人”的重要性被反复强调。然而到了20世纪90年代以后，随着“国内国际化”的进展，怎样和拥有不同文化背景的人“共生”的问题开始引起关注，多元文化教育的实践活动也随之被广泛开展。多元文化教育原本是来自英、美等国的教育理论，它被介绍到日本之后便作为日本面向国际化的教育理论而被推广运用。田中治彦、鱼住忠久等日本学者在充分研究了西方各国的教育理论（发展理论、全球教育等）之后，提出了培养地球市民意识的全球教育的重要性。目前在日本，全球教育、世界研究（World Studies）等重视共同参与的学习方法以及培养地球市民意识的教育实践正在逐渐普及。

从教育的内容和方法来看，日本在推进教育国际化和国际理解教育的同时，并没有单一地把教育国际化理解为仅仅是对外来文化的理解，而是把教育国际化的理念贯穿于整个教育体系当中。首先通过校内外的教育活动和实践活动，使学生在发现和理解世界各国、各民族的文化时，不是简单地用对或是错进行判断，而是培养学生互相尊重历史传统、不同的生活习惯和多元化的价值观。在强调尊重、理解外国历史、文化的同时，让学生更加深入地了解本国的历史和传统文化也是极其重要的。为了实现教育国际化的这种理念和推进教育国际化的进程，教师所起的作用是非常重要的。为此，日本政府还要求在教育第一线的教师不断充实自己，积极参加由政府或是地方的教育机构开设的有关理解国际社会的课程，鼓励和派遣教师积极参加各种培训班或是到国外进修学习，通过各种手段，使教师积累丰富的知识和经验，在教学的实践活动中通过教师的作用，使学生达到理解国际社会的目的。世界各国、各民族的文化，具有广泛的含义，它不只是包括地理和历史，宗教信仰、价值观、世界观以及具体到日常生活方式等等都可以归纳到“文化”的内涵之中。为此，日本学者石附实认为：对于外国的理解，不应只局限在课堂上学习外国的地理和文化，希望通过学校组织的国外修学旅行或是到外国人的家庭进行访问等多种形式，积极地接触其他国家、民族中富有的文化以及多样性的生活方式。

日本的国际理解教育并不是只在国家主导之下进行的。多元文化教育、地球市民教育等实践活动其实是在学校教师、学者、研究所、学会、地区支援者等个人和组织的相互合作之下展开的。近年来，许多国立、私立学校同国外的大学纷纷建立了友好校际交流，通过开展学术交流、合作办学、互派留学生、教师等多种多样的交流方式，进一步扩大了教育的国际化，加深了国际理解。其中接受外国留学生，也可谓是日本教育国际化的内容之一。1983 年，中曾根在任时提出日本 10 年内接受 10 万名外国留学生的计划，之后也为实现这一计划作了诸多努力，但由于经济状况及其他多种因素的影响，直到 2003 年 5 月 1 日，文部科学省统计，在日外国留学生人数达到了 109508 人。

在提倡教育国际化的同时，日本并没有把目光停留在与欧美先进国家的交流中，以及在激烈的国际竞争中求生存、求发展中。亚洲国家的崛起，使得在地理位置上位于亚洲、离开亚洲便不能生存的日本清楚地认识到，今后有必要加深和亚洲各国以及大洋洲各国在文化、生活风俗以及价值观等方面的交流与合作，其重要性在今后推进国际化教育中应给予充分的认识。

三、结 语

在经济全球化、教育国际化的大背景下，各国所采取的教育改革策略有某些共性。在今天，国与国之间可谓休戚相关，任何一国的兴衰都会影响到其他国家的命运，共存和发展成为国际事务中的主流和共识。国际理解教育是一流教育的特征，也是素质教育的重要组成部分。新世纪健全的人格主要由科学素养、人文素养和健康向上的心理素养组成。三种基本素养的基础是正确的价值观。而高等教育所倡导的国际理解教育并不是为理解而理解，而是使受教育者养成良好的思维习惯，形成正确的价值观。通过透视日本战后教育理念变化及其国际理解教育的实践，对今后在合作与竞争中理性地思考问题，更快地发展我们的民族教育与文化，达到振兴中华，可谓不无益处。

参考文献：

［1］《中日文化交流史上曾有一段书籍之路》，《光明日报》，1999 年 8 月 10 日第 2 版。

［2］郑彭年：《日本中国文化摄取史》，杭州大学出版社，1999 年 1 月。

［3］［日］木宫泰彦：《日本文化交流史》，商务印书馆，1980 年。

［4］陈景磐：《中国近代教育史》，人民教育出版社，1983 年。

［5］［美］赖肖尔著，陈文寿译：《日本的独特性与国际化》，《日本学》（第 2 辑），北京大学出版社，1990 年。